KB056067

들뢰즈와 재현의 발생

들뢰즈와 재현의 발생

조 휴즈 지음 | 박인성 옮김

도서출판 b

셜리shirley에게

|차 례|

들뢰즈

AO	Anti-Oedipus
AP	Anti-Oedipus Papers
BG	Bergsonism
C1	Cinema 1
C2	Cinema 2
CC	Coldness and Cruelty
DG	Dialogues
DI	Desert Islands
DR	Difference and Repetition
EC	Essays Critical and Clinical
EP	Empiricism and Subjectivity
FB	Francis Bacon
FC	Foucault
KA	Kafka
KP	Kant's Critical Philosophy
LS	The Logic of Sense
NG	Negotiations
NP	Nietzsche and Philosophy
PI	Pure Immanence
PP	Spinoza: Practical Philosophy
PS	Proust and Signs
PV	Pericles et Verdi
TF	The Fold
TP	A Thousand Plateaus
TR	Two Regimes of Madness
WP	What is Philosophy

후설

APS	Passive and Active Synthesis
CES	Crisis of European Sciences
CTM	Cartesian Meditations
E&J	Experience and Judgment
FTL	Formal and Trans. Logic
ITC	Time-Consciousness

기타

MM	Bergson, Matter and Memory
CPR	Kant, Critique of Pure Reason
PP	Merleau-Ponty, Phenomenology of Perception
TI	Levinas, The Theory of Intuition In Husserl's Phenomenology

| 감사의 말 |

나는 먼저 이언 부캐넌Ian Buchanon, 클레어 콜브룩Claire Colebrook, 사이먼 맬퍼스Simon Malpas에게 감사를 표하고 싶다. 그들은 최종 원고를 읽어주었고 귀중한 조언을 해주었을 뿐만 아니라, 줄곧 우정을 보여주었다. 제프 벨Jeff Bell, 메리 브라이든Mary Bryden, 매트 맥가이어Matt McGuire, 리자 오티Liss Otty, 퍼트리샤 피스터즈Patricia Pisters, 매트 슬레튼Mat Sletten, 댄 스미스Dan Smith, 앨릭스 톰슨Alex Thomson 모두는 회의장, 음식점, 또는 스코틀랜드의 진흙길에서 많은 대화를 나누는 동안, 한 지점에서 이 책의 모습을 바꿔놓았다. 무엇보다도 나는 이 긴 연구가 진행되는 동안 나를 지지해준 데 대해 친구들과 가족에게, 특히 사라 투쿠아Sarah Tukua, 패트Pat, 재나 휴즈Jana Hughes에게 고맙다는 말을 전하고 싶다.

서문

　들뢰즈를 연구하는 학자들은 처음부터, 들뢰즈와 현상학의 관계를 추적하는 많은 훌륭한 저작들을 출판해왔다. 이들 중 대부분은 들뢰즈와 메를로-퐁티의 차이점과 유사점에 초점을 맞추어왔다.[1] 일부는 들뢰즈와 하이데거의 관계에 주목해왔다.[2] 하지만 내가 아는 한 아무도 들뢰즈가 후설에게, 특히 후설이 그의 후기 저작들에서 엄밀하게 전개한 발생의 기획에 상당한 정도 빚지고 있다는 점에 주목해 오지는 않았다.[3] 이 책에서 나는 들뢰즈 저작에는 암암리에 후설한테서 받은 영감이 깃들어 있다는 점을 강조하고 싶다. 내가 보여주고자 하는 것은 들뢰즈가 후설의 특별한 개념들을 여기저기에서 전유하고 있다는 점이 아니라, 들뢰즈의 전 기획이 발생적 구성을 다루고 이를 그 자체의 방식으로 전개하는 만큼이나 본질적으로 현상학적이라는 점이다. 첫 번째 장에서 나는 후설의 발생적 구성 이론을 기술하겠다. 이어지는 장들에서 나는 들뢰즈의 세 가지 중심 텍스트, 즉 『의미의 논리』, 『안티-오이디푸스』, 『차이와 반복』

이 새로운 발생적 구성 이론을 어떻게 전개하는지를 보여주겠다.

나는 이 글에서 책들 간의 개념적 순서를 강조하기 위하여 간행의 순서를 바꾸어놓았다. 만약 내 의도가 들뢰즈의 발생적 구성 이론의 전개에 관한 서사적인 설명을 제공하지 않는다면, 이는 의심할 여지 없이 문제를 초래하게 될 것이다. 그러나 내 목적은 단지 들뢰즈가 매우 일반적인 수준에서 — 문제가 되는 저작들의 형식적 구조의 수준에서 — 재현의 발생에 관한 일관되고 아마도 체계적일 설명을 전개한다는 점을 보여주는 것일 뿐이다.

제1부

·

후설과 들뢰즈

제1장

후설, 환원, 구성

들뢰즈가 현상학과 맺는 관계의 문제에 관한 한, 현재의 비평 문헌에는 이렇다 할 합의가 존재하지 않는다. 누군가가 들뢰즈는 어떤 종류의 현상학자라고 주장한다면 많은 비평가들은 이 주장이 매우 잘못된 것이라고 생각할 것이다. 이렇게 생각하는 이유는 어떤 비평가들에게는, 들뢰즈의 사상이 철학적 전통과 급격하게 떨어져 있기 때문이고, 루크레티우스, 스피노자, 니체, 베르그손 등 (놀라울 정도로 권위가 부여되어 있는) 일단의 '일탈적' 사상가들에게서 영향을 받았기 때문이다.[1] 또 어떤 비평가들에게는, 들뢰즈의 사상이 의식의 기술로서가 아니라 현대물리학의 철학으로 이해될 때 가장 효과를 발휘하기 때문이다.[2] 푸코Foucault에게, 『의미의 논리』만큼 『지각의 현상학』에서 멀리 떨어져 있는 책은 없을 것이다.[3] 하지만 동시에 많은 비평가들이 또한 들뢰즈의 사상과 메를로-퐁티의 사상 간에 매우 중요한 연관들을 부여해왔다.[4] 클레어 콜브룩Claire Colebrook은 들뢰즈의 사상이 현상학을 철저히 한 것으로 간주될 수 있다고 주장하는 반면,[5] 콘스탄틴 분다스Constnatine Boundas는 이렇게 독해하고 싶은 유혹을 받을 만한 점이 있긴 하지만 이는 결국 만족스럽지 못하다고 여긴다.[6] 심지어 들뢰즈 자신이 '현상학 자체mere phenomenology'[7] 또는 '부수현상학epi-phenomenology'[8]으로부터 일관되게 거리를 두고 있는 것으로 보인다. 이렇게 합의가 결여되어 있는 배경에는 여러 이유들이 있겠지만, 그것들은 거의 모두 '현상학'이란 단어를 간략하게 정의할 수 있는 가능성이 없다는 것으로 요약된다.

1933년에 오이겐 핑크Eugen Fink는 신칸트주의의 비판들에 대응하여 후설의 현상학을 수호하기 위해 그의 '저명한 논문famous article',[9] 「에드문트 후설의 현상학적 철학과 현대의 비평」을 발표했다. 이 논문은 여기서 유용한데, 왜냐하면 이 논문이 프랑스에서 극히 영향력 있었기 때문만이 아니라, 또한 핑크의 전반적 주장이 후설의 비평가들은 현상이 무엇인지 그 자체의 근거에 입각해서 이해하지 못하고 대신에 후설을 그들 자신의 칸트주의의 관점에서 비판하는 것을 선택했다고 하는 데 있었기 때문이기도 하다. 그 결과, 이 논문은 현상학에 대한 아주 광범위한, 그리고 놀라울 정도로 정확한 정의를 내린다. 핑크의 설명은 현상학을 설명하는 두 본질적인 개념, 즉 현상학적 환원 및 구성의 문제를 둘러싸고 전개된다.[10] 비록 이 책이 들뢰즈가 특정한 현상학자들과 맺는 관계에 관한 상세한 연구가 아닐지라도, 실로 나는 이 책을 통해 들뢰즈의 사상이 전적으로 현상학의 이 두 일반적인 정향 내에서 전개된다고 주장하고자 한다.

환원

환원은 후설 중기의 철학을 이루는 중심적 요소들 중의 하나였다. 후설은 『데카르트적 성찰』에서 환원을, 이미 주어진 객관적 세계를 향해 취한 모든 입장들, 특히 모든 '실존적 정립들existential positions'을 '중지하기in-hibiting' 혹은 '멈추기putting out of play'로 기술한다. 이 '이미 주어진 객관적 세계' 및 이 세계의 '실존적 정립'은 우리의 일상 활동의 관점에서 우리가 경험하는 방식, 혹은 후설이 우리의 '자연적 태도natural attitude'라 부르는 것을 기술하기 위한 후설의 전문 용어이다. 이 태도에서 우리는, 우리가 보는 것을 보는 방식과 우리가 그것에 대해 만드는 의미에 대해 반성하기를 그치지 않는다. 오히려, 내가 가위에 손을 뻗을 때 '실존적 정립'을 가진 '객체적인Objective' 가위에 손을 뻗는다. 가위는 공간 속에, 내 테이블 위에 실존한다. 후설이 우리들에게 '이런 가정들에 대해 멈추기'를 행하라고 요구할 때, 그는 단지 우리에게 다른 방식으로 가위를 보라고 요구하고 있는 것이다. 우리는 그것을 현실적인 가위로 보지 않고, 가위의 현상, 심적 표상representation으로 보아야 한다. 그러므로 환원이 수행하는 멈추기는 '우리를 아무것도 마주치지 않도록 놓아두는 것이 아니다'. 이와는 반대로, 멈추기는 우리를 '현상들의 세계'에 마주치도록 놓아둔다(CTM 20; cf. 26). 환원은 의식에 나타나는 세계를 개방한다. 환원은 우리의 주의를 세계와 우리의 일상적 경험에 존재하는 바 대로의 대상들에서 벗어나 이동시키고, 대신에 표상들의 대상들에, 즉 '초월론적 의식'의 성취들 또는 생산들로서의 대상들에 초점을 맞춘다.

간단하게 말하면, 가위를 물질적 대상으로 보지 말고, 여러분이 살아오는 동안 가위에게 주어져왔던 모든 의미들의 침전으로 가위를 보아야 한다는 것이다. 그 의미들이 이제 그 대상을, 눈 깜짝할 사이에, 종이를 자르기 위한 어떤 것, 여러분의 할머니가 피자를 자르기 위해 사용할지도 모르는 어떤 것, 가지고 뛰지 말아야 하는 어떤 것, 손톱에서 때를 없애려고 하지만 마음대로 쓸 만한 것이 아무것도 없을 때 특히 효과적일 수 있는 어떤 것 등등으로 정의하게 되는 방식으로 말이다. 물질적 가위는 특정한 측정 가능한 차원들을 가진다. 이런 가위는 물리학의 법칙들을 따라 그 주변의 대상들과 상호작용한다. 그러나 가위의 현상 혹은 표상은 가위를 둘러싼 대상들과 동일한 차원들 또는 동일한 관계들을 갖지 않는다. 그것은 내적 시간의 흐름에 잡혀 있어서, 기억memory과 예기anticipation의 지평으로 나뉘어 있다. 그것은 우리가 이전에 가위에 대해 만든 의미들과 혼합되어 있고, 또 이 '습득성들habitualities'에 상응하는 예기들과 혼합되어 있다. 현상학적 환원은 단지 대상들을 세계 속의 물질적 사물들로 보는 일을 멈추고 별개의 인지적 과정에서 태어난 사물들의 표상들로 보라고 요구할 뿐이다. 가장 기초적 의미에서, 현상학적 환원은 단지 의식의 내용들을 세계의 내용들로서가 아니라 의식의 내용들로서 다루는 것일 뿐이다 (Moran 152).

현상학의 첫 번째 과업은 이 현상들을 기술하는 것이다. 표상이 어떻게 예기와 기억의 다양한 지평들에 들어맞는가? 환원이 드러내는 의식은 초월론적 의식이기 때문에, 유명한 일이지만 후설은 『데카르트적 성찰』에서 현상학을 '초월론적 경험'에 관한 연구라고 기술했다.[11] 이 책은 프랑스어로 번역된 그의 최초의 책들 중의 하나 ─ 1931년 레비나스가 번역했다 ─ 였으므로, 후설의 사상은 '초월론적 경험론transcendental empiricism'으로 널리 알려지게 되었다.[12] 현상학은 초월론적인 것의 경험과 기술로 시작되기 때문에 '초월론적 경험론'이다.

『지각의 현상학』 서론에서 메를로-퐁티는 환원을 사용한다. 이때 메를로-퐁티는 환원의 기능을 분명히 할 뿐만 아니라, 들뢰즈가 초기 저작에서 직접적으로 다루게 될 추리 방식을 전개하는 방식으로 그렇게 한다. 서론 전체를 통해서 메를로-퐁티는 그의 지각이론의 어떤 특징들을 수립한다. 지각의 세계는, 신체가 주변과 상호작용하며 구성 과정을 통해 신체가 마주치거나 혹은 신체를 마주치는 대상들의 의미를 만드는 세계이다. 서론의 최초 두 장에서 그는 다른 무엇보다도 지각의 세계 및 이 세계의 '내재적 의미'가 철학에 의해 간과되거나 잘못 전해진 두 가지 방식을 기술한다.

제1장에서 그는 '경험론'의 '경험의 단위unit of experience'와 같은 그런 것은 없다고 주장한다. 그는 이 경험의 단위가 고립되고, '획일적이고, 순간적인, 점 같은 충격'의 감각이라고 기술한다(*Phenomenology* 4). 메를로-퐁티에 따르면, 지각에는 단독적인 인상들은 존재하지 않는다. '자연적' 혹은 '현실적 지각'의 모든 대상은 항상 이미 지각의 장field에 속하는 것으로 주어져 있다(4). 각 대상은 항상 다른 대상들과 맺는 관계의 네트워크에 있으며, 점 같은 표상이 되기 전에, 신체에서 생산된 그 자체의 내재적 의미를 이미 갖고 있다(40).

제2장에서 메를로-퐁티는 이 주장을 연합 이론으로 확장한다. "만약 우리가 고전적 의미에서 '감각'을 인정한다면, 감각되는 것의 의미meaning는 현실적이든 잠재적이든 오직 그 이상의 감각들에서만 발견될 수 있다"(16). 하지만 원자적 감각은 오직 또 다른 원자적 감각에 외적으로만 관계할 수 있을 뿐이기 때문에 의미는 결코 이런 방식으로 설립될 수 없다. 그렇다면 우리는 무한 퇴행에 직면하거나 혹은 두 감각들의 동일성 그래서 '경험론에 무관한 논지thesis external to empiricism'에 직면하게 된다(17). 메를로-퐁티는 그가 감각의 경험주의적 이론에 대항해서 했던 것과 같이 연합에 대항해서도 동일한 주장을 편다. 즉, 감각의 경험주의적 이론은 어떠한 대상도 이미 맥락, '그룹', '적극적 미규정성positive indeterminacy' 내에 주어져 있으며, 그리고 모든 연합하기가 일어날 수 있기 전에 지각적 의미와 더불어 이미 생산되어 있다는 점을 간과한다(18-20). 연합은 이 내재적 의미를 전제한다. 이 때문에 감각의 경험주의적 이론은 지식knowl-edge의 토대를 깔아주거나 혹은 창설하는 지각의 본질적 기능을 놓친다. 경험론은 '오직 그 결과들을 통해 [지각을] 볼' 수 있을 뿐이다(19).

메를로-퐁티는 이런 주장을 펴는 동시에, 또한 감각의 분리된 단위에 대한 이러한 이해가 어떻게 철학으로 나아갔는가를 묻는다. 그의 대답은 명백히 후설답고, '환원' 개념 속에 설정되어 있는 방법론적인 지침을 반복한다. 메를로-퐁티는 '분석적 지각'은 '대상들로 향한 사유의 늦은 산물'이라고 적고 있다(12). 일상 경험에서 우리는 세계 속에서 대상들을 보며, 그때 이 대상들은 분리된 표상들인 것처럼 보인다. 즉, 이 대상들은 자족적이고 잘 정의된 한계들을 가진다. 차가 다른 차와 충돌한다. 두 개의 당구공이 충돌해서 각각 서로 다른 방향으로 간다. 하지만 이 대상들은 지각 활동의 **결과들**이다. 이 대상들은 잘 정의된 표상들을 지각의 자료들로부터 생산하는 신체의 작업과 사유의 작업을 전제한다. 신체의 산물들이기 때문에, 이 대상들은 자신들을 생산하는 바로 그 세계를 돌아보며 기술할 수 없다. 이는 산물은 자신이 한때 그것이었던 원료를 기술할 수 없고, 혹은 정의는 자신이 정의할 예정인 단어를 사용하지 않아야 하는 것과 같다. 그러나 이런 일을 하게 될 때 '우리는 지각된 사물들로부터 지각을 만든다'(5).

그러므로 메를로-퐁티는 경험의 단위라는 관념은 이미 구성된 경험적 대상들의 특징들을, 구성하는 지각 활동으로 바꿔놓음으로써 생겨난 것이라고 주장한다. 우리는 최종 산물 — 대상의 지각 — 을 취하여 그것을 자신을 생산한 '비인격적인' '초월론적 장'으로 기술하기 위해 사용한다(68ff.; 95ff.).13 달리 말해서, 우리는 초월론적인 것을 경험적인 것으로부터 추적한다. 그래서 현상학적 환원과 자연적 태도의 중지가 방법론적으로 중요성을 띠게 된다. 현상학적 환원과 자연적 태도의 중지는 초월론적인 것 위에 경험적인 것의 특징을, 즉 초월론적인 것에 의해 생산된 것의 특징을 전혀 겹쳐놓음 없이 초월론적인 것을 발견하는 방법이다.

그러나 들뢰즈는 환원을 그다지 중요하게 여기지 않은 것으로 보일 수도 있다. 실제로 그는 『안티-오이디푸스』에서 한 번(AO 107), 그리고 후설이 '현상학적 환원 방법들 덕분에' 의미의 중성neutrality을 발견했다고 주장하는 『의미의 논리』에서 한 번(LS 101-02) 언급한 것을 제외하고는 환원에 대해 전혀 언급하지 않는다.14 아니 여기에서조차 들뢰즈는 이 방법들을 다루려 한다는 인상을 전혀 주지 않는다. 그러나 일부 비평가들은 실로 들뢰즈의 사상은 한 형태의 환원, 혹은 한 종류의 환원을 사용한다고 주장해왔다. 예를 들어 레이 브래시어Ray Brassier는 라루엘Laruelle을 따라서, '내재면plane of immanence'을 주관적이자 객관적인 규정들로부터 떼어내는 들뢰즈에게서 '초월론적' 혹은 '휠레적' 환원을 발견하고, 레오나드 롤러 Leonard Lawlor는 『의미의 논리』는 전적으로 현상학적 환원의 서명 하에서 일어난다고 언급하기조차 한다.[15] 롤러는 만약 우리가 이미 환원 내에 있지 않다면, 우리는 결코 현상들로 돌아갈 수 없다고 주장한다. 여기서 롤러는 내가 다음 두 장에 걸쳐서 옹호할 지극히 중요한 논지를 편다. 즉, 들뢰즈의 사유는 시작될 때부터 계속해서 초월론적인 것을 강조할지라 도(혹은 견지할지라도), 현상들에서, 즉 완전히 개체화된 대상들의 경험적 의식에서 끝난다.

들뢰즈가 환원에 주의를 환기하지 않더라도, 그가 이를 긴요하게 사용하는 두 중요한 대목이 있다. 첫 번째 대목에서 그는 내가 『지각의 현상학』 서론의 장들에서 끌어와 방금 개요를 서술한 것과 거의 동일한 주장을 전개한다. 1964년의 저서 『프루스트와 기호들』에서 들뢰즈는 프루스트의 도제가 기호의 의미the sense of a sign[16]를 놓칠 수 있는 두 가지 방식, 즉 객관주의와 주관주의가 존재한다고 설명한다. 객관주의는 의미가 기호를 발하는 대상들에서 발견될 수 있다는 도제의 믿음을 특징짓는다. 주관주의 는 객관주의적 태도가 야기한 연속적인 실망들 후에 도제가 그 자신 안에서, 그의 주관적인 연합의 연쇄 안에서 의미sense를 발견하려고 할 때 존재한다(PS 34; 인용자 강조). 하지만 이 주관주의 역시 의미meaning를 포기하지 않긴 하지만, 오직 의미를 결여한meaningless 상대성으로 도제를 이끌 따름이다(34). 그러나 도제 생활의 끝에서 도제는 본질, 기호의 의미sense를 발견한다.[17] 이는, 객관주의와 주관주의는 모두 이미 주어진 의미sense를 놓치고 이 주의들이 전제하는 초월론적 구성의 작업을 간과한다고 주장함으로써, 감각의 단위(객관주의), 그리고 연합(주관주의)에 대한 메를로-퐁티의 비판을 거의 정확히 따르는 것이다. 실로, 객관주의와 주관주의 둘 모두의 실패 후에 도제가 발견하는 것은 '본질' 혹은 '의미sense'는 기호들의 구성과 의미들meanings에 원인이 된다는 점이다(PS 38). 하지만 훨씬 더 놀라운 것은 객관주의적 해석의 힘과 영향에 대해 들뢰즈와 메를로-퐁티가 행하는 설명의 유사성이다. 들뢰즈는 묻는다. 당초에 도제는 왜 의미가 기호를 발하는 대상들에서 발견될 수 있다고 생각하는가? 도제 생활은 왜 객관주의에서 시작되는가? 그의 답은 이런 충동은 지각 또는 재현의 자연적인 지령natural direction으로부터 따라 나온다는 것이다(PS 29). 들뢰즈는 제3장 내내 이 주장을 몇 번씩 반복하곤 한다. 지각은 우리의 마음을 지각의 안정된 대상들에 집중하라고 지령하는 항상성의 법칙을 따른다. 세계로 향한 우리의 자연적 태도는 이 '지각의 자연적인 지령'에 따라서 우리가 대상들을 마주치는 태도이다. 그렇다면 도제가 그의 일련의 실망들을 통해 배우는 것은 환원의 필요성, 혹은 의미를 발견하기 위해 항상성 원리와 단절하는 것이다.

들뢰즈가 환원을 방법론적 공구로 사용하는 두 번째 대목은 그가 '사유의 이미지'라는 표제 하에 철학의 역사를 전면적으로 비판하는 곳이다. 이 비판은 『니체와 철학』(1962), 그리고 『프루스트와 기호들』(1964)의 최초의 논문에 이미 나타났지만, 『차이와 반복』(1968)에 와서야 체계적인 것이 된다. 『차이와 반복』에서 들뢰즈는 '사유의 독단적 이미지'를 특징짓는 ─ 칸트의 용어를 채택해서 주장하는 ─ 여덟 가지 공준에 대해서 개요를 서술한다. 이 독단적 이미지에 들뢰즈는 그 자신의 '비판적 이미지'를 대립시킨다. 여덟 가지 독단적 전제들은 모두 그 다양성에도 불구하고 한 가지 결정적인 문제를 공유한다. 즉, "우리는 독단적 이미지의 모든 공준들에서, 초월론적인 것의 실재적 구조들을 경험적인 것으로 추락하도록 놓아두는 위험이 있는데도 단순한 경험적 특징을 초월론적인 것의 지위로까지 상승시키는 동일한 혼란을 발견한다"(DR 154). 각 공준은 생산물의 이미지 속에서 사유를 — 또는 더 정확히 사유의 작업을 — 기술한다. 이 관점에서 볼 때, 우리는 사유의 독단적 이미지에 대한 비판이 『차이와 반복』과 초기 저작들 전체를 통하여 철학에 가해진 전반적 비평, 즉 철학이 재현의 원환에 사로잡혀서 이를 넘어서지 못하고 있다는 전반적 비평과 같이한다는 것을 알 수 있다. 이것이야말로 바로 현상학적 환원이 해결하고자 의도되어 있는 문제이다. 즉, 아마도 그것은 우리가 의식의 초월론적인 생을 더 정확히 기술할 수 있도록 경험적인 것을, 대상들로 향한 지각의 자연적 태도를 괄호 치는 것이리라. 그러나 의도를 진술한다고 해서 환원을 사용하는 일이 성공하리라고 보장되는 것은 아니며, 많은 들뢰즈의 비판들은, 환원을 수용함에도 불구하고 자연적 태도의 많은 측면들이 후설의 저작에 숨어 들어가 있는 매우 미묘한 지점들을 공격하곤 한다. 따라서 사유의 이미지에 대한 들뢰즈의 비판은 설사 그가 환원이라는 저 특수한 단어를 사용하지 않는다 해도 환원의 필요성을 재차 확인하는 것으로 읽을 수 있다. 환원은 각 비판 한복판에서 동기를 부여하는 비판적 직관이기 때문에, 브래시어가 "『의미의 논리』는 전적으로 현상학적 환원의 서명 하에서 일어난다"고 언급한 바와 같이, 우리는 레오나드 롤러의 논평을 들뢰즈의 작품 전체는 아닐지라도 적어도 『차이와 반복』에는 해당하도록 확장할 수 있다.

하지만 들뢰즈는 독단적 이미지에 무엇을 대립시키는가? 무엇이 진정으로 비판적 사유의 이미지를 특징짓는가? 의심할 여지 없이 이는 발생의 문제와 관련되어 있다. 즉, "진정한 비판의 조건과 진정한 창조의 조건은 동일하다. 즉, 그 자체를 전제하는 사유의 이미지를 파괴하는 것과, 사유 그 자체 안에서 사유 작용이 발생하는 것은 동일하다"(DR 139; 인용자 강조). 재현 너머에 있는 것은 초월론적 구성이다. 비판적 사유의 이미지는 사유 그 자체의 발생을 보여주는 이미지이다. 후에 『차이와 반복』에서 들뢰즈는 '진정한' 혹은 '철저한 비판'에 대한 유사한 정의를 내린다. 철저한 비판은 자신이 비판하는 것의 '발생을 수행하는' 비판이다(DR 206).[18] 그렇다면, 『차이와 반복』이 재현의 비판인 한, 동시에 그것은 또한 반드시 재현의 발생에 관한 설명이기도 하다는 것은 확실히 맞는 말이다. 재현과 대립할 때 그것은 재현의 이론이 된다. 이렇게 해서 우리는 핑크를 따라 현상학을 정의하는 이념들 중 두 번째 이념을 만나게 된다.

발생적 구성

아마도 환원보다 훨씬 더 중요한 것은 현상학의 '기본적인 체계적 이념들' 중의 두 번째 이념, 곧 후설의 구성 개념일 것이다.[19] 이는 들뢰즈에게도 해당된다. 『차이와 반복』에서 경험적인 것에서부터 초월론적인 것을 추적하는 것이 문제를 초래했던 유일한 이유는, 그리고 재현이 비판받았던 주요한 이유는 그것이 발생의 관점, 혹은 구성의 관점을 모호하게 했다는 점이었다(DR 160). 자동차가 자동차를 만든 생산라인을 닮지 않듯이, 구성된 것은 구성된 것의 생산 과정, 구성 과정을 닮지 않는다. 어원학적으로 말해서, '현상학'은 바로 '현상들에 관한 연구'를 의미하지만, 후설의 철학은 현상들의 기술description에 제한된 '기술적 학문'이 결코 아니었다(Fink 76). 실제로 압도적으로 방대한 양의 후설의 후기 저술들은 현상들을 기술하는 데에 할애된 것이 아니라, 현상들의 구성 과정을 풀어냄으로써 현상들을 설명하는explaining 데 — 환원이 가능하게 된 관점 — 에 할애되었다.[20] 환원은 우리가 세계 속의 대상들로서가 아니라 현상들로서의 대상들에 접근하는 일을 보증하기 때문에, '대상들의 구성'이란 표현은 그것이 보통 그러하리라 하는 것과는 완전히 다른 의미를 가진다. 하나의 대상으로 간주된다면, 테이블은 실제로 그것을 제조함으로써, 그것의 부분들을 조립하여 완성함으로써 구성된다. 하지만 현상들로 간주된다면, 이제 '대상들의 구성'은 바로 그 동일한 테이블이 우리가 지각에 현시된 자료들에게 의미를 부여함으로써 구성된다는 것을 뜻한다.[21] 이는 어린 시절 테이블이 무엇이었는가에 대해 최초로 의미를 만들고, 내 생애 동안 서서히 의미들을 누적시켜서, 그리하여 테이블의 지각이 안정된 의미를 얻는 방식을 나타낸다.

핑크가 지적하듯이, "현상학은 구성의 문제를 곧바로 '의미 부여bestowal of *meaning(Sinn)*'의 문제로 정식화한다"(Fink 91; 원문 강조. cf. 102). 가장 일반적인 의미로 취하자면, 구성 혹은 '의미 부여'는 심적 작용(노에시스) 혹은 일련의 심적 작용들이 감각 자료들(휠레)에 형식을 부여해서 '생기를 불어넣고animate', 그렇게 함으로써 이념성, 지각 안의 대상, 또는 의미(이 셋 모두를 노에마라 부를 수 있다)를 생산하는 과정이다. 이는 감각자료들이 그 자체로는 의미를 결여하기 때문이다. 구성의 기획 전체는 어떻게 이 의미를 결여한 자료들이 우리의 기억들이나 기대들과 소통하여 의미를 갖는 안정된 재현들로 조직되는가를 설명하는 일과 관계가 있다. 많은 초기 저작들에서 후설은 다양한 종류의 노에시스와 노에마를 탐구했다. 그의 후기 저작들은 이 연구 방법을 계속하고 확장하여 주체성 혹은 구성의 가장 깊은 수준들을 포함하게 되었다. 들뢰즈의 철학 전체는 발생적 구성의 문제를 직접적으로 다루기 때문에, 발생 과정에 대한 후설의 이해를 비교적 상세하게 개요를 서술할 만한 가치가 있다.

그러나 후설의 저작에는 두 가지 유형의 의미 부여가 존재하는데, 들뢰즈를 이해하는 데 중요한 것은 오직 두 번째 유형에 관한 후기의 정식적 기술이다. 후기 저작들에서 후설은 정적 현상학과 동적 현상학이라는 두 유형의 현상학을 구분한다. 정적 현상학은 후설의 초기 저작들에 나타나는데 이 저작들에서 후설은 논리학을 압도적으로 강조하고 있고, 생활세계보다 훨씬 더 깊게 주체성을 탐구하길 주저하고 있다. 후기구조주의자들이 후설을 비판할 때 문제로 삼는 것은 보통 그의 저작의 이러한 국면이다. 발생적 현상학은 후설의 후기 저작들 —약 1917년 이후— 과 관련 있으며, '생의 철학으로 향하는 전회'를 나타낸다.[22] '발생'이란 단어는 후설의 사상에서 두 가지 밀접하게 관련된 의미들을 가진다. 한편으로, 그것은 시간이 지나감에 따라 의미들이 침전되어 가는 방식을 가리킴으로써 전통적 의미를 고수한다. 예를 들어 후설은 이렇게 주장할 것이다. 나는 처음으로 대상 S를 마주치고, 이 대상에게 의미 p를 부여한다. 다음에 이 대상을 또 마주칠 때 나는 Sp로 마주친다. 그리고 만약 내가 이 대상에게 새로운 의미 q를 부여한다면, 다음에 또 이 대상을 볼 때 나는 Spq로 볼 것이다, 등등.[23] 하지만 의미의 이 역사적 '침전들sedimentations'을 기술하기 시작하는 것과 동시에 후설은 또한 신체와 시간성에 놓여 있는, 역사적 침전들의 토대를 이론화하기 시작한다. 달리 말해서, 발생은 더 이상 S에 부착되는 술어들의 역사를 가리키는 것이 아니라, S의 직접적인 생산 그 자체를 가리킨다. 이것이 돈 웰턴Donn Welton이 발생적 현상학을 한정하는 특성으로 간주하는 것이다. 즉, 완전히 전개된 초월론적 감성론을 전개할 때 후설은 의미의 역사적인 침전을 강조하지 않고 지각 과정의 가장 기본적인 측면들을 강조했다는 것이다. 엄밀한 의미의 발생적 분석은, 우리가 의미의 침전들을 고찰하는 것에서부터 '초월론적 감성론'에서 이 의미의 침전들이 '시원적으로 설립되는 것'으로 이동할 때 시작될 따름이다.[24] 그리고 들뢰즈가 직접적으로 다루게 되는 것은 이 후기 구성 이론이기 때문에, 여기서 내가 개요를 서술하고자 하는 것이 바로 이것이다.

우리는 후설이 '정적 현상학과 발생적 현상학의 방법에 관하여'란 제명의 1921년의 초고에서 그 개요를 서술한 '발생 이론the doctrine of genesis'이라 부른 것을 안내자로 삼을 것이다.[25] 처음에 후설은 종종 그렇게 하듯이 발생의 문제를 소급적으로 접근한다. 논리적 판단들은 체험lived experience을 전제하고, 체험은 자신을 생산하는 수동성을 전제한다(APS 630; cf. E&J 50). 후설은 형식논리학을 최종적으로 근거짓겠다는 희망을 가지고 자신의 발생이론을 전개한다. 후설의 눈으로 볼 때, 논리학자들은, 판단을 행하고 판단이 의미하는 것을 이해하는 주체를 전제하지 않고서는 이런 판단을 행하는 것이 불가능하다는 사실을 무시한다.[26] 예를 들어 후설은 주체에 의지하지 않고는 "달은 둥글다"는 판단의 진리치를 언명할 방법이 없다고 주장한다. 판단의 진리를 규정하기 위해서, 우리는 먼저 명제, 명제의 주어, 명제의 술어, 주어와 술어의 연관 등의 의미를 해석하거나 파악하고, 그런 다음 달 그 자체를 관찰하고, 달이 실제로 둥글다는 것을 보고, 마지막으로 명제가 그 지시체와 일치한다고 언명하는 주체를 필요로 한다. 하지만 그 주체가 어떻게 달에 대한 이러한 경험을 가지며, 또 그 주체가 어떻게 달에 대한 자신의 경험이 정확하다는 것을 아는가? 이 물음이 『경험과 판단』 그 전체에 걸쳐서 동기를 부여하고 있다.

후설은 판단에서 판단을 정초하는 경험으로, 그리고 경험에서 경험이 그 기원을 두는 지각으로 되돌아감으로써 소급적으로 시작한다.[27] 하지만 발생 이론 그 자체를 위해서 후설은 모든 것을 고유한 순서로 배치해 놓는다.

따라서 발생 이론에서, ['기술적' 현상학이 아니라] '설명적' 현상학에서 우리는 다음의 것들을 만난다.

(1) 언제나 거기에 존재하는 수동성 안에서 일어나는 발생적 생성genetic becoming의 일반적이고 합법적인 수동성의 발생 ….
(2) 자아의 참여, 그리고 능동성과 수동성의 관계.
(3) 순수 능동성의 상호관계, 형성물; 이념적 대상들의 능동적 성취로서의 발생, 그리고 실재적 발생의 성취로서의 발생. (APS 631)

이것들은 내가 아래에서 기술한 세 가지 일반적 수준들의 발생이다. (1) 수동성, (2) 수동성에서 능동성으로 옮겨가는 이행, (3) 능동성. (1)의 수준과 (3)의 수준은 모두 발생을 따라 우리를 이동하게 하는 몇 단계의 종합들을 담고 있다. 첫 번째 수준은 수동적 종합들로 이루어져 있고, 두 번째 수준은 강도와 촉발 간의 관계를 기술하고, 세 번째 수준은 능동적 종합들로 이루어져 있다. (들뢰즈는『차이와 반복』의 제2장과 『안티-오이디푸스』에서 그 자신의 철학을 위해 후설의 능동적 종합과 수동적 종합 개념을 채택한다.) 발생 이론의 이 앞의 세 항들에다 후설은 ('습득성' 형태의) 기억과 상호주체성의 문제와 관련된 네 항을 더 추가한다. 함께 취해진 이 일곱 항들은 그가 라이프니츠를 따라 모나드라고 부르는 것과, 이 모나드가 다른 모나드와 맺는 관계를 구성한다.[28] 후설의 모나드는, 자아와 대조적으로, 발생의 전 과정, 대상성을 구성하는 부단한 과정으로서의 부단한 생성 과정 이상의 것이 아니다(APS 270). 이는 후설에게 강력하게 영향을 미쳤던, 생산 과정으로서의 주체라는 주체성 개념이다. 그렇다면 우리가 이 발생 이론에 관해 개요를 서술할 때 우리는 동시에 (1) 지각, (2) 촉발, (3) 행위라는 세 가지 구분되는 계기들로 이루어지는 주체성 이론에 관해 개요를 서술하고 있는 셈이다.

발생 전체는, 수동성 안에서 일어나는 대상과의 미규정적 마주침에서부터 '지식의 능동적 획득'의 구성으로까지 이동한다. 왜 그런가? 후설에 따르면, 이는 사유의 자연적인 동향이기 때문이다. 즉, 자아는 '지식의 획득으로 향해 있다'(E&J 103; cf. 198, 또 APS). 사유의 독단적 이미지에 나오는 — 사유의 자연적인 운동은 진리로 향해 있다는 — 첫 번째 공준에 대한 들뢰즈의 비판은 여기서의 후설을 비판하는 데 분명 중요한 역할을 할 터이지만,[29] 우리는 그의 사상의 진리 혹은 타당성을 확인하기 위해, 혹은 심지어 들뢰즈와 하나하나 비교할 수 있는 모델로서 후설을 읽고 있는 중이 아니다. 우리는 단지 발생이 어떠한 모습인가 숙지하기 위해서 후설을 읽고 있는 중일 뿐이다.

(1) 발생 이론의 첫 번째 부분, 곧 수동성은 지각 이론의 토대이며, 이는 후설이 칸트를 따라 '초월론적 감성론'으로 기술하는 것에 해당한다. 그것은 시간의 종합과 연합의 종합이라는 두 가지 **수동적 종합**들로 이루어져 있는데, 두 종합 모두 오직 주체성의 가장 낮은 '심층'에서만 작동한다.[30] 후설이, 그리고 들뢰즈가 『차이와 반복』에서 이 종합들을 수동적인 것으로 기술하는 이유는 이 종합들이 자아의 사법권 바깥에서 일어나기 때문이다. 『순수이성비판』에서 칸트는 '구성된' '현실적 경험'이라고 주장하는 세 가지 종합들을 제시했다(CPR A124-25).[31] 『비판』 제1판에서 최초의 두 종합들 — 포착과 재생 — 은 상상력 안에서, 지성 바깥에서 일어났다. 오직 세 번째 종합 — 재인 — 만이 나의 초월론적 통일과 자발성에 의해 지배되었다. 그러나 『비판』 제2판에서 세 가지 종합들은 모두 지성에 의해 지배되고, 그래서 능동적으로 규제될 수 있었다(cf. CPR B130).[32] 후설과 들뢰즈는 여기까지 칸트를 따라오지 않고, 나 바깥에서 작동하는 비지성적 종합의 가능성을 주장한다. 그래서 들뢰즈는 수동적 종합을 "마음에 의해 수행되는 종합이 아니라 마음 속에서 일어나는 …" 종합으로 기술한다(DR 71: 원문 강조). 후설의 최초의 두 종합들은 나 바깥에서 작동하며(후설은 이 수준을 '전前-나pre-I'로 기술한다), 자발성 또는 자유의 지의 특징을 지니는 어떠한 활동보다 앞서기 때문에, 후설의 발생 이론에서 말하는 이 최초의 일반적 수준은 비인격성*impersonality*과 익명성*anonymity*, 즉 수동성의 특징을 지닌다.[33]

발생 전체와 관련한 이 두 발생의 기능은 우리의 세계 경험에 있어서, 그리고 지향적이지 않고 의미화되지 않은 감각 질료 혹은 휠레적 자료로부터 판단하는 일에 있어서 일정한 역할을 하게 될 대상들을 생산하는 것이다.[34] 발생 전체는 시간적 종합으로 시작된다. 후설의 경우, 모든 대상성과 주체성은 원초적 시간의 구성으로 시작되며, 결국 발생을 통해 생산될 모든 것은 — 주체, 주체의 세계, 주체의 신념들과 욕구들 — 시간적 장의 통일성 내에서 생산된다(E&J 164-66; CTM 41ff).

> 의식에 주어진 모든 대상성을 구성하는 ABC들에, 또 대자적으로 존재하는 주체성을 구성하는 ABC들에, 여기에 A가 존재한다. 그것은, 이렇게 말해도 될지 모르겠지만, 보편적인 형식적 체제 속에, 즉 모든 다른 종합들이 참여해야만 하는 종합적으로 구성된 형식 속에 놓여 있다. (APS 171, 인용자 강조; cf. APS 181, E&J 73)

여기서 후설은 시간적 종합들은 순수하게 형식적이라고 강조한다. 시간적 종합들이 내용에 따라 휠레적 자료들을 전혀 구분할 수 없는 것은 바로 이러한 이유 때문이다(APS 174).[35]

이 역할은, 후설이 '시간-의식의 가장 낮은 종합들 위에 정초되는 저 수동적 종합의 양식'이라고 기술하는 '연합'에 의해 충족된다(E&J 177). 연합적 종합들의 특유한 기능은 '감각 자료들이 내재성 속에서 연결되는 방식'을 규정하는 것이다(E&J 74). 시간은 내재성의 형식을 제공하지만, 연합은 그 내용을 규정하고 정돈한다. 그러므로 내용을 따라서 대상들('개체들')의 개체화 과정을 시작하는 것은 연합적 종합에 속한다(APS 174-76).[36] 발생의 이 단계에서 연합은 방금 우리가 본 들뢰즈와 메를로-퐁티가 비판하는 전통적인 경험론적 연합이론이나 심리학적 연합이론과 공유하는 것이 많지 않다. 이 수준의 종합들은 가장 기초적이고 의미를 결여한 지각 요소들을 가지고 감각적 자료들의 각각의 장들 내에서 작업을 시작한다. 종합들은 한 감각적 양태a sensory modality 속에서 자료들의 유사한 조각들을 결합함으로써(동질성의 종합), 혹은 자료들의 유사하지 않은 조각들을 분리함으로써(이질성의 종합) 시작된다. 그래서 예를 들어 만약 우리가 흰 종이 위의 붉은 점을 바라보고 있다면, 동질성의 종합은 흰 부분들은 흰 부분들과, 붉은 부분들은 붉은 부분들과 연결할 것이다. 일관성의 정도와 형태가 각각의 감각적 양태에 도입된 후에 또 다른 연합적 종합이 공감각적 종합 속에서 양태들을 결합한다. 종합의 상이한 수준들과 유형들의 이런 계열을 통해서 연합적 종합은 생활세계에 거주할 대상들을 양식화한다. 메를로-퐁티와 들뢰즈에게서처럼 후설에게서도 이 대상들이 후에 심리학적 종합에서 일정한 역할을 할 수 있는 것은 이 종합들이 작업을 끝낸 후이다.

(2) 발생 이론의 두 번째 계기는 유명한 생활세계, 강도와 촉발의 세계이다. 이것은 '직접적으로 주어지고 모든 논리적 기능들에 선행하는 경험의 세계', '우리가 언제나 이미 살고 있고, 모든 인지적 수행과 모든 학문적 규정을 위한 근거를 공급하는 세계'이다(E&J 41; 원문 강조). 만약 여러분이 길을 내려가고 있다면, 생활세계는 여러분이 주목하지 않고 대개는 그냥 지나가는 여러분의 주위의 세계, 여러분의 직접적이지만 반드시 규정적이지는 않은 경험에 나타나는 세계이다. 생활세계는 여러분이 주의를 기울이고 있는 모든 것의 배경을 형성한다. 이 세계는 경험experience의 세계이자 일상적인 경험적empirical 의식의 세계이다. 이 세계는 또한 자연적 태도가 왜곡하는 세계이기도 하다. 자연적 태도는 '직접적 직관의 세계 위에 던져진 이념들의 옷'이다(E&J 44-45). 예를 들어 학문은 우리에게 대상들은 정확한 시간적 공간적 위치들을 가진다고 가르치는데, 이는 당연히 맞는 말이긴 하겠지만, 그러나 엄격하게 규정된 판단들을 형성함으로써만 이러한 결론에 도달한다고 후설은 주장한다. 후설은 결코 학문의 발견물들에 이의를 제기하지 않는다. 오직 판단의 산물들 — 학문의 '이념화들' — 을 그것들이 전제하는 '선술어적prepredicative' 토대 위에 포개놓는 것에 이의를 제기할 따름이다. 자연적 태도는 본말을 뒤바꾸어 놓는다. 경험의 세계는 판단과 학문의 세계와 대조적으로 아직 과학의 공간과 시간으로 정식화된 것이 아니다. 그것은 항상 유동flux 혹은 생성becoming

속에 있다(E&J 42-44). 판단은 그 토대가 방금 놓였기 때문에 아직 자리를 잡지 않았다. 실제로, 발생에 있어서 생활세계의 역할을 충분히 이해하기 위해서 우리는 판단과 절연해야만 한다고 말할 수 있을 것이다.[37]

'발생 이론'과 관련하여 생활세계는 능동성과 수동성 사이의 중심축이다. 생활세계는 이 두 극과 양의적인 관계를 맺고 있다. 분명히, 생활세계의 모든 대상들은 수동성 내 한 지점에서 생산되거나 혹은 생산되었다. 하지만 여러분이 신호등을 기다리지 않고 길을 건너고 있다고 상상해보라. 여러분의 주의는 지나가는 차량에 고정되게 되며, 이 대상들, 즉 차들은 여러분의 자아의 충분한 주의를 받아 능동적 판단들의 주어가 되어, 여러분이 차량 사이의 간격을 정확히 발견하여 그 사이를 통과할 만큼 넓다라는 것을 알 수 있게 한다. 하지만 여러분이 조심스럽게 살필 때 동시에 사람들은 여러분 뒤에서 다른 방향으로 움직이고 있으며, 이렇게 여러분 주변에서 나타나는 동안 그들은 계속 수동성 내에 있다. 그들은 "저 사람은 내 친구 빌이야" 하고 말할 수 있는 여러분의 주의적 자아에 의해 결코 능동적으로 선택되지 않는다. 만약 그들이 여러분의 주의적 자아에 의해 선택된다면, 여러분은 아마도 트럭 밑에 깔려 있게 될 것이다. 따라서 능동적인 경험의 부분이 있고 수동적인 경험의 부분이 있다. 여러분이 피하려 하고 있는 트럭이 있고, 생존을 위해 주목할 수 없는 여러분의 친구 빌이 있다. 이런 이유 때문에 후설은 생활세계를 자아가 수동적으로 구성된 대상들을 만나는, 발생의 한 계기로 기술한다.[38]

후설은 이 관계를 위상학적으로 기술한다. 그는 한쪽에는 자아를 놓고, 다른 한쪽에는 수동성 내에서 생산된 대상들을 놓는다. 이 지각적 대상들은 자아에게 '밀어닥치며obtrude', '밀어닥치는 것은 밀어닥침의 **강도**intensity에 비례하여 자아에게 더 근접하거나 혹은 자아로부터 멀어진다'(E&J 77; 인용자 강조; cf. 150). 이 관점에서 볼 때, 지각의 장, 생활세계는 강도들의 장이 된다. 강도가 크면 클수록 대상은 그만큼 더 큰 '유혹(=자극)allure'을 자아에게 행사한다. 대상이 강도적일수록 대상은 그만큼 더 가까이 자아에게 다가와서 마침내 대상들과 자아를 접촉하게 하거나 혹은 자아를 대상에 '대향하도록turn toward' 강요한다. 이 대상들은 아직 명료하게 분화되어 있지 않고, 배경 속에서, 말하자면 욕망들, 기대들, 기억들, 강도들이 뒤섞인 혼합체 속에서 존속한다subsist.

(3) 발생의 세 번째 수준은 능동성이다. 후설은 능동성을 가장 적은 능동성에서 가장 많은 능동성으로 가는 연속적인 등급에 있는 것으로 생각하고, 이 진행을 수용성receptivity과 인식recognition이라는 두 일반적 과정으로 분할한다. 수용성은 '파악apprehension' 작용과 더불어 시작된다. — 때로 바로 수용성이라고 불리는 — 파악은 '가장 낮은 수준의 능동성'이다. 여기서 '자아는 다가오고 있는 것을 승낙하고 그것을 받아들인다'(E&J 79; cf. 77, 103ff). 파악은 생활세계에 주어진 대상들의 강도에 '굴복하고', 그 자신을 자신을 유혹한 자가 흡수하도록 놓아둔다. 하지만 자아는 대상들을 단지 바라보기만 하는 것은 아니다.

> 대체로, 대상의 능동적 파악은 즉시 관찰contemplation로 변한다. 지식의 획득으로 정향된 자아는 대상을 관통하는 경향이 있으며, 대상을 모든 측면에서뿐만 아니라 특정한 측면에서도 고찰하면서 그것을 해명하는explicate 경향이 있다. (E&J 104; 원문 강조)

자아는 지식knowledge을 얻고자 노력하기 때문에, 우리는 즉시 파악을 떠나서 대상을 해명하기 시작한다.

이것은 다음 수준의 능동성이다. 우리는 여전히 능동성 내에 있다 — 하지만 이제 자아는 '해명적 종합explicative synthesis'을 시작한다. 의미 부여sense-bestowal(혹은 '의미 구성constitution of sense' — 둘 모두 'Sinngebung'의 번역어이다)의 과정이 일어나기 시작하는 것은 바로 이 지점에서이다.

수동성은 미규정적이지만 특정한 대상을 발생시키고 이 대상을 자아에게 제시했다.[39] 해명적 종합의 기능은 특이성들singularities로 향함으로써 대상을 더 많이 규정하는 것이다. 이 특이성들은 판단작용들에서 술어들이 주어를 규정하는 방식과 매우 유사한 방식으로 대상을 규정하게 될 것이다. 이런 이유 때문에 후설은 '의미의 이중구성'에 대해 이야기한다(E&J 114; 원문 강조). 첫째로, '대상 기체object substrate'가 구성된다. 특이성들로 주의를 향하는 동안에 자아는 대상을, 규정들을 지지할 수 있고 '주제'로서 지속될 수 있는 어떤 것으로 만든다. 둘째로, 특이성들 그 자체는 바로 그 기체 혹은 주제의 속성들 혹은 규정들로 구성된다. 여기서 자아는 자신이 주의를 향하는 특이성들을 개체적 대상들로서가 아니라 대상 기체의 규정들로서 취급한다(E&J 114).[40] 해명적 종합은 판단에 가깝지만, 아직 판단이 거기에 존재하는 것은 아니다(cf. E&J 206, 233, APS 300).

　인식cognition은 높은 단계들의 능동성을 가리키는데, 이는 의도적이고 '창조적인' 자발성에 의해 지배되기 때문에 진정으로 능동적이라고 불릴 만하다(E&J 198-99). 우리가 술어적 종합에 대해 말할 수 있는 것은 오직 이 자발성의 관점에서뿐이다. 발생의 순서에서 비록 술어적 종합은 갈 필요가 있는 곳까지 우리를 멀리 데리고 가긴 하지만, 술어적 종합은 다소 점강적漸降的이다. 술어적 종합은 단지 해명적 종합을 반복할 뿐이지만, '변화된 태도'로 그렇게 한다(E&J 208). 무엇이 변화되었는가? 제일 중요한 것은 판단이 대상화 과정 혹은 지각 과정과 절연한다는 점이다. 지금까지 모든 것은 '기체에 대한 직접적 직관에 구속되어' 있었고, 개체적 대상들 — '파악된 대상성들' — 의 형성에 관심이 있었다(E&J 197). 그러나 판단은 창조적 자발성의 작용에 정초한다. 여기서부터 능동적 자아는 파악된 대상성들을 유효화하거나 혹은 무효화할 수 있으며, 이 대상성들에 관해 실천적이고 논리적인 결론을 내릴 수 있다(APS 92ff). 해명적 종합의 항들로 돌아가 훑어볼 때 능동적 자아는 저 지각의 긍정이나 혹은 무효화로 향하는 시선으로 그렇게 할 수 있다. 하지만 판단은 '지각의 지향성을 특허 내는 문제'일 뿐만 아니라 또한 더욱 중요하게는 '분투하는 능동적인 자아가 획득, 즉 영속적인 지식을 그 자신에게 전유하는 전유appropriation'의 문제이기도 하다(E&J 196).

술어적 종합은 여전히 대상화하는 종합이지만, 더 이상 직관되거나 혹은 파악된 대상성들을 생산하지 않는다. 술어적 종합은 '범주적 대상성들'을 생산하고, 또 획득된 지식 혹은 명제들로 간주되고 형식논리학에서 일정한 역할을 할 수 있는 대상들인 '이념적 대상성들'을 생산한다.[41] 이 수준에서 "대상은 직관적인 주어짐의 시간을 넘어 동일하고 또 동일화 가능하다"(E&J 198). 이것이 후설이 지식을 획득 혹은 소유로 기술할 때 의미하는 것이다. 즉, 술어적 종합에서 생산된 대상은 본질적으로 반복 가능하고 그래서 소통 가능하다(E&J 197-98). 구성된 의미는 고정되고 반복 가능하게 된다. 똑같은 재현이 다양한 맥락들에서 반복될 수 있고, 사람들 사이에 전달될 수 있다. 일단 술어적 종합에서 생산되기만 하면, 재현은 우리의 것이며, 모든 후속하는 그 개별적 대상과의 마주침은 항상 우리의 이미 획득된 지식과 관련하여 일어나게 된다. 그러나 지식은 그것이 다시 필요해질 때까지 모나드 속에 저장된 '습득성habituality'이 된다 — 그러나 심지어 해명적 종합의 규정들도 습득성으로서 '수동성 내로 가라앉을' 수 있다 —. 후설은 "발달된 의식은 … 그러한 '논리적 구조' 속에서 이미 파악되지 않은, 주어진 대상들을 갖지 않는 일은 거의 없다 …"고 지적한다. 발달된 의식이 재현들을 저장하는 것은 이처럼 광범위하다(APS 296; cf. E&J 121-122).

이제까지 발생의 전 과정은 지식의 획득으로 향해 왔고 지식의 획득에 의해 동기가 부여되어왔다. 판단의 술어적 종합은 이 과정을 종결시키는 데, 발생에 관한 내 설명은 이와 더불어 여기서 멈출 것이다. 하지만 후설에 있어서 발생은 계속되는데, 수용성이 인식을 이끌었듯이, 인식은 개념화 과정으로 계속될 것이다. 이 개념화 과정에서 먼저 후설은 증가하는 정도의 일반성들의 구성에 대해서, 그런 뒤 보편자들의 구성에 대해서 상세히 서술한다. 그러므로 우리는 후설의 경우 들뢰즈의 경우처럼 추상적인 것은 더 이상 설명하는 것이 아니라 그 자체가 — 발생적으로 — 설명된다고 말할 수 있을 것이다.

들뢰즈가 거의 언급하지 않은, 현상학의 최초의 체계적인 이념 — 환원 — 과 달리, 발생의 문제는 바로 그 최초의 저서에서 최후의 저서에 이르기까지 그의 철학 모든 곳에서 나타난다. 『경험론과 주체성』에서 들뢰즈는 '발생'을 오직 네 번 언급할 뿐이며, 매번 발생을 강하게 비판하는 것은 사실이다. 하지만 그는 거기서 발생이란 단어의 매우 특별한 의미 — 침전된 의미들에 관한 심리학적 이론으로서 위에서 개요를 서술한 의미 — 를 염두에 두고 있다. 그러나 『경험론과 주체성』의 주요한 물음은 '주체가 어떻게 주어진 것 내에서 그 자신을 구성하는가'(ES 119), 주어진 것을 초월하는 주체가 어떻게 주어진 것에서 생겨나는가이다. 주어진 것은 '나타나는 바대로의 사물들의 수집 — 앨범 없는 수집, 무대 없는 연극, 지각들의 유동 —'으로 기술된다(ES 23; 인용자 강조). 주어진 것은 후설의 감각적 휠레와 매우 유사한, 감성에 의해 상상력에게 주어지는 인상들의 조직되지 않은 '섬망delirium'(ES 23)이다. 달리 말해서, 물음은 바로 발생에 관한 현상학적 물음이다. 즉, 완전하게 구성된 주체가 어떻게 주어진 것에서 생겨나는가? 들뢰즈의 대답은 감각들의 관계들을 규정함으로써 이 섬망에 작용하는 어떤 '인간 본성의 원리들'의 결과로서 주체가 구성된다는 것이다. 이 원리들의 기능은 마음을 '고정시키고 자연화하는 것', 상상력의 섬망에 질서를 부과하는 것, 그것을 '항상되고 안정되게' 하는 것, '상상력에 항상성을 부과하면서 주어진 것을 체계로 조직하는' 것이며, 그리고 그렇게 할 때 이 원리들은 재현과 의식을 가능하게 한다(ES 24; 인용자 강조). 그렇다면 주체성 및 대상들의 의식은 이 원리들이 감각적인 주어진 것에 작용한 **결과이다**(ES 26). 경험적 주체성은 마음을 촉발하는 원리들의 영향 하에 마음 안에서 구성된다(ES 29). 주어진 것을 주체가 어떻게 초월하는가 하는 물음에 대한 들뢰즈의 명백한 대답은 이러한 초월함이, 주체와 더불어, **구성된다**는 점이다. 그가 발생을 거부하는 것은 다름 아닌 다음과 같은 관점에서이다. 즉, [경험론은] 마음 안의 이 구성을, 초월하는 원리들의 결과로서 그리지 발생의 산물로서 그리지 않으며(ES 31), 발생에 관한 다른 세 가지 언급들 각각은 발생이 인간 본성의 구성적 원리들에 정초되어야 한다는 점을 표명하고 있다(ES 66, 108, 119). 그렇다면 들뢰즈가 거부하는 것은 심리학적 발생이다. 하지만 그는 구성 이론에 찬동하며 그렇게 한다. 이 단어들은 결코 안정된 의미를 갖지 않지만, 후설의 후기 저작에서 '구성', '발생적 구성', '발생'은 모두 동일한 것을 의미한다.

이 일찍이 발생에 몰두하는 것은 『경험론과 주체성』에 특별한 것은 아니다. 본서의 나머지 부분에서 나는, 설사 들뢰즈가 구성을 두고 여러 이름 — '현실화(『베르그손주의』)', '도제 생활(『프루스트와 기호들』)', '개체화(『차이와 반복』)', '발생(『의미의 논리』)', '생산 과정(『안티-오이디푸스』)', '창조(『철학이란 무엇인가?』)' 등등 — 으로 부르더라도, 또 설사 그가 구성을 주요한 주제로 명시적으로 인정하지 않더라도, 그의 모든 후기 저작들을 통해서 구성에 대한 이러한 관심을 유지한다고 주장한다. 들뢰즈의 텍스트들을 이해하는 유일한 길은 그것들을 발생의 이론화로 이해하는 것이고, 들뢰즈의 개념 — 그것이 '탈주선line of fligh'이든, '기관 없는 신체body without organs'이든, 혹은 심지어 『철학이란 무엇인가?』에 나오는 '과학', '예술', '철학'이든 — 을 이해하는 유일한 길은 개념이 관계하는 발생 내에서 개념의 위치와 기능을 규정하는 것이다.

들뢰즈와 칸트

들뢰즈가 칸트와 맺는 관계는 다음에 보게 될 것에서 되풀이되는 주제이지만, 여기서 그들 간의 가장 일반적인 관계를 결정하는 것이 가능하다.[42] 들뢰즈가 칸트에 보이는 모든 관심은 발생의 문제를 둘러싸고 전개되며, 그의 철학은 구체적 경험의 생산의 관점에서 칸트주의를 재사유하는 것으로 읽을 수 있다. 들뢰즈는 칸트를 최초의 현상학자로 간주했으며, 그는 이 주장에 대해 두 가지 이유를 제시했다. (1) 칸트는 철학을 실체 혹은 본질의 존재론에서 의미의 존재론으로 이동시켰고, (2) 칸트는 초월론적 주체성의 개념을 발견했다.[43] 첫 번째 논점은 들뢰즈가 별다른 수정 없이 생애 내내 자신의 철학에서 유지했던 논점이다. 그의 존재론은 언제나 의미의 존재론이지 실체의 존재론이 아니다.[44] 그것은 나타남 배후에 무엇이 존재하는지 묻지 않고 나타남들이 어떻게 생산되었는지 묻는다. 그러나 두 번째 논점을 들뢰즈는 의미심장하게 변경해놓았다.

칸트의 '초월론적transcendental'은 순전히 형식적이었는데, 들뢰즈는, 그가 보통 살로먼 마이몬Salomon Maïmon 또는 '후기칸트주의자' 일반에게 귀속시켰던 두 밀접하게 관련된 슬로건이라는 형태로 칸트철학의 이런 측면을 끊임없이 비판했다. 즉, 칸트는 실재적 경험real experience이 아니라 가능한 경험에 관심이 있었다. 혹은 칸트는 실재적 발생real genesis을 단순한 조건짓기conditioning로 대체하는 데 만족했다.[45] 하지만 장 이뽈리뜨Jean Hyppolite가 독일 관념론의 구체적 철학으로 향해 가는 점진적 운동을 그리는 그의 서사적 작품에서 지적하듯이, 헤겔에 와서야 실제로 철학은 구체적 경험에 도달했다.[46] 피히테, 셸링, 마이몬 모두 발생을 정초하고자 설득력 있는 주장을 폈다.[47] 하지만 이 사상가들 중 누구도 발생을 들뢰즈가 주장하는 바의 '실재적 경험'에 정초하지 않았다. 오히려 그러한 동향은 현상학을 특징짓는데, 그래서 우리는 모든 주요한 현상학자들에게서, 또 당대의 많은 비평 문헌 곳곳에서 들뢰즈의 주장을 발견한다.[48] 리오타르Lyotard는 현상학의 이러한 측면을 강조한다. 리오타르에 따르면, 칸트는

> 순수 지식(물리학의 순수수학)의 선험적a priori 조건들을 설명할 따름
> 이지, 구체적인 지식의 실재적 조건들을 설명하지는 않는다. 즉, 칸트의
> 초월론적 주체성은 모든 가능한 대상들 일반을 지배하는 모든 조건들의
> 집합일 따름이어서, 구체적 자아는 대상으로서의 감성적 수준으로
> 방기되며, … 실재적 경험이 어떻게 모든 가능한 지식의 선험적 영역으
> 로 들어가는가 하는 물음은 … 대답되지 않은 채로 남아 있다 ….
> (Lyotard 44-45; 53)[49]

이것은 이 문제의 명료한 요약이다. 칸트의 경우 구체적 경험은 설명되지 않은 채 남아 있다. 하지만 리오타르의 경우 해결책은 '설명으로 나아가는 것을 거부하는' 데 놓여 있다. 대신 '우리는 밀랍 조각 그 자체와 함께 남아 전제들 없이 주어진 것만을 서술하지 않으면 안 된다'(Lyotard 33). 하지만 내가 위에서 지적한 바와 같이, 기술을 이렇게 주장하는 일과 설명을 거부하는 일은 오직 정적 현상학만을 특징짓는다. 발생적 현상학은 완전히 다른 길을 간다. 즉, 발생적 현상학은 설명으로 나아간다.
「칸트의 감성론에서의 발생의 이념」에서 들뢰즈는 칸트는 전혀 발생에 도달함이 없이 조건짓기의 관점을 고수했다는 주장을 다시 반복하지만, 이번에 그는 칸트가 최후의 비판서에서 진정한 발생의 조건들을 실제로 발견했다고 주장한다(DI 61). 최초의 두 비판서들에서 칸트는 능력들이 이미 거기에 존재한다는 것, 미리 만들어져 있다는 것을, 그리고 나아가 능력들은 규정적 관계들에 들어갈 수 있다는 것을 단순히 가정할 뿐이라고 들뢰즈는 주장한다. 이 관계들은 항상 위계적이다. 거기에는 항상 우세한 능력이 있으며 이 능력의 지휘 하에 다른 능력들이 작업을 착수한다.

> 최초의 두 비판서에서 … 우리는 능력들 간의 일치의 원칙을 피할
> 수 없다. 하지만 이 일치는 항상 비례에 맞추어져 있고, 제약되어 있고, 규정적이
> 다. 즉, 거기에는 항상 사변적 목적을 위한 지성이나 실천적 목적을
> 위한 이성을 입법화하는 규정적 능력이 존재한다. (DI 57; 원문 강조)

예를 들어 『순수이성비판』에서 상상력은 도식화하는데, 하지만 오직 지성의 영향 하에서만 그렇게 한다. 상상력을 그 자체에 맡겨둔다면 도식화하는 대신에 그것은 반성할 것이다(DI 59). 들뢰즈의 경우 세 번째 비판서의 중요성, 그리고 이 비판서가 발생의 이념을 발견하는 이유는, 그것이 주어진 능력들 및 이 능력들의 미리 수립된 조화를 넘어섰다는 사실에 놓여 있다. 여기서 칸트는 능력들 간의 규정적 관계들이 일절 일어나기 전에, 또 능력들이 특정한 기능을 가지기 전에 능력들을 연구하기 시작한다. 그는 능력들 그 자체도 능력들 간의 일치도 가정되지 않는 근거 — '자유로운 실행'과 '자유로운 일치' — 를 발견한다(DI 69). 게다가 칸트는 후기칸트주의자들이 결여한다고 하며 그를 비판했던 발생적 원리, 즉 '영혼', "우리 능력들의 초감각적 통일, '집중점', 자유로운 실행 및 다른 능력들과의 자유로운 일치를 생겨나게 하면서 각 능력에게 '생기를 불어넣는', 생명 부여의 원리를 여기서 발견한다"(DI 69; 인용자 강조). 이런 이유 때문에 들뢰즈는 『판단력비판』이 '다른 두 비판서가 유래하는 본원적 근거를 구성한다'고 주장한다(DI 69). 세 번째 비판서는 '단순한 조건짓기를 그치고 초월론적 교육transcendental Education, 초월론적 문화transcendental Culture, 초월론적 발생transcendental Genesis이 된다'(DI 61).50

하지만 우리가 더 이상 관념론에 대해 이야기할 수 없는 것은 바로 발생의 이 관점 때문이다. 관념론은 이미 주어진 혹은 이미 구성된 형식들을 가정하는 철학이다. 최초의 두 비판서들에서 칸트는 '미리 만들어진

능력들에 호소하며 능력들의 비례를 규정하고자 시도한다'(DI 61). 그러나 최후의 비판서에서 칸트는 이 형식들의 발생을 인식할 위치에 있다. 그가 이것을 성취하는 한 — 들뢰즈의 독해를 따르면 — 형식들은 더 이상 미리 주어지지 않고, 따라서 거기에 관념론은 존재하지 않는다. 이는, 들뢰즈가 칸트주의를 오직 이 점에서 다루면서 그의 사상을 칸트의 초월론적 관념론과 대조적으로 초월론적 경험론으로 기술하는 한 가지 이유이다.[51] 나는 아래의 다양한 논점들에서, 들뢰즈가 지금 이 발생의 관점을 제외하고 칸트의 초월론적 주체의 구조의 대부분을 부활시키고 있다고 제언할 것이다. 들뢰즈는 '조건짓기의 단순한 관점을 효과적 발생의 관점으로 대체하게 될 것이다'(DR 162). 이러한 전복이 없다면, 저 유명한 코페르니쿠스적 혁명은 아무것도 아닌 것이 되고 만다(162).

결론

우리가 들뢰즈의 철학을 '현상학'으로 부를지 말지는 별로 중요하지 않다. 중요한 것은, 그리고 내가 아래에서 주장하려는 것은 그의 사유는 핑크가 개요를 서술한 두 좌표 내에서 거의 전적으로 움직인다는 점이다. 현상학에 대한 핑크의 정의의 의의는 그것이 현상학을 후설의 개념들에 한정하지 않고 어떻게 해서든 더 정확성을 기하고자 한다는 점이다. 현상학은 지향성과 동의어도 아니고, 혹은 『이념들Ⅰ』의 유아론적 자아와 동의어도 아니다. 현상학은 사유의 모든 형태들 속에서 사유를 설명하고자 시도하고(발생), 또 현상들을 관찰하는 매우 기초적인 방법을 사용하는(환원) 부단한 철학적 기획이다. 발생의 기저에 절대적 의식이 존재하지 않는다고 해서, 혹은 지향성 이론이 존재한다고 해서, 들뢰즈는 반현상학적이라고 말하는 것은 온당하지 않다. 나는 다음에서 참으로 들뢰즈의 사유는 전적으

로 환원의 서명 하에 일어나고, 거의 전적으로 발생의 문제와 관련이
있다는 점을 주장하고자 한다.

제2장

『의미의 논리』

　이 장의 주요한 목적은 『의미의 논리』에 나타나는 들뢰즈의 발생적 구성 이론에 관한 포괄적이고 상세한 설명을 제공하는 것이다. 본서의 제2부와 3부는 이 발생의 구조가 어떻게 『안티-오이디푸스』와 『차이와 반복』에 대해 정보를 주는가 보여준다. 이 장은 내가 들뢰즈의 다른 저작들을 읽는 본보기를 제공한다. 『의미의 논리』는 들뢰즈가 후설과 가장 분명하게 또 직접적으로 연관되어 있는 책이다. 하지만 내가 여기서 연구하고 싶은 것은 후설이 전개한 특정한 개념들을 들뢰즈가 채택하거나 또는 거부하는 정도가 아니다. 대신 나는 『의미의 논리』의 개념적 구조 전체가 후설의 후기 저작의 발생적 기획을 직접적으로 이어받는 정도를 보여주고 싶다. 이 주장을 펴기 위해서는 『의미의 논리』에 관한 비교적 완전한 그림을 제시하는 일이 필요한데, 특히 들뢰즈의 개념들이 모두 합쳐져서, 비록 체계적이 아닐지라도 일관된 발생적 구성 이론을 형성하는 방식을 보여주는 일이 필요하다.

『의미의 논리』의 총체성에 도달하기 위해서 우리는, 서사학에서 하는 구분을 빌려 말한다면, 스토리와 플롯을 분리할 필요가 있다. 이 책 서문에서 들뢰즈는 이를 '논리학적이고 심리학적인 소설을 전개하려는 시도'로 기술했다.[1] 이 소설이 말하는 스토리는 재현의 발생, 혹은 의식이 신체와 촉발물 간의 상호작용 속에서 생산되는 방식이다. 플롯, 혹은 이 스토리가 독자에게 제시되는 방식은 이 스토리를 전적으로 모호하게 만들어놓는다. 나는 다음에서 이 발생적 과정에 관한 두 가지 설명을 제시하겠다. 첫 번째 설명은 위에서 아래로 내려가는 대략적 설명이다. 두 번째 설명은 아래에서 위로 올라가는 상세한 설명이다. 이 장의 전반부에서 나는 들뢰즈의 소급적 분석을 따라가면서 처음에는 명제에서 의미로 되돌아가고 나중에는 의미에서 감각으로 되돌아가는 발생의 전반적인 구조를 기술하겠다. 후반부에서 나는 감각에서 의미로, 의미에서 명제로 가는 과정을 발생적 관점에서 더 상세하게 기술하겠다.

소급

세 가지 수준의 발생

여기서 내가 기술하고자 하는 발생은 들뢰즈가 '첫 번째 층위', '두 번째 조직체', '세 번째 층위'라 명명하는 세 가지 수준을 횡단한다.[2] 들뢰즈는 종종 발생의 문제에 소급적으로 접근하는 후설의 방법을 답습하곤 한다. 내가 앞 장에서 기술한 바와 같이, 후설의 소급적 방법은 판단을 기술함으로써 시작하고, 그런 다음 판단의 조건들을 발견하는 것이다. 마찬가지로 『의미의 논리』에서 들뢰즈는 논리학적 명제에 대한 분석으로 시작하고, 그런 다음 논리학적 명제의 조건들을 찾아낸다. 이러한 명제는 '세 번째 층위'를 특징짓는다.

들뢰즈는 명제란 세 가지는 명시적이고 한 가지는 암묵적인 네 가지 본질적 관계들을 가진다고 주장한다. 세 가지 명시적이고 형식적인 관계들은 지시작용, 현시작용, 함의작용이다(LS 12). 지시작용denotation은 명제가 '외적이고' '개체화된' '사태(자료datum)'와 맺는 관계를 표현한다(LS 12; 원문 강조). 이 작용은 명제가 자신이 지시하는 것 혹은 가리키는 것과 맺는 관계이다. 예를 들어, '하늘은 오렌지색이다'는 언어학적 명제에서라면 지시된 사태는 실제의 오렌지색 하늘일 것이다. 현시작용manifestation은 명제가 이 명제를 말하는 심리학적 — 초월론적이 아니다 — 주체와 맺는 관계이다. 이 작용은 '나'라고 말하는 사람, '나라고 말할 수 있는 통일체'를 가리킨다(78). 함의작용은 개념concept, 혹은 명제의 의미meaning와 맺는 관계이다. 예를 들어, 이 작용은 설사 하늘이 파란색일 때라 하더라도 오렌지색 하늘에 대해 품을지도 모르는 개념을 가리킨다. 지시작용은 사물과 관계를 맺고, 함의작용은 함의 혹은 개념과 관계를 맺으며, 현시작용은 언어의 주체와 관계를 맺는다. "말하기 시작하는 사람은 현시하는 사람이다. 이 사람이 말하는 대상은 지시체denotatum이다. 이 사람이 말하는 내용은 함의들significations이다"(181).

그러나 명제의 이 차원들은 언어 단독의 차원들을 기술하는 것은 아니다. 들뢰즈가 관심을 갖는 명제들은 반드시 언어학적이거나 논리학적인 명제들인 것은 아니다. 명제들은 또한 사유 그 자체의 발생에 있어서 어떤 단계, 논리학적-심리학적 이야기의 막바지에 있는 특정한 순간을 기술한다. "의식은, 더 정확히 말하면 전의식은 가능한 지시작용, 현시작용, 함의작용의 의식 혹은 전의식과 다른 장을 갖지 않는다. 즉, 선행한 모든 것에서 생겨나는 언어의 층위 이외의 다른 장을 가지지 않는다"(LS 244). 명제의 형식은 또한 경험적empirical 의식의 형식이기도 하다.

들뢰즈는 이 점에서 매우 후설답다. 후설도 또한 논리학적 명제를 능동적이고 알고knowing 술어화하는 의식의 명제로 다루었다. 후설에게 수동적 의식이 아닌 능동적 의식이란 언제나 판단 및 판단의 산물인 '지식knowledge'3에 사로잡혀 있으며, 지식은 명제적 형식으로 표현된다. 하이데거는 의식과 지식에 대한 이러한 이해가 오랜 철학적 전통에 의존해 온 정도를 관심을 가지고 강조하면서 후설 사유의 이러한 측면을 간결하게 요약한다. "전통적으로 앎knowing은 언명assertions, 명제, 판단으로 표현되는 자족적이고 완결된 인식cognition으로 이해되었는데, 이러한 인식에서 판단은 개념들로 구성되며 판단들의 복합체가 삼단논법인 것이다"(*History of the Concept of Time*, 77). 명제란 생성becoming 바깥에 있는 것이며, 명제가 반복되도록 허용하고 다른 명제들 혹은 완결된 인식들과 관련하여 기능하도록 허용하는 안정된 구조를 가지는 '완결된 인식', 언명, 완전히 개체화된 지식의 단편을 나타낸다.4 그러나 후설을 들뢰즈도 그렇지만 이러한 전통과 구별하게 해주는 것은, 그들은 모두 지식을 그 생산 과정과 관련하여 보아야 한다고 주장한다는 점이다. 후설과 들뢰즈는 모두 분별적이고 반복 가능한 명제들의 한계를 넘어 거침없이 확장하면서 명제들의 발생에 기여하는 선술어적 생활을 기술해야 한다고 단언하며 이 점에 많은 노력을 쏟는 것을 마다하지 않는다.5

우리가 앞 장에서 본 바와 같이, 후설의 모나드는 신체 및 신체가 휠레적 자료와 수동적 조우를 행하는 것에서부터, 수동성 안에서 생산된 대상들을 파악하고apprehend 해명하는explicate 능동적이고 판단하는 자아로 이동하기까지의 저 발생 전체로 정의되었다. 이는 후설의 모나드가 의미심장한 '선술어적' 실존 양식을 가진다는 점을 의미한다. 이 모나드의 경험은 판단의 형식들에 한정되지 않는다. 수동성 안에서 생산된 대상들을 조우하는 생활세계의 주체는 이 대상들을 강도들intensities로서, 지나가는 경험 그리고 모나드 자신의 지나간 경험의 습득성들habitualities과 관련하여 뒤섞여 흐릿해진 대상들로서 조우한다. 대상들을 자발성 안에서 능동적으로 취해낼 때 모나드는 이 대상들에 대해 판단을 내릴 수 있고 혹은 대상들의 술어들을 언명할 수 있다. 그러므로 모나드는 선술어적 세계에서 술어적 세계로, 사유와 촉발물의 불안정한 혼합체인 체험lived experience으로부터 우리가 우리 환경의 대상들에서 수학적 진리들에 이르기까지의 모든 것에 관한 명제들을 확실성을 가지고 정식적으로 표현하는 의식적 사유로 이동한다. 그리고 실로, 판단의 가능성 및 필증성은 이 이전 경험의 토대들에 굳건하게 의존한다.

들뢰즈도 또한 유사한 견해를 펴는데, 이 때문에 들뢰즈의 경우, 위에서 지나가면서 한 바와 같이, 심리학적 주체와 초월론적 주체를 구분하는 일이 필요하다. 명제에서 현시되는 것은 바로 심리학적 주체이다. 하지만 이 주체, 그리고 의식을 구조화하는 세 번째 층위인 명제는 전명제적pre-propositional 생산 과정을 전제한다.

그러므로 세 번째 층위는 들뢰즈가 '두 번째 조직체'라 부르는 것을 지시한다. 두 번째 조직체의 수준은 세 번째 층위를 구성하는 기능을 가지는 전인격적prepersonal 초월론적 장이다. 들뢰즈는 이 초월론적 장에 많은 이름을 붙이고 있는데, '뇌의 표면', '형이상학적 표면', '전개체적이고 비인격적인 초월론적 장', '순수 사유', '언어적 표상verbal representation' 등이 대표적인 것들이다. 『차이와 반복』에서 그는 초월론적 장을 '잠재적인 것the virtual'이라 부른다.6 그러나 여기서 들뢰즈는 초월론적 장을 명제의 네 번째 암묵적인 관계인 '의미sense'로 소개하고 있다. 세 번째 층위 전체에 의미를 부여하는 것과 동시에 세 번째 층위 전체를 현실적으로 생산하는 기능을 가지는 것은 바로 명제의 초월론적 차원이다.

> 언어의 층위 전체는 세 번째 규정들의 코드를 가지는 [두 번째 조직체
> 의] 결과이다[…]. 여기서 중요한 것은 예비적이고 정초적이고 시적인7
> 조직체이다. 즉, 오직 무우주적이고 비인격적이고 전개체적인 장이
> 전개되는 표면들의 이러한 유희이다[…]. (LS 245-246)

들뢰즈가 언급하는 무우주적이고a-cosmic 비인격적이고 전개체적인 장은 의미의 초월론적 장이다. 이 장은 세 번째 층위를 '정초하고' 생산한다. 만약 의미의 초월론적 장이 '두 번째 조직체'라고 불린다면 이는, 우리가 아래에서 보게 되는 바와 같이, 두 번째 조직체의 첫 번째 기능이 사유가 자신을 촉발하는 것의 의미를 만들기 위해서 촉발물들에 함축된 결정론 바깥에서 의미를 조직함으로써 신체들의 능동과 수동으로부터 벗어난 장을 제공하는 것이기 때문이다. 이 모든 점이 아래에서 상세하게 논의될 것이다. 지금 중요한 것은 단지, 의미란 명제를 발생시키는 요소이자 재현과 동연인coextensive 능동적 의식을 발생시키는 요소라는 점을 보는 것이다.

『의미의 논리』가 전개하는 아마도 가장 주목할 만한 논제가 되는 것은 의미 그 자체, 잠재적인 것이 생산된다는 점이다. "의미는 본질적으로 생산된다는 점은 되풀이해서 말할 이유가 없다. 의미는 결코 본원적인 것이 아니라 항상 원인이 있어서 생겨나는 것이고 파생되는 것이다"(LS 95; 원문 강조).8 그러므로 소급은 계속된다. 개체화된 대상, 개념, 세 번째 층위의 주체가 자신들을 발생시키는 요소인 의미를 소급해서 지시하듯이, 이제 의미는 의미의 생산에 원인이 되는 개체화되지 않은 신체들, '무량한 박동measureless pulsation'의 장을 소급해서 지시한다.

> 신체들에서 이루어지는 개체화, 신체들의 혼합체에서 생기는 척도, 신체들의 변이들에서 행해지는 인격들과 개념들의 유희 등 이러한 [세 번째] 층위 전체는 의미 및 의미가 전개되는 전개체적이고 비인격적인 중성적 장을 전제한다. 그러므로 의미가 신체들에 의해 생산되는 것은 다른 방식에서이다. 이제 물음은 신체의 분화되지 않은 심층에서, 무량한 박동에서 취해지는 신체들에 관한 것이다. (LS 124; 인용자 강조)

의미는 신체들에 의해 생산된다. 세 번째 층위의 개체화된 신체들이 아니라 개체화되지 않은 무량한 물질의 박동으로 간주되는 신체들이다. 초월론적 장 아래에는 들뢰즈가 '첫 번째 층위', '심층'의 '물체적', '분열증적schizophrenic' 혼합체라고 부르는 초월론적 장의 생산에 원인이 되는 것이 놓여 있다. 이것은 개체화되지 않은 신체들이 서로 간에 충돌하는 장이다. 언어나 의식의 형식적 층위와는 달리, 이 물질의 무량한 박동은 감각의 세계를 나타낸다. 들뢰즈가 이 감각의 세계를 기술하기 위해 그런 창의적인 언어를 사용하는 것은 우리를 촉발하는 대상들도, 촉발되는 신체도 아직 구성되지 않았기 때문이다. 개체화되지 않은 신체들은 아직 구성되지 않은 신체로서의 우리 자신과 혼합된다.

들뢰즈는 종종 이 심층을 먹거나 먹히는 영역으로 묘사한다. 그러나 먹는다거나 먹힌다고 하는 것은 이 세계를 직접적인 능동과 수동 중의 하나로 묘사하는 비유적 방식이다. 먹는다는 것은 능동적인 것이고, 먹힌다는 것은 수동적인 것 혹은 다른 신체의 능동을 견뎌낸다는 것이다(240). 심층에서 "모든 것은 수동이자 능동이다"(192; 원문 강조). 이 점은 들뢰즈가 『시네마 1』에서 '내재면'에 대해 펼친 설명과 매우 근접해 있다. 사실, 내재면이 『시네마 1』에서, 베르그손을 따라서, 모든 이미지들이 다른 모든 이미지들에 대하여 모든 부분들에서, 모든 측면들에서 작용하고 반작용하는 특징을 지니듯이,[9] 들뢰즈는 『의미의 논리』에서 신체적 혼합체의 영역을 "대양 속의 와인 한 방울처럼 또는 무쇠 속의 불처럼 한 신체가 다른 한 신체에 관통하고 모든 부분들에서 다른 신체와 공존하는 영역으로 특징짓는다"(LS 5-6). 그때 자아론적인 대등물은 아직 준비되어 있지 않다. 첫 번째 층위는 물질성이 그 자체와 소통하는 것을 나타낸다. 이 층위는 "모든 것이 신체이자 물체적인 '분열증'schizophrenia의 세계이다. 모든 것은 신체들의 혼합체이며, 신체 내부에서 서로 맞물리고 서로 관통한다"(87). 신체들은 "전 우주의 시궁창 속에서 파열하고 다른 신체들을 파열하게 한다"(187; 원문 강조). 한 신체는, 혹은 다르게 말하면 한 인간은, 이 사물이 궁극적으로 사유를 위한 토대가 될지도 모를 가능성을 고려조차 하지 않고서 순수한 사물로서만 간주된다.

지식에서 의미로, 의미에서 감각으로 향하는 소급적 운동 전체는 다음과 같은 인용문으로 압축된다. "우리는 세 번째 층위에서 두 번째 조직체로, 그런 다음 동적인dynamic 요구에 맞추어 첫 번째 층위로 이동해야만 한다"(LS 246; 원문 강조). 하지만 이것은 소급적인 운동이기 때문에 후설에서처럼 우리는 모든 것을 발생적으로 설명하기 위해 방향을 뒤바꾸어야 한다. 그러므로 이 세 단계에는 정적 발생과 동적 발생이라는 두 발생이 있다. 이 두 발생의 기본적 차이는 들뢰즈가 동적 발생을 도입하는 대목에서 매우 분명하게 발견된다.

> 더 이상 그것은 전제된 사건[즉 의미]에서부터, 이 사건이 사태 속에서 실현되는 현실화로, 또 명제 안의 표현으로 향해 가는 정적 발생의 문제가 아니다. 그것은 사태들에서 사건들로, 혼합체들에서 순수한 선들로, 심층에서 표면들의 생산으로 향해 가는, 다른 모든 발생을 결코 함축해서는 안 되는 동적 발생의 문제이다. (LS 86; 원문 강조)[10]

이 대문에서 들뢰즈는 두 발생의 차이를 내가 방금 기술한 세 가지 수준들에 의해 표현하고 있다. 동적 발생은 첫 번째 층위에서 두 번째 조직체로, 물질에서 순수성으로, 감각에서 의미로 이동한다. 만약 이 발생이 '동적'이라 불린다면, 이는 발생이 오직 운동— 즉, 서로가 서로를 관통하는 신체들의 운동 — 이 있을 뿐 시간은 없는 심층에서 시작하기 때문이다.

그런 다음 정적 발생이 인계받아 두 번째 조직체에서 세 번째 층위로 이동한다. 정적 발생은 의미에서 명제적 의식으로 이동한다. 정적 발생의 핵심어는 '현실화'이다. 만약 이 발생이 '정적'이라 불린다면, 이는 의미가 심층에서 이루어지는 신체들의 혼합체와 같이 운동에 의해 정의되는 것이 아니라 시간에 의해, 정확히 말해 들뢰즈가 다른 곳에서, 칸트를 따라서, 변화하는 모든 것의 형식이지만 그 자체는 변화하지 않는 형식으로 기술하는 '시간의 빈 형식'에 의해 정의되기 때문이다.[11] 이 두 발생은 그 출발점을 따라 이름을 취하고 있다. 동적 발생은 운동 속에서 시작되고, 정적 발생은 운동이 없는 시간 속에서 시작된다. 우리는 이 일반적 과정을 아래에서 보는 바와 같이 간단하게 도시할 수 있을 것이다.

『의미의 논리』의 전 운동은 물체적 심층에서 명제적 의식으로 이동하는 이 두 발생을 따른다.

시간의 두 양식

첫 번째 층위, 두 번째 조직체, 세 번째 층위는 발생의 세 수준들이다.

또한 아이온Aion과 크로노스Chronos라는 두 가지 시간이 존재한다.[12] 들뢰즈 책의 많은 부분은 모리스 블랑쇼Maurice Blanchot의 작품에 기반해서 작성되었다. 그러한 경우가 매우 많으므로 『의미의 논리』가 때로 블랑쇼 사상의 문맥을 완전히 벗어난다 해도 블랑쇼 사상의 많은 부분을 정식화하고 체계화한 것이라고 말해도 지나친 말은 아닐 것이다.[13] 이는 무엇보다 시간에 관한 두 독해와 관련하여 사실이다. 『문학의 공간The Space of Literature』과 『도래할 책The Book to Come』을 통해서 블랑쇼는 두 종류의 시간을 기술한다.[14] 첫째로, 현재에서 언제나 일어나는 통상적인 일상적 활동의 시간이 존재한다. 이는 레비나스가 "태양과 기차를 위해 만들어진 시계 시간"으로 묘사한 시간의 독해이다.[15] 하지만 이 시간 외에 또한 '작품'의 '본질적' 혹은 '본원적' 시간이 존재한다. 이 시간에는 현재가 존재하지 않고, 오직 현재를 세분하는 무한정한 과거와 미래가 존재할 뿐이기에, 우리는 무언가가 일어나고 있다고 말할 수 없고, 오직 무언가가 언제나 방금 일어났고 언제나 곧 일어날 것이라고 말할 수밖에 없다. 이 시간은 비인격적 사유가 기억과 기대 간에 가동적 연관을 만드는 시간이다. 들뢰즈는 현재를 가지는 시간을 '크로노스'라 부르는데, 우리가 방금 추적한 전반적인 구조 내에서 이 시간은 일차적 층위와 직접적으로 부합한다. 이 시간은 분열증적 심층에 존재하는 신체들 및 신체들의 혼합체의 시간이다(LS 162, 87). 이 시간은 신체들의 능동과 수동을 원인들 및 심층 속의 혼합체의 상태로 측정해내는 "언제나 제한된 현재"이다(61). 들뢰즈는 현재가 없는 블랑쇼의 시간을 '아이온'이라고 재명명한다. 크로노스에 반하여, 아이온은 신체들의 운동에서 해방된 비물질적 시간이다. 들뢰즈가 말하듯이, 아이온은 '시간의 빈 형식'이다(62, 165). 이 시간은 블랑쇼의 작품의 시간처럼 현재를 가지지 않고 현재를 과거와 미래로 무한하게 세분한다. 크로노스가 심층의 일차적 층위에 부합했듯이 아이온은 두 번째 조직체와 부합하고, 표면의 초월론적 장에 거주하는 '사건들'과 부합한다.[16]

만약 크로노스가 첫 번째 층위를 특징짓고, 또 만약 아이온이 두 번째 조직체를 특징짓는다면, 어떤 시간이 세 번째 층위를 규정짓는가? 크로노스는 두 가지 형식을 가지는 것으로 보인다. 첫 번째 형식은 개체화되지 않은 신체들의 물질적 혼합체 곧 첫 번째 층위로 이해된 현재이다. 동적 발생은 이 카오스적인 신체들의 혼합체에서 시작되어 초월론적 표면을 생산한다. 이 표면이 물질성을 뒤로 하고 비물체적인 것(=무형의 것)이 되는 것은 바로 이 발생 때문이다. 개체화되지 않은 신체들을 뒤로 하면서 이 발생은 아이온이라는 완전히 다른 종류의 시간성을 생산한다. 하지만 이 발생은 여기서 멈추지 않으며, 이 표면은 이제 세 번째 층위의 명제를 생산하게 될 두 번째 정적 발생을 정초한다. 정적 발생은 우리를 크로노스로 돌아가게 하지만, 이제 크로노스는 완전히 다른 형식을 띠게 된다. 정적 발생은, 발생의 작업 덕분에, '계기*succession*의 특징을 지니는 물리적 시간 때문에 지시 가능한 사태'가 된 현재로 돌아간다(LS 184; 인용자 강조). 심층의 크로노스는 신체들의 능동과 수동과 관련하여 원하는 만큼 멀리 앞과 뒤로 그 현재를 신체의 원인과 결과를 포괄하도록 언제나 확장할 수 있기 때문에 원리상 무한한 현재, 지나가지 않는 물리적 현재에 의해 정의되었다. 그러나 명제 및 명제의 지시 가능한 사태의 크로노스는 계기에 의해 정의된다. 이 크로노스는 표상 속을 지나가는 현재이다. 크로노스의 이 두 형식 간의 차이는 물질로 돌아갈 때 물질이 개체화되었다는 사실로 요약된다. 이 크로노스는 잘 정의된 한계를 가지므로 지나갈 수 있다. 심층의 크로노스는 개체화되지 않았으며 서로에 대하여 직접적으로 작용하고 반작용하는 신체들의 폭력에 의해 정의되는 반면, 여기서 모든 것은 개체화되어 있으며, 질서 잡혀 있고, 언어의 형식들로 포장되어 있다.[17]

크로노스가 발생의 순서에서 두 번 나타나는 방식을 주목함으로써, 우리는 이 발생의 일반적인 동작과 형태에 관한 매우 분명한 그림 —

결국 놀랍게도 헤겔다운 모습으로 보이는 궤적 — 을 얻어낼 수 있다. 즉, "크로노스의 두 현재들 사이에, 밑바닥[즉, 첫 번째 층위]으로 인한 전복subversion의 현재와, 형식들[즉, 세 번째 층위의 형식들]에 보이는 현실화의 현재 사이에 제3자가 존재한다. 아이온에 속하는 제3자가 분명 존재한다"(168; cf. 63).[18] 동적 발생은 우리를 물체성을 벗어난 곳으로 데리고 가지만, 정적 발생은 우리를 물체성으로 데리고 간다. 물체성과의 첫 번째 마주침은 개체화되지 않고 몰의미하고 카오스적인 물질을 지니는 경험이다. 발생의 끝에서 물질성으로 되돌아갈 때 우리는 질서 잡혀 있고 유의미한 재현들의 형식 속에서 개체화되어 있는 동일한 사태를 발견한다.[19]

나는 이 장의 첫 번째 부분에서 발생 혹은 논리학적-심리학적 이야기의 세 주요한 사건들 — 세 수준들 — 이 전개되는 일반적 구조가 제시되었기를 희망한다. 다음에 오는 것에서 나는 동적 발생에서 시작되어 그런 다음 정적 발생으로 계속되는 이 두 발생을 더 상세하게 기술하고자 한다. 이 장의 끝 무렵에서 나는 그의 다른 철학적 성과도 포함하는 들뢰즈의 사상을 알려주는 발생의 일반적 모델을 기술했다는 말을 듣기를 희망한다.

발생

동적 발생

동적 발생은 첫 번째 층위에서 두 번째 층위로 향하는 운동이다. 동적 발생은 세 가지 수동적 종합들로 이루어지며, 각 종합에 대응하여 세 가지 구분되는 단계들로 이루어진다.[20] 아래에서 나는 첫 번째 층위를 규정짓는 분열증적 심층에 대해 예비적 설명을 한 후 이 단계들을 하나하나 기술해보겠다.

심층

동적 발생은 첫 번째 층위에서, 물체적 심층들의 '소음'에서 시작된다. 위에서 언급한 바와 같이, 이 심층들은 개체화되지 않은 신체들의 수준에서, 또 아직 구성되지 않은 우리 자신의 신체들의 수준에서 작용하는 감각에 대한 들뢰즈의 기술을 나타낸다. 들뢰즈가 이러한 감각의 세계를 기술하기 위해 이런 색다른 언어를 사용하는 것은 자연적 태도나 전통적 철학의 요소들을 들여오는 것을 피하기 위해서이다. 위에서 나는 간략하게 이 세계의 역동성을 서술한 바 있다. 즉, 이 세계에는 모든 부분들에서, 모든 측면들에서 서로를 관통하는 오직 파편들의 운동이 있을 뿐이며, 모든 것은 직접적인 능동과 수동이다. 이것이 들뢰즈가 이 책의 앞 절들에서 물체적 심층들을 기술하는 방식이다. 그러나 이 책의 마지막 1/3에서 동적 발생에 대한 체계적인 설명으로 전환할 때, 들뢰즈는 이 이전의 어휘들을 뒤로 하고 정신분석학의 언어를 취한다. 이 새로운 어휘들 중에서, 서로 간에 충돌하는 신체들이나 파편들은 '부분대상들partial objects'이라 불린다. 부분대상들은 심층들과 소통하면서 실존하는 물질적 파편들 —'신체들bodies' —이다(187). 심층을 신체들의 혼합체로 보는 이 이전의 설명에다 나는 두 가지를 덧붙이고 싶다. 이 두 가지 모두 발생의 기능을 이 출발점과 관련하여 해명해줄 뿐만 아니라 우리가 감각에 대한 새로운 기술을 다루고 있다는 주장을 보강해준다.

우선 첫째로, 들뢰즈가 '기관들 없는 신체body without organs'라 부르는, 심층들에 체류하는 자아가 있다(LS 88-89, 189, 203). 심층의 '보편적 변이' 속에서 이리저리 동요하는 신체들 중의 하나는 우리의 신체이기 때문에 여기에 자아가 있다고 하는 것이다. "나무, 꽃술 기둥, 꽃, 줄기 등이 신체 내부에서 자란다. 다른 신체들은 언제나 우리의 신체를 관통하며 우리 신체의 부분들과 공존한다"(87). 정신분석학의 언어로 말하면, 이 자아는 '영아the infant'의 신체이다. '영아'는 부분대상들의 세계에 참여한다. 들뢰즈는 이 주장을 하기 위해 수유영아the nursing infant의 예를 사용한다. 즉, "이 부분대상들이 영아의 신체로 투입되는 작용introjection은 이 내적 대상들을 향하여 공격성을 투출하는 작용projection이 수반되고, 이 대상들을 어머니의 신체로 재투출하는 작용re-projection이 수반된다"(187; cf. 190). 부분대상들은 수유의 형식으로 유아의 신체로 '투입되지만', 동시에 유아 는 그 자신 바깥으로 부분대상들을 다시 '투출한다'. 이는 감각에 대한 이전의 설명을 정신분석학의 언어로 바꾸어놓은 것에 불과하다. 투입과 투출의 메커니즘은 전개되지 않은 신체 — 영아 — 가 물체적 심층들의 보편적 소통에 참여하는 메커니즘에 지나지 않는다. 영아의 신체는 부분대 상들에 대하여 수동적이지만, 그러나 또한 부분대상들을 재투출함을 통하 여 영아의 신체는 능동적이다. 영아의 신체는 먹고 또 먹힌다.

들뢰즈에 따르면, 이것은 자아에게 유쾌한 경험이 아니다. 자아는 촉발 물들을 제어하지 못한다. 자아는 자신을 촉발할 대상들을 예기할 수 없으 며, 설사 자아가 부분대상들의 재투출을 통하여 이 대상들에 작용을 가할 수 있다 하더라도 자아의 작용은 거의 반작용에 불과하다. 자아는 대양 속의 한 방울의 와인처럼 부분대상들 속에서 해체된다. 들뢰즈가 『의미의 논리』 부록에 수록된, 투르니에Tournier에 관한 그의 논문에서 묘사한 바와 같이, 여기서 각 사물은 "앞에서 우리의 뺨을 때리고 뒤에서 우리의 머리를 가격한다"(LS 306). 이러한 시작은 주어진 것을 초월해야 한다는, 혹은 물질성에서 탈피해야 한다는, 자아를 위한 하나의 즉각적인 필요 및 발생을 위한 기능을 표현한다. 자아는 이 조건들을 탈피할 필요가 있으며, 이런 사태에 뒤따르는 동적 발생은 자아가 물체성에서 탈피할 수 있고 또한 물체성과 거리를 둘 수 있는 수단을 제공할 것이다.[21]

물체성에서 이렇게 탈피하는 작용은 '기관 없는 신체'에 의해 가능해지게 된다. 영아의 신체는 아직 완전히 구성된 신체가 아니며, 발생의 이 시점에서 들뢰즈가 자아, 곧 심층들의 신체에 대해서 말하는 모든 것은 이 자아가 종합의 단순한 능력이라는 점이다.[22] 이러한 종합의 능력은 또한 탈피의 수단이기도 하다. 비록 자아가 신체들의 심층들에 체류하며 직접적인 능동과 수동의 법칙에 따라 이 심층들 속에서 소통한다 할지라도, 자아는 여전히 상이한 종류의 혼합체를 형성한다. 심층에는 두 가지 혼합체가 있다. "하나는 변하는 단단한 고체적 파편들로 이루어져 있고, 또하나는 용해하고 융합하는 성질을 지니기에 부분들이나 변경이 없는, 액체적이고, 유체적이고, 완전한 것이다"(189). 단단한 고체적 파편들로 이루어진 첫 번째 혼합체는 심층의 물질적 혼합체이다. 두 번째 혼합체는 기관 없는 신체, 혹은 영아의 신체를 묘사한다. 여기 이 혼합체에는 '용해하고' '융합하는' '성질'이 귀속된다. 달리 말해서, 이 혼합체는 종합하는 능력을 지닌다. 이 혼합체가 용해하고 융합하는 것은 바로 첫 번째 혼합체의 물질적 입자들이다. 들뢰즈가 적고 있듯이, 기관 없는 신체는 "모든 조각들을 한데 묶을 수 있는, 그렇게 조각나는 것을 극복할 수 있는 액체적 원리이다 …"(189; 인용자 강조). 심층들의 첫 번째 혼합체는 서로에 대하여 작용하고 반작용하는 일단의 분리된 파편들을 나타내는 반면, 기관 없는 신체는 이 대상들의 종합을 나타내며, 이 종합(용해와 융합)을 통하여 이 신체는 이 대상들을 극복한다.[23] 매우 다채롭고 암시적인 언어를 넘어서게 되면, 기관 없는 신체와 관련하여 두 가지가 명백해진다(1). 기관 없는 신체는 종합의 능력을 지닌다. 즉, 기관 없는 신체는 '소용돌이치고 폭발하는' 물체적 심층의 부분대상들을 종합한다(2). 하지만, 그렇게 할 때 기관 없는 신체는 또한 이 심층을 '극복할' 수 있게 된다. 기관 없는 신체의 종합은 탈피의 길을 열어주는 것이다.

　내가 물체적 심층들에 대한 설명에 덧붙이고 싶은 두 번째 것은 이것이 세 번째 층위를 지배하는 의미meaning와 언어의 문제들을 예고한다는 점이다. 이 심층들은 전적으로 몰의미하다*meaningless*. 이는 이 심층들이 순수한 물질성을 나타내기 때문이다. '심층에서 세계 전체는 의미*meaning*를 상실하고', '단어는 의미*sense*를 상실한다'(87). 단어는 의미를 전달하지 않고 이제 '신체에 직접적으로 작용을 가하면서 관통하고 상처를 입힌다'(87). 이 때문에 발생의 첫 번째 단계는 '소음'이라고 불린다. 이 단계의 발생은 단어들을 순수하게 물리적인 현상들로 다룬다. 즉, 이 발생은 우리의 귀를 관통하는 공기의 진동들로, 혹은 우리의 눈을 관통하는 흰 지면 위에 있는 일련의 검은 반점의 빛 진동들로 다룬다. "모든 단어는 물리적이며, 신체에 직접적으로 영향을 미친다"(87). 따라서 단어는 보편적으로 변이하는 심층들의 또 하나의 구별 불가능한 성원일 따름이다. 단어의 '파편들은 참을 수 없는 음향의 성질들과 융해되어 이 성질들이 혼합체를 형성하는 신체에 침입한다 …'(88).

여기서 물체적 심층들은, 우리의 신체가 물리적 세계에 참여할 때 이 참여가 신체 그 자체의 관점에서 어떻게 느낄지, 어떻게 보일지에 관한 들뢰즈의 기술이라는 점이 분명해진다. 물체적 심층들은 이 심층들이 우리를 촉발할 때 해체화되고 파편화된 물리적 대상들이다. 물리적 대상들이 해체화되고 파편화되는 방식은, 예를 들어 우리의 손가락 끝에서, 대상이 흥분시키는 감각신경들과 이 대상이 다르지 않게 되는 방식, 혹은 소리가 우리 귀의 운동뉴런들의 활성화와 다르지 않게 되는 방식이다. 이것이 메를로-퐁티가 '지각의 세계'라 불렀던 것에 관한 들뢰즈의 설명이다.

이런 조건들 하에서는 언어, 혹은 형식적이고 조직화된 세 번째 층위가 불가능하다고 들뢰즈는 말한다. 이는 세계에는 많은 다양한 소리들이 있지만, 그 소리들 중의 오직 소수만 — 알파벳들 및 알파벳들의 조합 — 이 언어에 속한다. 음식을 씹는 소리와 유의미한 단어를 발화할 때 나는 소리는 우리 입이 낼 수 있는 두 완전하게 상이한 소리들이다.

'말하는 것은 언제나 입이다. 그러나 [세번째 층위에서] 소리는 더 이상 먹는 신체의 소음이 아니다 …'(181). 세 번째 층위에 속하는 유의미한 문장들을 말하는 것은 입이다. 하지만 이 층위는 궁극적으로, 입이 내는 일련의 소리들이 음식을 썹어서 생기는 결과인지, 단어를 발화해서 생기는 결과인지 아는 것이 불가능한 일차적 층위에 발생적 토대를 가진다. 이를 알아내기 위해서는 이 순수하게 물질적인 정보를 처리하는 일이 필요하다. 우리가 본 바와 같이, 첫 번째 층위에서 자아는 자신을 촉발하는 것을 제어하지 못한다. 자아의 모든 작용들은 반작용들이다. 언어가 이 조건들 속에서 가능하기 위해서는, 자아는 자신을 촉발하는 다양한 유형의 소리들을 구분할 자유와 시간을 발견하기 위하여 심층들의 세계를 떠나는 일이 필요하다.[24]

> 따라서 언어를 가능하게 한다는 것은 소리들이 사물들의 음향적 신체들, 신체들의 음향적 효과들, 혹은 신체들의 능동들과 수동들과 혼동되지 않는다는 것을 보장함을 의미한다. 언어를 가능하게 하는 것은 소리들을 신체로부터 분리해내고, 그것들을 명제들로 조직하여, 표현적 기능을 위해 그것들을 해방시키는 것이다. (181)

언어가 가능하기 위해서 소리는 순수한 수동이나 순수한 물질과 다른 어떤 것이 되어야 한다. 소리들은 신체들에서 분리되고 그런 다음 명제들로 조직되어야 한다. 이 분리와 조직화는 물질에서 독립하여 시간을 제공하는 두 번째 조직체의 초월론적 장에서 일어나는데, 이 장에서 우리의 촉발물들은 '점진적으로 규정된다'(121). 하지만 신체와 물질적 단어의 심층들에서 이 형이상학적 표면 혹은 '뇌의'[25] 표면으로 가기 위해서는 '동적' 발생 전체를 거쳐야 하며, 특히 이 발생을 시작하고 물체성으로부터 자아를 탈피하게 하는 '기관 없는 신체'를 요구한다. 신체의 촉발물들의 종합을 시작함으로써 의미의 발생을 가능하게 하는 것은 바로 기관 없는 신체인 것이다(89).

그러므로 우리는 발생의 두 번째 전반적 목적이 의미의 생산에 있다는 점을 확인할 수 있다. 비록 들뢰즈가 의미의 생산을 언어의 문제로 제시할지라도, 그것의 범위는 훨씬 더 넓다. 발생의 역할은 우리의 모든 촉발물들의 의미를 만드는 것이기에, 말하는 주체로서의 우리가 발화하는 능동적 판단들로 정식화되는 것들에 그치는 것이 아니다. 발생은 형식적 언어를 가능하게 할 뿐만 아니라, 또한 그것은 우리로 하여금 씹는 입의 소리를 씹는 입의 소리로 인식하도록 해준다. 그러므로 심층들의 자아 — 기관 없는 신체 — 는 수동성의 관점에서 보아 후설의 모나드와 매우 유사한 어떤 상황 속에 있다. '발생의 이론'에서 첫 번째 단계에 있는 후설의 수동적 모나드는 감각적 정보에게 공격을 받으며, 이 정보로부터 의미를 만들어내는 책무를 부여받는다. 그러나 이 정보로부터 의미를 만들어내기 위해서 모나드는 유입되는 자료들에게 더 이상 압도당하지 않는 조건들을 발견해야 한다. 이는 후설에서처럼 들뢰즈에서도 수동적 종합들의 체제를 통해 성취된다.[26] 여기서 나는 들뢰즈의 '부분대상들'이 신체를 촉발하는 순수한 휠레적 자료들이라는 점을, 그리고 기관 없는 신체는 '유체적 원리fluid principle'로서 이 발생의 첫 번째 종합을 나타낸다는 점을 제언하고 싶다.

이것들이 내가 여기서 개요를 말하고 싶었던 발생의 두 목적들이다. 즉, (1) 물체성의 결정론으로부터 탈피하는 것, (2) 의미를 생산하는 것, 혹은 우리의 촉발물들의 의미를 만들어내는 것. 이러한 탈피 혹은 이러한 '극복'을 가능하게 하는 것은 바로 기관 없는 신체가 행하는 종합의 능력이다.

연접과 통접

'전성기적pregenital' 성애와 '성기적genital' 성애라는, 동적 발생의 첫 두 단계들은 연접적connective 종합과 통접적conjunctive 종합이라는 두 수동적 종합의 형식을 취한다(224ff). 들뢰즈가 '전성기적 성애'라고 부르는 것에 해당하는 첫 번째 종합은 성감대 주위의 '부분표면들'의 생산에 기여한다. 자아가 심층을 '극복하면서' 점진적으로 전개되는 과정을 시작하는 것이 다름 아닌 이 종합이다. 내가 위에서 지적한 바와 같이, 물체적 심층을 사는 자아는 종합의 능력에 지나지 않고 자아의 신체는 아직 구성되지 않았기 때문에, 이 표면들이 생산되어야 한다. "[신체의] 표면 전체는 선재하지 않으므로 첫 번째 (전성기적) 측면의 성애는 부분표면들의 진정한 생산으로 정의되어야만 한다"(197).

그러나 일단 생산되고 나면 이 부분표면들은 결합되어 하나의 완전한 표면이 될 것이다. 이것이 부분표면들을 하나의 전체표면 안으로 통합하는 두 번째 종합인 통접적 종합의 기능이다. 이 완전한 표면은 '육체적 표면', '우리의 성애적 신체'의 표면이다. 부분표면의 생산, 그런 다음 완전한 육체적 표면의 생산이 어떻게 수행되는가?

부분표면들의 도래는 최초에 심층의 결정론으로부터 탈피하는 기관 없는 신체의 작용과 직접적으로 일치하는 것으로 보인다. 실제로 부분표면은 심층의 부분대상들로부터 상대적인 독립을 달성한 자아와, 이 자아가 응시하는 이미지의 조합으로 정의된다(197). 이러한 독립은 기관 없는 신체와, 들뢰즈가 '좋은 대상good object'이라 부르는 어떤 것 간의 복잡한 변증법을 통해 실현된다.

기관 없는 신체가 심층의 부분대상들을 종합할 때 이 신체는 또한 '좋은 대상'의 형성을 가능하게 한다(190). 그때 이 좋은 대상은 두 번째 능동적인 자아의 층, '초자아super-ego'를 나타내게 된다. 초자아는 기관 없는 신체가 응시하는 대상들로 완전한 표상을 만들고자 시도한다. 자아 그 자체는 언제나 하나의 응시이다. 즉, 자아는 자신의 촉발물들을 응시한다. 하지만 자아가 응시하는 것이 무엇이든 간에, 주체의 능동적인 반을 이루는 좋은 대상은 언제나 저 사물을 하나의 이미지로 전환하고자 시도한다. 좋은 대상은 자아가 응시하는 부분대상들로 완전한 이미지들을 만들고자 노력한다.

주체를 심층으로부터 탈피하게 해주는 것은 주체 안의 바로 이 이중성이다. 이미지들을 생산할 때 좋은 대상은 자아에게 자신의 촉발물들 이외의, 응시할 어떤 것을 부여한다. 자아가 심층의 결정론을 떠나는 것은, 주의를 심층의 현실적인 부분대상들에서 부분대상들의 이미지들로 전환시킴으로써이다(198, 199). 기관 없는 신체가 부분표면이 되는 것, 직접적 촉발의 현재를 넘어 전개될 가능성이 직접적 실재성이 되는 것은 주의를 대상의 이 이미지로 전환시킴으로써이다. 여기서 들뢰즈는 초기 레비나스와 매우 근접해 있다. 『실존과 실존자들*Existence and Existents*』에서 레비나스도 또한 '그 자체에서 되접혀 있기 때문에 익명의 존재의 공격으로부터 탈피할 수 있는 두 겹의 주체를 정립했다. 이것은 존재자가 그 자체를 구성하거나 혹은 '구현할hypostasize' 수 있는 현재의 생산을 조건지었다.27

첫 번째 종합에 의해 개시되는 이 탈피는 두 번째 종합 속에 보전된다. 부분표면들이 되자마자, 기관 없는 신체는 종합을 계속하고, '통접적 종합 속에서 다른 부분표면과 관계를 맺게 된다. 통접적 종합은 부분표면들이 충만한 신체를 형성할 수 있도록 이 표면들을 회집한다. 통접적 종합은 '성기적 성애'라는 새로운 단계의 발생을 나타낸다. 들뢰즈는 이 신체적 종합을 정신분석학의 언어로 기술한다. 첫 번째 종합의 부분표면들은 '성감대들erogenous zones'이다. 충만한 신체는 이 성감대들의 통합이다. 각 부분표면은 '성감대' 주위에 조직되는 데 반해, 충만한 신체는 성감대들의 통합에 기여하는 특정한 성감대, 성기적 지대이며, 그래서 이 단계의 발생이 '성기적 성애'로 명명되는 것이다. 팔루스의 이미지는 모든 부분표면들을 회집해서 하나의 완전한 표면이 되게 한다.

팔루스는 관통해야 하는 것이 아니라 마치 보습처럼 대지의 성글고 비옥한 층에 삽입되어서 표면에 한 선을 그어야 한다. 성기적 지대에서 발하는 이 선은 모든 성감대들을 한데 묶고 따라서 그것들의 연관을 보장한다[…]. (LS 201; 원문 강조)[28]

팔루스가 긋는 이 선은 다음 단계의 발생에서 매우 중요하게 된다. 하지만 이 단계를 떠나기 전에 나는 두 번째 종합은 첫 번째 종합의 종합인 것으로 보인다는 점을 지적하고 싶다. 첫 번째 연접적 종합은 부분표면들을 생산했다. 두 번째 종합은 팔루스의 이미지 속에서 이 부분표면들을 종합함으로써 완전한 육체적 표면을 만들어낸다. 현상학적 발생의 관점에서 보면, 우리는 여기까지의 과정을 다음과 같이 기술할 수 있다. 전성기적 성애에서, 자아는 파편화되었지만 직접적인, 대상의 응시에서 자신을 촉발했던 대상을 상징하는 이미지의 응시로 이동했다. 성기적 성애에서, 촉발물들의 이 이미지들은 두 번째 종류의 이미지인 팔루스에 힘입어 통합되어 서로 간의 관계에 놓이게 되었다. 이 두 번째 수동적 종합은 자아 자신과 그 촉발물이라는 이 둘 모두의 포괄적 그림을 생산하고자 하는 자아 쪽의 시도를 나타낸다.

이접

그러나 들뢰즈는 마지막 세 번째 종합이 포괄적 대상을 창출하고자 하는 시도에 성공하지 못하고 실패한 종합을 나타낸다는 점에서 후설과 다르다. (또한 이 세 가지 수동적 종합에 대해 모델을 제공했던 칸트와도 다르다.) 후설의 경우 수동적 종합은, 생활세계의 공간을 건너며, 능동적 자아에게 주어지는 개체화된 대상을 생산했다. 이 능동적 자아는 이 개체화된 대상을 취할 수 있고, 점진적인 변이들을 통해 가며 이 대상에 관하여 판단을 내리고 진리들을 정식적으로 표현할 수 있다.[29] 들뢰즈의 경우 수동성은 대상을 개체화할 수 없다. 비물체적(=무형의) 표면의 창출과 새로운 종류의 종합을 가져오게 된 것은, 신체적 종합이 촉발물들을 설명하는 데 실패했기 때문이다.

따라서 우리의 서사를 계속하기 위해서, 동적 발생의 세 번째 단계는 이접적 종합the disjunctive synthesis이라는 새로운 종류의 종합, 그리고 이와 더불어 오이디푸스적 성애the oedipal sexuality라는 새로운 종류의 성애를 지시한다. 이 종합은 이전의 두 종합이 했던 것처럼 시작된다. 두 번째 종합이 첫 번째 종합을 대상으로 취했던 것처럼 이 종합은 첫 번째와 두 번째 종합을 대상으로 취하고 이 종합들을 결합해서 하나의 이미지로 만든다. 오이디푸스적 성애에서, 들뢰즈는 의도된 행위와 실제로 수행된 행위 사이에 새로운 구별을 도입한다(206-207). 아이 혹은 종합하는 자아는 두 이미지들을 하나의 종합 속에 결합하려고 의도하지만, 실제로는 두 이미지들의 양립 불가능성을 '긍정적인affirmative' 혹은 '포괄적인 이접적 종합inclusive disjunctive synthesis'으로 확정함으로써 끝난다.[30] 들뢰즈는 의도된 행위는 육체적 표면physical surface에 속하지만, 실제로 수행된 행위는 우리를 완전히 다른 표면, 의미의 형이상학적 표면 혹은 우리가 위에서 두 번째 조직체로 언급한 것으로 이동하게 한다고 말한다(207-208). 그리고 실로, 오이디푸스적 성애는 동적 발생의 최후 단계이다. 이접적 종합의 도래와, 이 종합이 생산하는 문제들은 또한 의미의 '형이상학적' 혹은 '뇌의' 표면이기도 하다.

오이디푸스적 성애 혹은 세 번째 종합은 좋은 대상을 어머니 신체와 팔루스라는 두 별개의 이미지들로 '쪼갬'으로써 시작된다(205). 좋은 대상에 담겨 있는 이 두 이미지들은 발생의 선행하는 단계의 이미지들이다(cf. 226). '어머니-이미지' 혹은 '어머니 신체'는 첫 번째 종합 곧 수유영아가 물질성에 직면하는 것을 가리킨다(187, 204). 다른 한편, 아버지-이미지는 팔루스의 이미지 혹은 두 번째 종합의 조직화의 원리이다. 이 두 이미지들을 결합하고자 하는 시도는 아이의 의도, 의지된 행위, 행위=X 혹은 '행위 일반'을 나타낸다(207).

여기서 들뢰즈는 분명 칸트의 종합 모델을 따르고 있다. 첫 번째 종합은 칸트의 포착의 종합에 대한 재해석이다. 이 종합은 촉발물들에 대한 상상력의 개관이다. 두 번째 종합은, 이것이 포착된 것의 통합이고 회복인 한, 칸트가 논하는 재생의 종합의 상관물이다. 세 번째 종합에서 문제가 되는 것은 자아가 재인의 종합을 성취할 수 있는가 없는가이다.[31] 자아는 첫 번째 종합(어머니-이미지)과 두 번째 종합(아버지-이미지)의 양립 가능성을 재인할 수 있는가? 들뢰즈의 답은 재인할 수 없다는 것이다. 재인은 실패한다.

의도된 행위와는 달리 실제로 일어나는 것은, 종합이 실패한다는 점과 이전 입장들의 양립 불가능성이 밝혀진다는 점이다. 좋은 대상이 담고 있었던 두 이미지들은 양립 불가능하다는 점이 발견된다. 사실, 어머니는 조직화하는 원리(팔루스)를 지니지 않는다. 어머니의 신체는 직접적인 물체적 현재를 나타낸다. 그러나 아버지는 그 현재로부터 추출된 통일의 원리를 나타낸다. 이 둘, 즉 부분대상들과 이것들의 통일 사이에는 해결 불가능한 괴리가 존재한다. 심층의 결정론에서 탈피하고자 하는 자아의 관점에서 보면, 이 종합은 기원으로 돌아가고자 하는 시도, 현재 상태의 전개를 시원에 맞추어 가져오고자 하는 시도를 나타낸다. 달리 말해서, 이 종합은 촉발물들의 의미를 만들어내고자 하는 시도, 그 자신의 역사를 하나의 사유로 통합하고자 하는 시도이다. 하지만 이것은 불가능하며, 마침내 촉발물의 의미를 만드는 것이 가능하게 되는 '의미'라는 공간을 향해 심층으로부터 훨씬 더 멀리 자아를 밀어붙이는 효과를 가진다. 지각의 현상학의 관점에서 보면, 그것은 일련의 카오스적인 지각들 속에서 통일된 일련의 지각들을 재인하고자 하는 자아의 시도를 나타낸다.

의미

거세

의미의 초월론적 장이 생산되는 것은 바로 이 지점에서이다. 이 생산은 발생의 선행 단계에 크게 의존한다. 오이디푸스 단계의 결과는 아이가 자신의 팔루스phallus를 상실한다는 점이다. 아이는 '거세된다'. 거세된다는 것은 팔루스 혹은 부분표면들의 통접적 종합이라는 조직화의 원리를 상실한다는 것 이상의 것이 아니다. 따라서 들뢰즈는 거세란 "실패 또는 질병, 조기에 틀을 형성함, 표면이 조기에 부패하는 방식을, 그리고 (부분표면들을 통일한) 표면 선이 깊은 틈*Spaltung*[균열fissure 또는 금crack]에 다시 합류하는 것을 나타낸다"고 적고 있다(206). 자아가 거세되었다고 말하는 것은, 자아가 자신을 완전한 물리적 표면으로 정의했던 특정한 양식의 조직화를 상실한다는 것을 의미할 따름이다. 이런 이유 때문에 '거세'는 종합의 실패를 나타내며, 이 실패와 더불어 신체의 해체dissolution 그리고 발생의 모든 단계에서 신체를 동반했던 자아의 해체를 나타낸다 (213).

하지만 이 선이 신체와 자아를 해체시킨다고 해서 자아가 완전히 사라지는 것은 아니다. 거세된 팔루스는 조직화 즉 제2의 조직화의 초월론적 시간과 공간 속에서 해체된 신체와 자아를 조직하는 새로운 종류의 종합을 나타내게 된다. 거세와 형이상학적 표면 사이에서, '팔루스적 선(부분표면들의 팔루스적 종합)', 그리고 이 선에 이르기까지의 우리의 전全 '성적 역사sexual history'가 수용되어 또 다른 표면으로 투사된다.

변용metamorphoses은 팔루스적 선을 물리적이거나 물체적인 표면상에 거세의 선 긋기로 변형하는 일transformation로 끝나지 않는다. 우리는 또한 거세의 선 긋기가 전적으로 상이한 비물체적이고 형이상학적 표면을 나타내는 금과 일치한다는 점을 인정하지 않으면 안 된다[…].
(208)

물리적 표면의 '아직 거세되지 않은 팔루스' 대신에 우리는 형이상학적 표면의 '거세된 팔루스'라는 새로운 조직화의 원리를 받아들인다(228). 들뢰즈는 이 새로운 조직화의 원리에 '대상=x', '의사원인quasi-cause', '우발점'과 같은 많은 이름을 붙이고 있다. 하지만 내가 강조하고 싶은 것은 '거세' 그리고 이에 수반되는, 또 다른 종류의 표면으로 향하는 운동이, 결국 새로운 종류의 조직화로 향하는 운동이 되돌아온다는 점이다. 이 새로운 양식의 조직인 '제2의 조직화'는 물체적 기원들로부터 해방되고 동시에 그 기원들을 여전히 소유하고 있는 '사유'의 표면을 생산한다(여기서도 또한 들뢰즈는 예기치 않게 헤겔다운 것 같다). 이 초월과 회복은 프로이트다운 만큼 헤겔다운 뿌리를 지닌 승화sublimation와 상징화symbolization라는 두 메커니즘에 의해 성취된다.

승화와 상징화

신체 및 신체의 자아가 해체될 때 그 내용들은 승화와 상징화라는 이중의 과정을 겪는다. '승화'는 "성적 표면 및 여타의 것[즉, 신체의 표면 및 이 표면을 초래한 이전 단계들의 발생]이 사유의 표면에 투사되는 작용"을 가리킨다(219). 들뢰즈는 자아와 관련하여 이 과정을 특별히 생생하게 기술한다. "이는 자아가 그 자신을 표면으로 개방하고 자아가 감금했던 무우주적이고 비인격적이고 전개체적인 특이성들을 해방시키는 운동이다. 이 과정은 짐을 벗게 되었을 때 홀씨가 터져 나오듯 특이성들을 완전히 풀어놓는다"(LS; cf.222). 달리 말해서, 신체가 그 자신을 해체시키는 동안 그 내용들은 '사유'의 초월론적 표면 위로 투사되고 '승화된다'. 이 승화를 통해서 첫 번째 층위에서 신체를 촉발했던 물질적 파편들은 비물질적인 것이 되거나 비물체적인 것이 된다. 이 물질적 파편들은 신체가 가했던 제약들에서 벗어나 '유목적 분배' 안에서 '해방되고' 분배된다.[32] 『차이와 반복』에서 들뢰즈는 이 비물질적 파편들을 '이념적 요소들'이라고 부른다. 이념적 요소들은 의미를 결여한 파편들이지만 이 파편들 간의 미분적 관계들이 우발점에 의해 설립되게 된다. 이 과정은 들뢰즈가 두 책에서 '사건' 혹은 초월론적 이념transcendental Idea이라 부르는 것을 생산한다 (LS 48ff, DR 191ff).

그러나 사유의 새로운 표면은 그 내용들로 정의되는 것이 아니라 정확히 말해 해방된 촉발물들을 복속시키는 새로운 양식의 조직화에 의해 정의된다. 모든 것이 승화를 통해 표면에서 회복되는 동시에 또한 재조직화 혹은 '상징화된다'. '상징화'는 "일어나되 표면 위로 투사되는 모든 것들을 그 자신의 에너지로 재투자하는 작용"을 가리킨다(219). 사유는 이 이미지들을 어떻게 재투자하는가? "대답은 사유는 대사건Event으로 변장하여 그렇게 한다는 것이다. 사유는 우리가 현실화 불가능한 것이라고 불러야 할 사건의 부분을 가지고 그렇게 한다. 왜냐하면 사건의 현실화 불가능한 부분은 사유에 속하기 때문이고, 오직 사유에 의해서만 사유 속에서만 성취될 수 있기 때문이다"(220). 들뢰즈가 '대사건'이라 부르는 것, 즉 사건의 현실화 불가능한 부분은 '거세된 팔루스' 혹은 물리적 표면의 '아직 거세되지 않은 팔루스를 대체하는 '조직화의 원리이다. 대사건Event 은 승화된 이념적 요소들을 누비고 다니며 이 요소들 간의 미분적 관계들을 설립하고, 이렇게 해서 사건들events 혹은 '이념들Ideas'을 생산하는, 위에서 말한 우발점이다.

들뢰즈는 이 새로운 양식의 조직화를 같은 사태를 지칭하는 여러 가지 방식으로 기술한다. 그가 이 새로운 양식의 조직화를 우발점, 이접적 종합, 물음, 거세된 팔루스, '이유의 존재'로서의 아이온의 순간, 동사, 사건 그 자체Eventum tantum, 일의적 존재univocal Being 등 그 무어라 부르든,[33]

그것은 언제나 우리의 성적 역사의 모든 승화된 파편들을 사유의 평면에서 소통하게 하고 혹은 '공명하게' 한다. 물리적 표면이 해체될 때,

> 각 사물은 술어들의 무한성으로까지 그 자신을 개방하는데, 이를 통하여 각 사물은 그 중심, 즉 개념으로서의 동일성 혹은 자기로서의 동일성을 상실하면서 통과한다. 사건들의 소통은 술어들의 배제를 대체한다. 우리는 이미 이 긍정적인 종합적 이접의 절차를 본 바 있다. 이 긍정적인 종합적 이접은 발산적 계열들을 발산하게 하며 횡단하고 이 계열들을 자신들의 거리를 관통하여 또 자신들의 거리 속에서 공명하게 하는 두 불균등한 얼굴들을 지닌 역설적 심급 곧 우발점의 기립으로 구성된다. (174)

우발점은 이념적 요소들의 계열들을 누비고 다니며 이 계열들을 소통하게 한다. 이 책의 앞부분에 들뢰즈는 이 종합을 사유 혹은 의미의 비물질성에 부합하는 새로운 형식의 시간인 아이온의 관점에서 기술한다.

> 아이온은 우발점이 긋는 [빈 시간의] 직선이다. 각 사건의 특이점들은 이 선 상에서 언제나 우발점과 관련하여 배분된다. 이런 우발점은 선 전체에 걸쳐서 특이점들을 확장하고 펼쳐가면서 무한하게 세분하며 그것들을 서로 소통하게 하는 원인이 된다. 각 사건은 전▵ 아이온과 부합한다. 각 사건은 다른 모든 사건들과 소통하며, 모두 동일한 대사건을 형성한다. (64)

'포괄적 이접', '소통', 또는 '공명'에 의한 이 새로운 조직화는 초월론적 장의 형식 혹은 형이상학적 표면의 형식을 정의한다. 이는 들뢰즈가 '영원회귀', 혹은 『차이와 반복』에서 '차이의 이념적 종합'이라 부르게 될 새로운

종류의 종합이다.

발생의 관점에서 본 승화와 상징화라는 이 두 개념의 중요성은 이 개념들이 초월론적 장이 '이중 인과성'의 논리를 통해서 물질적 원인으로부터의 독립을 달성할 수 있는 방법을 기술한다는 점이다. 이 중 첫 번째인 승화는 물질적 파편들을 새로운 권역대인 사유로 이전시킨다. 따라서 파편들은 비물체적인 것이 된다. 하지만 우발점, 혹은 상징화의 의사원인과 결합할 때 사건들은 새로운 준거점을 담당한다. 물질적 원인이 새로운 종합에서 일소되기 때문에 사건들은 더 이상 그 물질적 원인을 증명하지 않는다. 사건들은 더 이상 우리를 촉발했던 부분대상들이 아니라, 우발점이 가져오는 소통에 힘입어 서로를 지시하게 된다. 초월론적 종합에서 해방된 촉발물들의 이러한 소통은 의미의 비인격적인 초월론적 장을 정의한다.[34]

영원회귀와 반현실화

발생의 관점에서 『의미의 논리』에 접근함으로써, 또 이 발생이 전개되는 순서를 명료하게 수립함으로써, 우리는 이 책에서 전개된 영원회귀eternal return와 반현실화counter-actualization라는 두 어려운 개념에 단순하고 명료한 정의를 내릴 수 있다. 위에서 기술된 두 과정, 승화와 상징화는 또한 영원회귀의 두 측면들이자, 영원회귀가 물체적 심층의 생성과 형이상학적 표면의 비물체적 생성이라는 두 유형의 생성과 맺는 관계이다.[35] 영원회귀의 첫 번째 계기는 우리의 성적 역사가 사유의 표면으로 회귀하는 방법을 표현한다. 승화는 '환영phantasm' 속에서 일어난다. 환영은 '영원회귀의 장소'이다(220). 이는,

환영이 자신에게 외적인 것으로 남아 있었던 시원(거세)으로 회귀하기 때문이다. 하지만 시원 그 자체가 결과인 한에서 환영은 또한 시원이

나온 곳(물체적 표면들의 성애성sexuality)으로 회귀한다. 그리고 최종적으로 그것은 조금씩 모든 것이 나와서 진행되는 절대적 기원(심층)으로 회귀한다. (219)

이것이 우리의 성적 역사가 사유의 표면 위에서 회복되는 것을 말하는 영원회귀의 첫 번째 측면이다. 여기서 회귀는 발생적 기원들로 향하는 회귀이며, 더 정확히 말하면 저 기원들이 형이상학적 표면들로 승화되거나 혹은 회귀하는 방식이다.

영원회귀의 두 번째 측면은 일단 뇌의 표면에 존재하자마자 모든 사건들이 서로 소통하거나 혹은 대사건 속에서 '서로에게 회귀하는' 방식을 표현한다(179). 이는,

> 선 위로 옮겨져서, 순간이 계속해서 이미 지나간 것과 아직 오지 않은 것으로 나누어지는 순수사건들의 … 영원회귀이다. 바로 대사건이, 대사건만이, 사건 그 자체*Eventum tantum*가 모든 반대되는 것들을 위해 존속하는데[cf. LS4-7], 이는 그 자신의 거리를 관통하여 그 자신과 소통하고, 자신의 모든 이접적인 것들을 가로질러 공명한다. (176; cj. 178)

여기서 '회귀'란 승화된 각 요소들이, 하나의 종합 속에서 통일하는 우발점에 힘입어 다른 요소들과 소통하고 또 다른 요소들로 회귀하는 방식이다. 영원회귀의 이 두 측면들은 사유를 물질적 기원들로부터 해방하는 기능을 가진다. 감각작용의 물질을 이념적 요소들의 형식으로 표면 위에 투사하면서(첫 번째 측면), 그런 다음 대사건과 관련하여 이 모든 것을 소통하게 함으로써(두 번째 측면), 초월론적 장은 더 이상 물질적 원인과 관계하지 않고 그 자신을 규정하는 '의사원인(대사건)'과 관계한다.

반현실화counter-actualization는 사유가 물질성으로부터 독립성을 유지하는
방식이다. 들뢰즈에게 사유는 언제든 깨질 수 있음persistent fragility이라는
특징을 지닌다. 물체적 심층, 의미의 물질적 원인은 형이상학적 표면으로
나아가 이를 전복시킬 수 가능성이 언제든 존재한다. "표면 ─ 들뢰즈가
심층의 화산 같은 선線; the volcanic line of depths 위에 놓여 있는 자기porcelain에
비유하는 표면(cf. DR 227, 241; LS 154ff) ─ 보다 더 깨지기 쉬운 것은
없다"(82). 이러한 이유 때문에 의미는 심층을 저지하여 사유의 독립성을
유지하는 방식을 필요로 한다. 이 역할은 '반현실화'에 의해(168), 정확히
말해 사건의 현실화 불가능한 부분 ─ 우발점, 거세된 팔루스, 대사건
등등 ─ 에 의해 충족된다. 이 관점에서 보면, 반현실화는 단순히 우발점의
동의어 목록에 추가되는 또 다른 단어일 뿐이라고 생각될 것이다. 그렇다면
반현실화는 물질로부터 독립성을 유지하는 기능들 중의 하나를 단순히
명명하는 것일 따름이다.

　　하지만 반현실화는 종종 윤리적 원리로 제시된다(149ff).[36] 들뢰즈는
"가장 큰 자유가 놓여 있는 곳은 바로 여기이다"라고 말한다(212; cf.
152). 우리는 이를 다소 전통적인 방식으로 이해해야 한다. 반현실화는
심층의 **결정론**determinism과 일정한 거리를 둔다. 반현실화는 기계론mechanism
으로부터 벗어난 우리의 자유를 나타낸다. 심층을 살아가는 주체의 관점에
서 보면 기계론적 결정론mechanical determinism이 정말로 존재하는가 아닌가는
그다지 중요하지 않다. 중요한 것은 주체가 신체들이 소통하는 와중에서
통제 불가능하고 예측 불가능하게 이리저리 동요한다는 점이다. 반현실화
는 사유가 더 이상 촉발물들에 의해 규정되지 않는 방식을, 탈피가 일시적
이지 않고 사유가 계속해서 자유롭게 '사건을 완성에 이르기까지 전개하고
인도하는 것'을 확실하게 하는 방식을 나타낸다(213; cf. 161). 물체적
심층과 일정한 거리를 유지하면서 반현실화는 촉발물들의 상대적 결정론
과 대비하여 사유의 자율성을 나타낸다.

들뢰즈와 블랑쇼

들뢰즈가 '의미'라 부르는 것은 블랑쇼가 '작품'의 공간 혹은 '문학의 공간'이라 부르는 것과 매우 밀접하게 일치한다. 그들은 모두 이 공간을 주사위 던지기에 비유할 뿐만 아니라 동일한 시간(아이온)을 이 공간에 귀속시킨다. 그들은 모두 이 공간을 경험적인 것 혹은 '일상적인 것'의 발생을 정초하는 비인격적인 초월론적 장으로 기술한다. 그리고 들뢰즈와 블랑쇼 모두 이 장의 역동성을 거의 정확히 동일한 방식으로 기술한다. 여기에서 이런 유사성들을 상세하게 기술하기에는 충분한 지면이 없다. 하지만 나는 블랑쇼가 문학의 공간에 대해 내린 가장 간단한 정의를 취하겠고 이 정의가 들뢰즈가 '의미'라는 용어로 뜻하는 바에 대하여 구체적인 이해를 제공할 수 있다고 제언하고자 한다. 블랑쇼는 그의 논문 「도래할 책」에서[37] 문학의 공간을 이렇게 기술한다.

> 극도로 공허한 장소, 이 장소에서 언어는 규정되고 지시적인 단어들이 되기에 앞서 말 없는 관계들의 운동, 다시 말해 존재의 '리드미컬한 운율'이다. 단어들은 오직 그 연관들의 정도를 지시하기 위해서만 언제나 거기에 존재한다. 즉, 단어들이 투사되고, 거의 지시되지 않으면서 접혀지고 굽혀지는 공간, 현실적으로는 아무 곳에도 존재하지 않는 공간 [...]. 문장sentence[*phrase*]은 선적인 방식으로 전개되는 데 만족하지 않는다. 문장은 개방한다. 이러한 개방은, 구조의 확고한 규정들에 따라서 서로 관계를 맺지만, 공간을 파괴하고 운동을 제일적으로 만드는 일상적 논리 — 복속의 논리 — 와는 이질적인 어구들phrases[*phrases*]의 다른 운동들, 단어들의 다른 리듬들이 상이한 수준들의 깊이에서 통합되고, 유리되고, 간격을 두고, 압축되도록 놓아둔다. (235-236; (fr.) 286-287; 인용자 강조; 인용자 번역 수정)

블랑쇼는 이 공간을 접혀지고 굽혀지는 것으로, 단어들이 가동적 구조 mobile structures 속에서 서로 관계를 맺는 또 다른 논리를 증명하는 것으로 기술한다. 이 공간은 단어들이나 문장들이 함의작용, 현시작용, 또는 지시작용에 의해 정의되는 것이 아니라 전적으로 단어들이나 문장들 간의 가동적 연관들에 의해 정의되는 주사위 던지기와 아무런 차이가 없다(236).[38] 이 공간은 거의 정확히 들뢰즈가 의미sense라 부른 것이다. 블랑쇼의 가동적 구조들은 정확히, 내가 아래에서 기술하는 바와 같이, 이념적 요소들 간에 수립되는 관계들에 의해 정의되고, '주사위 던지기' 혹은 우발점에 의해 규정되는 이 관계들의 변이에 의해 정의되는 들뢰즈의 사건들, 문제들, 이념들과 일치한다. 그러나 블랑쇼에 의하면 이 초월론적 장은 우리의 일상 경험에 예외적이고 이질적인 것이 아니라 우리가 '일상 언어 속에서 매 순간 성취하는 무언가'이다(*Space* 195). 우리는 언어의 일상적 사용 속에서 작품의 초월론적 공간을 어김없이 경험한다.[39]

우리가 제1장에서 보았듯이 폴 리쾨르는 후설의 철학을 초월론적 경험론으로 기술한다. 왜냐하면 후설의 철학은 초월론적인 것의 경험을 의미하기 때문이다.[40] 동일한 것이 들뢰즈의 초월론적 경험론에도 해당하며, 의미를 정의하는 다소 추상적인 용어들에도 불구하고 이 초월론적 장은 우리가 무언가의 의미를 만들려고 할 때마다 구체적으로 경험하는 무언가이다. 이언 부캐넌Ian Buchanan이 적고 있듯이, "사건은 일어나는 무언가에 대해서 우리가 만드는 의미이다"(Buchanan 79; 원문 강조).[41] 우발점, 혹은 들뢰즈가 『안티-오이디푸스』에서 의미의 중성 속에 계류되는 모든 파편들을 순회하고 긍정하는 '유목적 주체'[42]라 부르는 것은, 우리가 무언가의 의미를 만들려고 할 때마다 일어나는 우리의 자신의 마음의 행위이다. 우리는 우발점이다. 우리는 문제에 직면할 때 유목적 주체 혹은 우발점이 된다. 들뢰즈는 문제 혹은 사건은 전혀 주관적 불확실성sub-jective uncertainty을 표현하는 것이 아니라, 일어나는 것 혹은 나타나는 것의 지평 앞에 위치해 있는 마음의 객관적 평형objective equilibrium을 표현한다고 말한다. '이 사람은 리차드인가 또는 윌리엄인가?' 이를 포괄적 이접inclusive disjunction의 형식으로 다시 만들어 우리는 묻는다. '이 사람은 A인가 또는 B인가 또는 둘 다인가?(LS 57; 인용자 강조). 리차드Richard인가, 윌리엄 William인가, 또는 리킬엄Rilchiam인가?'43 이 구절에서, 나타나는 무언가의 지평에 직면하는 마음의 상황은 내가 앞 장에서 기술한,44 수동성 안에서 생산된 대상들을, 생활세계에서, 직면하는 후설의 능동적 자아의 그것과 매우 유사하다. 들뢰즈가 '일어나는 무언가의 혹은 나타나는 무언가의 지평'을 말할 때, 그는 성적 표면이 붕괴되자 승화되었지만, 사유에 적합한 내용으로 변형되기 위해 동적 발생 전체를 겪었던 저 모든 이념적 요소들을 의미한다. 이러한 지평을 직면하는 마음은 우발점과 다른 것이 아니다. 유목적 주체는, 이념적 요소들 간의 연관들을 점진적으로 규정하고 이렇게 해서, 이미 일어난 것과 곧 일어나려 하는 것으로 세분하여 일어나고 있는 것의 이념을 생산함으로써 의미를 만들고자 하는 기도 속에서 촉발물 들을 탐사하는 마음이다. 그렇다면 우발점은 모호한 '구조주의적' 원리가 아니라, 문제를 대면하고 있는 마음 그 자체이며, 잠재적인 것 혹은 의미는 초월론적 장, 규정 가능성의 형식인바 이 안에서 마음은 자유롭게 가동적 연관들을 구축하고 촉발물과 관련하여 이념들을 형성한다.

정적 발생

동적 발생은 신체의 촉발물들을 수동적 발생의 체제에 복속시킴으로써 의미의 초월론적 장이 생산되는 과정이었다. 이 발생은 세 번째 발생적 종합, 즉 촉발물들을 비물체적 표면으로 승화하는 일, 그리고 이 촉발물들 을 새로운 종합 속에서 상징화하는 일이 실패함과 더불어 끝이 나게 되었다. 이 동적 발생과 달리, 정적 발생은 마음이 물질성으로 돌아가는 과정, 혹은 일차적 층위를 이루는 촉발성의 저 개체화되지 않은 세계로 돌아가는 과정이지만, 그러나 그렇게 하면서 물질성을 개체화하고 물질성에 규정적 형식, 성질, 시간성을 부여하는 과정이다. 정적 발생은 의미에서 재현으로 이동한다.

사건들의 현실화로 더 종종 언급되는 정적 발생은 『차이와 반복』에 매우 상세하게 기술되어 있다. 동적 발생이 『의미의 논리』 후반부 1/3에서 비교적 순차적인 방식으로 전개되어 있는 반면, 정적 발생은 '정적인 논리학적 발생'과 '정적인 존재론적 발생'이란 제명의 두 짧은 장에서 명시적으로 기술되어 있을 뿐이다. 이 장의 남은 부분에서 나는 이 두 발생을 간략하게 기술하고 동적 발생에서 했던 것과 마찬가지 방식으로 이 중요한 단계들의 개요를 서술하겠다.

'논리학적' 발생과 '존재론적' 발생은 두 상이한 정적 발생들로, 이 발생들은 모두 의미의 초월론적 장 혹은 두 번째 조직체에서 명제 혹은 의식이라는 세 번째 층위로 이동하는 사태를 표현한다. 하나는 논리학적 발생, 또 하나는 존재론적 발생 이렇게 두 발생이 존재하는 이유는 모든 명제가 지시체를 가지기 때문이다.

> 의미는 … 이중적으로 발생시키는 일을 하는 것으로 보인다. 의미는 규정적 차원들(지시작용, 현시작용, 함의작용)을 가지는 논리학적 명제를 생겨나게 할 뿐만 아니라, 또한 이 명제의 객관적 상관물들을 생겨나게 한다. 객관적 상관물들은 그 자체 최초에 존재론적 명제들(지시되는 것, 현시되는 것, 함의되는 것)로서 생산된 것이다. (120; 인용자 강조)[45]

이 인용문을 보면 두 가지 점이 분명해진다. 첫째로, 논리학적 발생과 존재론적 발생의 관계와 차이가 해명된다. 정적인 **논리학적** 발생은 명제 그 자체의 세 차원들 곧 지시작용, 현시작용, 함의작용의 생산을 가리킨다. 정적인 존재론적 발생은 현실적으로 지시된 것, 현시된 것, 함의된 것의 생산을 가리킨다. 따라서 두 발생은 하나는 기표(논리학적인 것), 다른 하나는 기의(존재론적인 것)로서 서로 대립된다. 두 발생은 거의 『의미의 논리』 전반부 2/3를 차지하는,[46] 단어와 사물이란 두 계열 간의 구별을 생산하고 전개한다. 이 인용문이 우리에게 말해주는 두 번째 것은 존재론적 발생이 먼저 온다는 점이다. 먼저 지시되는 것, 현시되는 것, 함의되는 것이 구성된다. 그런 다음 이것들은 명제적 의식으로 포섭된다.

정적인 존재론적 발생: 양식과 공통감

정적인 존재론적 발생은 들뢰즈가 양식과 공통감의 형식들이라 부르는 것을 통과함으로써 의미에서 명제로 올라간다. 양식good sense은 존재론적 발생의 첫 번째 단계를, 공통감common sense은 존재론적 발생의 두 번째 단계를 정의한다.

양식은 동적 발생이 중단된 곳에서 넘겨받는다. 특이성들이 분열된 자아dissolved ego로부터 터져 나왔을 때 정해진 질서 안에서 터져 나온 것도 아니며, 우발점이 이 특이성들을 하나 속에 묶어 놓은 것도 아니었다. 들뢰즈가 이미 『차이와 반복』에서 강조한 바와 같이, 우발점이 이념적 요소들ideal elements에 설립하는 관계들 및 관계들의 변이들이 임의적이어야 한다는 점은 매우 중요하다(DR 198-200). 이 때문에 들뢰즈는 특이성들의 분배를 '유목적 분배'라고 부른다. 양식의 주요한 기능은 이 특이성들을 봉쇄하기 시작하는 것이고, '정착적 분배' 내에서 에워싸는 것이다. 들뢰즈가 말하듯이, 양식은 "농업적이고, 농업적 문제와 분리 불가능하며, 봉쇄들을 설립하는 것이다…"(76). 양식은 유목적 주체가 횡단하는 초월론적 장이 차단되게 되는 방식을 나타낸다. 양식은 시작과 끝을 고정시킨다(78). 양식은 영토들을 설립한다. 『안티-오이디푸스』, 그리고 과타리와 함께 쓴 또 다른 후기 저작의 언어로 말하자면, 양식은 '영토화한다territorializing'.

하지만 양식이 자신의 작업을 시작하자마자 곧바로 양식은 공통감에게 인계된다. 공통감은 이 영토들을 두 형식 즉 대상의 형식과 주체의 형식에 복속시킨다.

주관적으로, 공통감은 그 자신 아래 영혼의 다양한 능력들 혹은 신체의 분화된 기관들을 포섭시키며, 그것들을 '나'라고 말할 수 있는 통일체에 관련을 맺도록 한다. 동일한 자기가 숨 쉬고, 잠자고, 걷고, 먹고, […] 객관적으로, 공통감은 그 자신 아래 주어진 다양성을 포섭시키며, 이 다양성을 대상의 개별적 형식과 관련을 맺게 한다[…]. (78)

객관적 공통감은 주어진 다양성을 포섭하고 이를 대상의 형식과 관련을 맺게 함으로써 지시작용을 근거짓는다. 이 공통감은 지시되는 대상의 구성을 가능하게 한다. 주관적 공통감은 '나'라고 말할 수 있는 통일체를 생겨나게 함으로써 현시작용을 근거짓는다. 이 공통감은 말하는 주체의 현존을 가능하게 한다.

우리는, 주관적 공통감이 칸트의 통각의 통일과 상응하는 것으로 보이는 데 반해, 객관적 공통감은 칸트의 초월적 대상 혹은 대상=x와 상응한다는 점에 주목할 수도 있겠다. 그러나 들뢰즈의 개념과 칸트의 개념 간에는 두 가지 의미심장한 차이점이 있다. 무엇보다 첫째로, 양식이 초월론적 장을 영토화하기 시작하자마자 곧바로 공통감이 자신의 작업을 시작한다는 점이 명백하다. 이는 이 두 형식들이 순수하거나 혹은 빈 형식들이 아니라는 점을 의미한다. 오히려 이 두 형식들은 신체의 촉발물들, 그리고 미규정적 내용에 가한 작업을 통해 탄생한다. 이는 두 번째 중요한 차이점과 밀접하게 관련되어 있다.

들뢰즈는 양식과 공통감이 '역설에 의해 붕괴된다'고 말한다. 그러나 이는 우리가 양식과 공통감을 대체할 다른 어떤 개념들을 발견했기 때문에 그것들이 묵과될 수 있다는 점을 의미하지 않는다. 이를 마치 들뢰즈가 대상의 형식과 주체의 형식을 모두 제거하는 것과 같다고 생각해서는 안 된다. 오히려 그는 이 형식들이 단순히 주어지기보다는 생산될 필요가 있다는 점을 주장하고 있다. 이 때문에 들뢰즈는 양식과 공통감이 '생산의 원리'로 이해되는 역설에 의해 '붕괴된다'고 말한다(117; 인용자 강조). 달리 말해서, 대상의 형식과 주체의 형식은 이 형식들을 전제하지 않고 그 발생적 기원들을 찾고자 기도하는 오직 역행적regressive 노력의 관점으로 볼 때만 붕괴된다. 하지만 발생의 관점에서 보면 역설이 이 형식들을 붕괴시킨다기보다는 현실적으로 '생산한다'. 칸트의 경우 이 형식들이 주어진 것으로 다루어지기 때문에 칸트는 자신의 철학을 초월론적 관념론transcendental idealism이라 불렀다. 다른 한편 들뢰즈의 경우 이 형식들이 신체와 촉발물 간의 상호작용 속에서 생산된다. 이 형식들은 개체화되지 않은 세계의 경험, 초월론적 장의 경험을 전제한다. 이 때문에 들뢰즈는 자신의 철학을 초월론적 경험론transcendental empiricism이라 불렀다. 초월론적 경험론은 이미 주어진 형식을 전제하는 것이 아니라, 원초적인 혹은 '야생적인' 경험으로부터 형식을 생산한다.

양식과 공통감이라는 이 두 개념은 폐기되도록 되어 있는 것이 아니라 재현의 발생에 있어서 본질적인 단계들을 나타내기 때문에, 정적인 존재론적 발생의 최초 두 단계들로서 역할을 하도록 되어 있다. 이 개념들은 모두 초월론적 장의 승화된 내용들이 차단되어 영토들(양식)이 되고 그런 다음 주관과 객관의 형식(주관적 공통감과 객관적 공통감) 하에 포섭되는 방식을 설명한다. 양식과 공통감은 모두 유목적 분배를 '정착적 분배'로 만든다. 양식과 공통감은 의미의 사건들을 객관과 주관의 안정된 형식 내로 가져와서 이것들을 명제 안에서 기능할 수 있도록 한다.

정적 발생의 이 두 계기들은 지시되는 것과 현시되는 것의 생산을 기술한다. 함의되는 것은 어떠한가? 존재론적 발생의 세 번째 단계 —
개념 혹은 함의되는 것 — 는 최초의 두 단계들, 특히 공통감의 주관적
형식을 전제한다. 이는 개념이, 들뢰즈의 경우, 지시되는 대상이나 현시되
는 주체가 단독으로는 소유하지 않는 일반성의 정도(=등급)를 가지기
때문이다(112). 이 일반성은 주체의 안정성의 결과이고, 상이한 세계들을
가로지르는 자기동일성의 정도를 보유하는 주체의 능력의 결과이다. 지시
작용에서처럼 대상에 직접적으로 직면할 때 매 술어는 후설이 말하는
의미에서 특이성singularity이다. "개별적 주체에 귀속될 때 술어는 어떠한
일반성의 정도도 누리지 않는다. 색깔을 가진다는 것은 푸르다는 것과
마찬가지로 일반적이지 않다"(112). 혹은, 들뢰즈가 조금 아래에서 말하듯
이, "이 장미는 이 장미의 붉은색을 가지지 않고는 붉지 않다"(112; 인용자
강조). 주관적 공통감이 없다면, 붉은색은 언제나 여기 지금 이 특이한
붉은 색일 것이며, 의미 '붉음'은 매 상이한 장미와 더불어 변할 것이다.
주관적 공통감의 도래와 더불어, '동일한 자기가 숨쉬고, 잠자고, 걷고
먹는다'(78). 주체는 더 이상 주체가 출현하는 조건들에 매여 있지 않다.
동일한 주체가 상이한 세계들을 가로지르며, 일반성이 가능하게 되는
것은 오로지 이 조건들 아래에서이다(112). '인격person'47이 위에서 언급된
정원에 들어갈 때, 이 정원은 "한 붉은 장미를 포함하겠지만, 그러나
다른 세계들 속에 혹은 다른 정원들 속에 붉지 않은 장미들과 장미들이
아닌 꽃들이 있다"(115). 주체가 이 상이한 세계들 간의 연관들을 만들고,
따라서 개체들의 일반적 개념을 형성할 수 있는 것은 오로지 다른 세계들
혹은 정원들을 가로질러 동일성을 유지할 수 있기 때문이다.

정적인 논리학적 발생

개념과 일반성의 관계 때문에, 함의되는 것의 생산은 우리를 언어의
층위로, 또 정적인 논리학적 발생으로 이동하게 한다. 들뢰즈는 이렇게

적고 있다.

> 존재론적 발생의 세 번째 요소는 … 또 다시 존재론적일 세 번째
> 명제에서 구현되지 않는다. 오히려, 이 요소는 우리를 명제의 또 다른
> 층위로 보내며, 논리학적 명제 일반의 가능성의 형식 혹은 조건을 구성한다.
> (118; 인용자 강조)

언어는 일반성을 가지고 태어난다. 들뢰즈는 니체가 그의 논문 「진리
및 비도덕적 의미에 놓여 있는 것에 대하여On Truth and Lying in a Non-Moral
Sense」에서 작성한 개념과 단어 간의 관계에 관한 기술과 같은 무언가를
마음에 품고 있는 것으로 보인다. 니체에게 단어들은 그 자신 하에 주어진
다양성을 포함한다는 의미에서 개념이다. "어떠한 잎도 다른 잎과 꼭
같지 않다는 점이 분명하듯이 개념 '잎'은 이 개별적 차이들을 자의적으로
삭제함으로써 형성된다는 점이 분명하다"(Nietzsche 145). 니체에게 단어
는 결코 사물을 환원 불가능한 개체성에서 지시하지 않기 때문에 개념
형성의 한복판에 있다. 단어 '잎'은 언제나 개념 잎을 의미하지, 개별적인
잎을 의미하지 않는다.

인격the person의 형식은 상대적으로 안정적인 주체를 생산함으로써 우리
를 언어의 층위로 넘겨 보낸다. 따라서 인격의 형식은 일반성의 가능성을
열어놓는다. 주체는 더 이상 촉발물들의 직접성에 매이는 것이 아니라,
이제 잎들의 다양성과 마주치는 일을 가로질러 지속하게 된다. 『의미의
논리』에서 개념 형성의 현실적 과정은 분명하지 않지만, 개념의 일반성이
안정된 주체를 전제하고 이 동일한 안정성이 언어를 가능하게 한다는
것은 분명하다. 들뢰즈의 경우, 언어가 주체의 가능성들을 규정하는 것이
아니라 주체가 언어의 가능성들을 규정하는 것 같다. "언어로 그 자신을
표현하고 현시하는 이 주체가 없다면, 언어가 하는 것을 말하는 이 주체가

없다면, 언어는 가능하지 않아 보인다"(78; 인용자 강조).

들뢰즈는 「정적인 논리적 발생」이란 제명의 장의 초두에서 이런 주장들을 제시한다. 하지만 아쉽게도 그는 이 발생을 결코 이러한 진술 이상으로 실제로 전개시키지 않는다. 존재론적 발생과 동적 발생에 대한 비교적 상세한 전개와는 달리, 그는 논리학적 명제의 여러 차원들의 생산을 계속해서 기술하지는 않는다. 대신 그는 이 장의 나머지 부분을 동적 발생을 예상하는 데 할애하고 있다. 만약 우리가 논리학적 발생에 대해 무언가를 말할 수 있다면, 그것은 존재론적 발생에서 생산되는 세 가지 요소들 중의 하나에 초점을 맞춤으로써 세 가지 차원들을 띠는 단지 형식적 공간일 따름이라고 생각된다(119). 하지만 들뢰즈가 생산의 과정에 대한 설명을 여기서 끝내기 때문에 나도 또한 여기서 끝내도록 하겠다.

들뢰즈와 정신분석학

하지만 결론을 내리기에 앞서 나는 내가 이 장 전체를 통해서 반복해온 주장, 즉 들뢰즈가 정신분석학의 어휘를 사용하는 것은 이론적 정신분석학의 문제와 방법에 적극적으로 관여하는 것으로 읽어서는 안 된다는 주장을 간략하게 맥락과 관련지어 말하고자 한다. 들뢰즈가 동적 발생 전체를 정신분석학의 언어 안에서 전개한다는 사실에도 불구하고, 그는 정신분석학을 초월론적 현상학에 도움이 되도록 활용한다. 이는, 만약 초월론적 현상학이 프랑스에 출현했을 때 이 현상학의 근본적인 물음 중의 하나는 의미가 어떻게 의미를 완전히 결여한 물체적 경험에서 생산될 수 있는가를 기술하는 것이었다는 점을 우리가 기억한다면, 그렇게 보이는 것만큼 이상하지 않다. 이 문제는 폴 리쾨르가 1965년 『프로이트와 철학』에서 프로이트를 해석할 때 그에게 활력을 불어넣은 것이었다.[48] 이 책에서 리쾨르는 프랑스의 정신분석학 체재 내에서 의미의 발생 문제를 명료하게 전개한다. 경제적이고, 에너지에 관한 것이며, 그래서 의미를 결여한 담론의 관점에서 심적 현상들을 설명하는 프로이트의 메타심리학이 어떻게 잇따르는 의미들이 분석가에 의해 밝혀지는 프로이트의 더 인기 있고 해석적인 접근법과 관련되는가? 의미를 결여한 리비도적 경제와 의미를 가지는 심리학 간의 관계는 무엇인가? 리쾨르가 경제적 접근법은 의식의 문제를 뒤로 하기 때문에 현상학을 넘어선다고 주장하는 것은 사실이다. 즉, 경제적 접근법은 '의식으로 환원하는 일을 수반하는 것이 아니라 의식을 환원하는 일을 수반한다'(리쾨르, 『프로이트와 철학』 424). 리쾨르에 따르면, 정신분석학은 우리를 의식의 관점을 넘어 비인격적 초월론적 장에서 일어나는 의식의 발생의 관점으로 데리고 간다. 하지만 동시에 리쾨르는 또한 현상학은 이미 이 관점을 달성했을지도 모른다고 시사한다. "이 점에서 후기 후설은 그가 구성의 모든 탐구를 수동적 발생에 기반하여 구조화할 때 탐구의 영역과 방향을 지시해준다"(425).

달리 말해서, 리쾨르가 리비도적 경제 이론의 '반현상학적' 본성에 관해 말할 때 그는 리비도적 경제 이론을 수동적 종합의 고려를 배제하는 정적 현상학에 대해서만 대립시키고 있다. 정신분석학과 후기 후설의 수동적 종합은 서로 간에 완전히 양립 가능하다. 들뢰즈가 관여하는 후설은 정확히 리쾨르가 언급하는 '후기 후설'이며, 특히 내가 위에서 기술한 후기 후설에 보이는 '수동적 종합'의 문제이다. 그러나 리쾨르는 더 나아가는데, 그는 심지어 경제적 프로이트주의가 후설의 수동적 종합 개념과 만날 수도 있는 지점 ― 본능 이론 ― 을 따로 확보하기까지 한다 (Freud 393ff). 의심의 여지 없이 이는, 『차이와 반복』에서 들뢰즈가 세 가지 물질적인 수동적 종합들을 '하비투스', '에로스', '타나토스'라고 재명명하고, 이어서 능동적 종합들과 관련되어 있는 의식의 경험적 구조들이 어떻게 이 세 가지 수동적 종합들에 정초되는지 보여주는 이유이다.

그는 후설의 개념을 프로이트의 개념으로 대체해서 무의식을 새롭게 기술하면서, 프로이트의 본능들을 수동적 종합들로 다시 정식화해서 표현한다.

들뢰즈 그 자신이 정신분석학에 대한 이 초월론적 접근법을 여러 중요한 대문들에서 명확하게 표명했다.『차가움과 잔혹함*coldness and cruelty*』에서 (다시 또『차이와 반복』에서), 들뢰즈는 그의 메타심리학적 논문들을 통해 프로이트는 심리학적 반성에 관여되어 있지, "철학적 탐구가 '초월론적인 것'으로 이해되어야 하는 '철학적 반성'에 관여되어 있지 않다"고 말한다(CC 111; cf. DR 96). 들뢰즈는 이 주장을 라캉과 관련하여 다시 반복하는데, 들뢰즈에 따르면 라캉은 다른 어떤 사람보다도 더 명료하게 '경험적 심리학은 초월론적 위상학에 의해 정초될 뿐만 아니라 규정된다'고 말한다(DI 174). 정신분석학에 대한 들뢰즈의 접근법은 전적으로 이 '철학적' 혹은 '초월론적' 맥락 내에서 일어나는데, 이 맥락 속에서 리비도적 경제가, 수동적 종합들로 다시 정식화되어 표현된 본능들의 영향 하에서, 경험적 심리학의 발생적 조건으로서 작용한다. 들뢰즈는 정신분석학이 '메타심리학적'이 되거나 '초월론적'이 될 때만, 말하자면, 일단 정신분석학이 경제적이거나 또는 완전히 의미를 결여한 물질적인 주어짐 내에서 의미 구성의 문제를 취급할 때만, 정신분석학을 채택한다. 들뢰즈의 무의식은 억압된 의미들*meanings*이 갈등하는 무의식이 아니라, 단지 신체이고, 신체의 촉발물들이고, 신체의 충동들이고, 신체의 종합들이다. 이것은 프로이트의 무의식에 대한 비판이 아니다. 들뢰즈의 무의식은 완전히 다른 무언가와 관련된다. 즉, 의미를 가지는 무의식을 닮은 것이라면 무엇이든 그 가능성을 위한 조건들이다.[49] 들뢰즈의 무의식은 초월론적 무의식이며, 아래에서 보게 되겠지만 세 가지 수동적 종합들이, 초월론적 감성에 의해 현시되는 강도들과 마주치는 일에 의해 정의되는 미분적*differential* 무의식이다.[50]

결론

```
┌─────────────────────────────────────────┐
│              세 번째 층위                  │
│          논리적 명제와 경험적 의식           │
│      (지시작용, 함의작용, 현시작용)          │
└─────────────────────────────────────────┘
```

정적 존재론적 발생

```
        ┌──────────────────────────┐     ↑
        │          공통감           │     │
        │     (함의된 것과 현시된 것)   │     │
        ├──────────────────────────┤     │
        │           양식            │     │
        │        (지시된 것)         │     │
        └──────────────────────────┘     │
```

```
┌─────────────────────────────────────────┐
│              두 번째 조직체                 │
│          의미, 우발점, 일의적 존재           │
│             시간의 빈 형식                  │
└─────────────────────────────────────────┘
```

동적 발생

```
        ┌──────────────────────────┐     ↑
        │         이접적 종합         │     │
        │   (신체의 해체, 승화, 상징화)  │     │
        ├──────────────────────────┤     │
        │         통접적 종합         │     │
        │      (완전한 물체적 표면)     │     │
        ├──────────────────────────┤     │
        │         연접적 종합         │     │
        │      (부분적인 물체적 표면)    │     │
        └──────────────────────────┘     │
```

```
┌─────────────────────────────────────────┐
│               일차적 층위                  │
│          물체적/물체적 심층, 분열증          │
│           기관 없는 신체, 운동             │
└─────────────────────────────────────────┘
```

우리는 이제 내가 위에서 제공한 발생의 도식적 재현을 채워 넣을 수 있다. 첫 번째 층위와 두 번째 조직체 사이에는 동적 발생 전체, 동적 발생의 자아들, 동적 발생의 종합들이 놓인다. 두 번째 조직체와 세 번째 층위 사이에는 존재론적인 정적 발생과 논리학적인 정적 발생이 놓인다. 총체적으로 취해진 발생 전체는 신체에서 의식 안의 재현으로 옮겨가는 이동을 표현한다.

그런 이유 때문에 이 점이 후기 후설의 관심과 맺는 관계를 보는 것은 어렵지 않다. 하지만 우리는 또한 『의미의 논리』가 들뢰즈 자신의 정의를 따라 현상학을 나타낸다는 점을 주목할 수도 있겠다. 『푸코』에서 들뢰즈는 현상학을 선언어적 혹은 '야생적' 경험의 가능성을 주장하는 철학으로 정의했다.[51] 만약 언어가 일반성의 형식을 전제하고 일반성은 인격의 형식을 전제한다면, 또 만약 정적 발생 전체가 의미 및 의미의 생산을 전제한다면, 여기서 제시된 발생 전체는, 바로 이 최후의 단계를 제외한다면, 선언어적이고 선술어적이고 야생적인 경험의 기술을 나타낸다.[52]

제2부

『안티-오이디푸스』

제3장

물질적 환원과 분열발생

서론

『안티-오이디푸스』, 그리고 이 책에서부터 자라나온 과타리와의 오랜 동반자 관계는 보통 들뢰즈의 이전 저작과 결정적인 결별을 나타내는 것으로 해석된다. 그러나 나는 여기서 이는 전혀 사실이 아니라는 점을 주장하고자 한다. 『안티-오이디푸스』는 『의미의 논리』 3년 후에 간행되었으며, 내가 이전 장에서 개요를 서술한 논제들과 구조들을 직접적으로 잇고 있다. 이 두 책들 사이에는 술어들의 의미심장한 연속성이 사실상 존재하지 않는다는 것은 맞는 말이다. 장 자끄 르세르클은 『들뢰즈와 언어』 전체를 통해 『의미의 논리』와 『안티-오이디푸스』 사이의 거의 모든 중요한 차이점들에 대해 언급한다. 즉, 들뢰즈는 표면, 환영, 구조, 심층, 역설, 양식, 공통감이란 논제들, 그리고 의미와 명제적 형식에 관한 강조 등을 생략한다는 것이다. 이 목록은 더 계속될 수 있지만, 주안점은 이 두 책들 사이에는 사실상 아무런 연속성이 없다는 것이다. 그러나 내가 다음 두 장을 걸쳐서 보여주고자 하는 것은, 들뢰즈 사유에 급격한 단절이 있다고 선언할 수 없게 만드는 매우 중요한 중첩이 형식적 수준에서 실로 존재한다는 점이다. 『안티-오이디푸스』는 『의미의 논리』에서 전개된 재현의 발생에 관한 이론을 눈에 띌 정도로 유사한 형태로 전개하고 있다.

이런 형식적인 주장 외에도, 『안티-오이디푸스』와 『의미의 논리』 사이의 불연속성이 들뢰즈 사유에 있어서, 과타리 이전의, 구조주의자이자 정신분석학적인 들뢰즈에서 과타리 이후의, 후기구조주의자이자 반정신분석학적인 들뢰즈로 이동하는 급격한 전환점을 나타낸다고 결론을 내리기를 주저하도록 우리를 부추기는 적어도 두 가지 더 많은 이유들이 존재한다. 첫째로, 과타리는 『안티-오이디푸스』에서 그 자신을 '알아볼' 수 없었다고 거듭해서 불만을 토로했다.[1] 과타리가 들뢰즈에게 보내는 편지들에 들어 있는 많은 논제들과 개념들이 『안티-오이디푸스』의 최후 텍스트에까지 계속 작동했다는 것은 전혀 의심할 여지 없지만, 그런 개념들에 규정적 의미를 부여하는 개념적 구조와 형식적 네트워크 전체가 그 편지들에 완전히 결여되어 있었다는 것 역시 분명하다. 그리고 우리가 보게 되겠지만, 과타리가 자신의 영향력을 찾아볼 수 없었던 것은 바로 들뢰즈의 인상적인 통합 능력 때문이었다. 그러므로 그런 차이가 생긴 것을 많은 정도 과타리의 영향력으로 돌릴 가능성은 없어 보인다. 둘째로, 『안티-오이디푸스』와 『의미의 논리』 사이의 명백한 단절이 『의미의 논리』와 『차이와 반복』 사이의 단절보다 결코 더 크지 않다는 점을 잊어서는 안 된다. 실로, 르세르클이 『안티-오이디푸스』에 나오지 않는다고 알고 있는 많은 논제들이 『차이와 반복』에도 나오지 않는다. 그리고 만약 고려 중인 텍스트들의 범위를 넓힌다면, 우리는 들뢰즈의 모든 책들 사이에서 그가 사용하는 술어의 중요한 불연속성이 존재한다는 점을 알게 될 것이다. 진짜 과제는 그 책들이 공유하는 것을 보여주는 것이다.

『의미의 논리』의 많은 논제들이 보이지 않지만, 가장 중요한 논제 곧 발생의 논제는 사실 계속 이어지고 있다.『안티-오이디푸스』에서 우리는 그 중심적인 문제가 재현의 생산의 문제와 후설의 주체 — 즉, 거듭되는 발생과 다름없는 주체 — 의 문제라는 것을 알게 된다. 차이점은 『안티-오이디푸스』에서 '발생'은 '생산 과정'으로 불린다는 점이다. 이 전체 생산 과정은 욕망적 생산과 사회적 생산이라는 두 작은 과정들로 나뉜다. 우리는 이 두 생산 과정을 '동적 발생'과 '정적 발생'으로 부를 수 있을까?『안티-오이디푸스』의 생산 과정은 어떤 정도로『의미의 논리』의 발생들에서 끌어오거나 혹은 이 발생들과 상응하는 것일까? 이는 다음 세 장의 주요한 물음이다. 나는 이 두 유형의 발생들 사이에는 이 발생들을 기술하기 위해 사용된 단어들을 제외하고는 아무런 의미심장한 차이가 없다고 주장한다. 이 첫 번째 장에서 나는 칸트, 구조주의, 정신분석학에 대한 들뢰즈와 과타리의 다양한 비판들이『안티-오이디푸스』에서 그들이 전개하는 발생적 구성이론에 어떻게 기초를 놓아주는지 보여주고자 한다. 다음의 두 장에서 나는『안티-오이디푸스』에서 말하는 발생을 상세하게 기술하고, 이 발생이 들뢰즈가 스스로 이미『의미의 논리』에서 상술한 발생에 상응하는 정도를 보여주겠다.

오이디푸스 비판과 물질적 환원

『안티-오이디푸스』의 말미에서 들뢰즈와 과타리는 주변 텍스트와 별 관계가 없어 보이는 기이한 문장을 적고 있다. "정신분석학은 회화적 혁명을 이루지 못했다는 것이 확실하다"(AO 352). 정신분석학이 '엄밀한 학문 분야'가 되기 위해서는 '회화적 혁명'을 필요로 한다. 이 문장은 들뢰즈의 철학적 기획 전체와 그가 이 기획을 수행한 방식을 포괄해서 의미하는 것으로 보이는 『차이와 반복』의 또 다른 문장과 공명한다. "사유 이론은 회화와 같다. 사유 이론은 미술을 재현에서 추상으로 데리고 간 그 혁명을 필요로 한다. 이것은 이미지 없는 사유 이론이다"(DR 276).[2] 『의미의 논리』는 (만약 '이미지'를 앞의 인용문에서처럼 '재현'에 비길 수 있다면) 이미지 없는 그러한 하나의 사유 이론을 제공했다. 이 책에서는 주체를 재현의 형식 아래로 데려오기까지 두 가지 발생을 거쳤다. 명제의 세 번째 층위가 우세하게 되는 것은 오직 정적 발생의 세 번째 단계에서였 다. 이 이외의 주체 혹은 생산 과정은 재현 이하에서 일어났다. 주체의 경험은 '야생적 경험'이었다. 『차이와 반복』의 언어를 사용한다면, 우리는 그런 주체는 재현의 '단두대 칼'로부터 자유롭다고 말할 수 있을 것이다 (DR 262). 그러나 『안티-오이디푸스』의 언어를 사용한다면, 우리는 '오이 디푸스의 단두대 칼'로부터 자유롭다고 말할 수 있을 것이다(AO 45, 53).

오이디푸스 비판은 들뢰즈가 이전 책들에서 전개하고 『차이와 반복』에 서 '사유의 독단적 이미지'에 관한 기술과 더불어 절정을 이룬, 철학의 역사에 대한 핵심적 비판들을 반복하는 것으로 보인다. 사유의 독단적 이미지는 재현의 형식에 집착하고 주체성을 그것의 이미지 안에서 해석한 다. 이 독단적 이미지에 들뢰즈는 그 자신의 '비판적 이미지' 혹은 '이미지 없는 사유'를 대립시켰다. 사유의 비판적 이미지를 성취하자면 우리는, 내가 이 책의 제1장에서 주장한 바와 같이, 재현을 결과로서 생산하는, 그러나 결코 그 산물에 의해 정의되지 않는, 부단한 과정으로서의 주체성을 발견하기 위하여 재현의 형식을 괄호 치거나 혹은 그것을 '멈추도록' 하지 않으면 안 된다. 가장 기본적 수준에서 보았을 때, 『차이와 반복』과 『안티-오이디푸스』의 이러한 비판은 재현의 형식은 이 형식의 발생적 요소를 발견하는 작업을 억압하고 제지한다는 것을 말해준다. 『안티-오이디푸스』에서, 욕망은 『차이와 반복』에서 차이가 하는 역할을 행한다. 욕망은 차이와 마찬가지로 생산적이다.[3] 다른 한편, 오이디푸스는 '재현'의 역할을 행한다. 여기서 오이디푸스는 긴 발생의 끝에서 생산되는, 재현의 구조를 정의하는 형식으로 제시된다. 들뢰즈와 과타리의 가장 일반적인 비판은, 생산 과정이 아니라 생산물을 강조함으로써 우리는 결국 둘 모두를 완전히 오해하게 된다는 것이다. 오이디푸스는 발생의 바깥에서 권리상 주어진 이념적 형식으로 간주되며, 주체성은 자기 자신에 갇혀 있는 정적 의식이 된다. 이런 이유 때문에 내가 여기서 연구하고 있는 세 책들은 재현의 발생을 재발견하려 한다는, 또 발생의 초기에 재현의 형식들을 전제하지 않고 이 형식들을 재발견하려 한다는 유사한 목적을 가진다.

『차이와 반복』에서 들뢰즈는 재현이 왜 문제를 일으키는지에 대해서 실천적 이유와 이론적 이유라는 두 가지 이유를 제시했다. 이론적으로, 재현은 초월론적인 것의 발견, 혹은 생산 과정의 발견을 방해한다. 실천적으로, 우리의 선술어적 생 전체가 그 자체로 긍정되는 것이 아니라, 판단 및 판단의 구성적 요소에서, 즉 재현에서 표현될 수 있는 것으로 환원된다. 『안티-오이디푸스』에서 이 두 차원들은 오이디푸스 비판의 두 측면들을 형성한다. 이론적으로, 오이디푸스는 발생적 관점을 모호하게 한다. 들뢰즈는 결코 재현을 비난하는 법이 없는데, 왜냐하면 재현을 비난한다는 것은 본질적으로 나쁜 것이기 때문이다. 즉, 재현이 없다면 우리는 의식을 가지지 않을 것이며, 또 우리는 우리의 환경을 평가하고 즐거운 촉발들의 반복을 보장하는 결정을 할 수 없을 것이다. 이론적으로, 재현은 문제를 일으키는데, 왜냐하면 재현의 투명성으로 인해 우리는 재현이 부수현상 ― 말 그대로 부수현상이기에 우리는 부수현상의 발생을 설명할 필요가 있다 ― 이라는 점을 잊기 때문이다. 달리 말해서, 현상학적 환원의 정신을 분명히 환기하더라도 우리는 불가피하게 경험적인 것empirical(재현)의 법칙들과 특성들을 따라 초월론적인 것transcendental(재현의 발생)을 규정하기 때문이다.

바로 이 점이, 용어가 약간 바뀐 것을 제외하고 『안티-오이디푸스』에서 오이디푸스에게 겨누는 불만이다. 오이디푸스는 욕망을 재현의 법칙들에 종속시킴으로써 우리에게 — 욕망이 '실재'의 발생적 요소인 곳에서 — 욕망에 관한 그릇된 그림을 제시한다. 정신분석학자가 환자의 체험을 오이디푸스의 관점에서 해석하려고 애쓸 때 "욕망적 생산 전체는 부서져서 재현의 요구들에 종속되고, 재현 안에서 재현하는 것과 재현되는 것이라는 음울한 게임에 종속된다"(AO 54; 원문 강조). "그러므로 우리는 이 생산의 명령을 덮어버린 데 대해, 생산의 명령을 재현으로 전가한 데 대해 정신분석학을 비난한다"(AO 296; cf. 24).

이 때문에 정신분석학은 현상학적 환원을 행할 필요에 처해 있다. 지금까지 정신분석학은 주체를 재현의 형식들 바깥에서 사유하는 데 실패했는데 이는 엄격함을 요구하는 정신분석학을 위태롭게 한다고 들뢰즈와 과타리는 주장한다. 주체성을 사유하기 위해서 우리는 재현의 형식을 괄호 치지 않으면 안 된다. 매우 분명하게 후설과, 현상학의 학문적 엄격함에 관한 그의 관심들에 공명하는 한 대문에서, 들뢰즈와 과타리는 "정신분석학은 만약 [오이디푸스적 구조에 대한] 믿음을 괄호 안에 넣는 것을 수용하지 않는다면, 다시 말해 관념론적 형식으로서의 오이디푸스에 대해 **물질론적 환원**을 행하는 것을 수용하지 않는다면 엄격한 학문 분야가 될 수 없다"고 적고 있다(107; 원문 강조). 정신분석학은 재현의 형식들의 기원을 재발견하기 위해서 이 형식들을 괄호 칠 필요가 있다. 만약 들뢰즈와 과타리가 이 환원을 물질론적 환원으로 기술한다면, 이는, 우리가 아래에서 보게 되는 바와 같이, 이 환원이 주체성의 근저에서 원초적인 물질적 장을 드러내기 때문이다.

실천적으로, 오이디푸스는 모든 경험을 관념적 구조의 표현으로 환원한

다. 들뢰즈와 과타리는 슈레버 판사Judge Schreber에 관한 프로이트의 분석이
나 '딕Dick'에 관한 멜라니 클라인Melanie Klein의 분석은 '순전히 테러리즘에
불과하다'고 일관되게 주장한다. 멜라니 클라인은 딕에 관한 분석에서
네 살짜리 자폐증을 앓는 소년에게 이 아이가 장난감을 정차시키는 기차역
은 실은 그의 어머니이고, 기차는 아이 자신이라고 가르친다. 나는 "'역은
엄마이다. 딕은 엄마에게 가고 있다'고 설명했다"(AO 45; 원문 강조).
아이의 경험을 오이디푸스의 표현들로 이렇게 환원하는 일과 대조적으로,
들뢰즈와 과타리는 경험을 한 형식의 한계들 안으로 맞추어 가려고 애쓰지
말고, 다양성 속에서 취해야 한다고 주장한다. "아이는 자신을 결코 소꿉놀
이하는 데에, 엄마 아빠가 되어 노는 데에 가두지 않는다. 아이는 또한
마술사, 카우보이, 경찰관, 도둑, 기차, 작은 차가 되어 놀기도 한다. 기차가
반드시 아빠인 것도 아니고, 기차역이 반드시 엄마인 것도 아니다."(AO
46) 이런 활동 중의 어떤 것도 오이디푸스의 상징적 재현으로 환원되지
않는다. 모든 활동은 — 이 활동이 제아무리 상투적이라 할지라도 —
그 독특성singularity 속에서 실제적이고 참신한 체험lived experience으로 간주된
다. 소꿉놀이를 하는 것은 단순히 소꿉놀이를 하는 것일 뿐이다. 들뢰즈와
과타리가 한 대문에서 시사하듯이, 체험의 독특성을 부인하는 것, 생을
한 형식으로 환원하는 것, 또는 누군가를 '오이디푸스화하는' 것은 —
예의 바르게 말한다면 — 그들에게 '항문성교를 행하는' 것이다.

판사 슈레버의 운명은, 아직 살아 있는 동안, 천국의 광선들에 의해
항문성교를 당할 운명이었을 뿐만 아니라, 사후에 프로이트에 의해
오이디푸스화되는 운명이었다는 점은 주목되어야 한다. 슈레버가 겪는
섬망의 방대한 정치적, 사회적, 역사적 내용으로부터 단 한 단어도 보유되
지 않고 있다. 리비도는 그 자신을 그러한 것들로 속 썩이지 않는다는
듯이. (AO 57; 원문 강조)

『안티-오이디푸스』는 정신분석학에 대한 비판이라기보다는 통상적인 일상생활의 체험에 대한 방대한 긍정이다.

이 인용문에서 정신분석학은 갱신된 플라톤주의로, 혹은 들뢰즈와 과타리가 '신이데아주의'라고 부르는 것으로 나타난다(308). 오이디푸스적 '구조(형식)'는 경험의 특수성에서 '표현되며(예화되며)', 이 경험의 진리와 의미가 된다. 소꿉놀이를 하는 아이는 더 이상 문화적이고 역사적인 '내용'을 반복하지 않고, 초월적 형식에 표현을 부여한다. 이렇게 되면 아이는 초월적 형식의 표현에 지나지 않게 된다. 정신분석학의 이러한 신이데아주의, 그리고 이것이 요구하는 '해석' — 여기서 해석은 A=B[4]를 만드는 기술이다 — 에 들뢰즈와 과타리는 '분열분석schizoanalysis' 및 분열분석의 '실험experimentation'을 대립시킨다. 분열분석은 주체의 한계가 없는 (권리상 한계가 없지만, 사실상 필연적으로 그런 것은 아닌) 체험에 대한 긍정이다. 이런 이유 때문에 분열분석은, 본질적으로 외부에 혹은 주체 경험의 정치적, 사회적, 역사적 내용에 개방되어 있고, 미리 규정되지 않은 과정을 따라가며 전개되는 초월론적 무의식에 대한 구체적인 이해를 의미한다.[5] 그리고 실로, 위의 모든 인용들은 이 무의식이 하드웨어에 내장된 구조라는 칸트나 정신분석학적 방식으로 정의되지 않을 것이다.

그러므로 오이디푸스에 대한 비판은 칸트주의에 대한, 또한 구조주의에 대한 매우 일반적인 비판과 결부된다. 첫째로, 매우 중요한 두 대문에서 들뢰즈와 과타리는 그들의 견해가 칸트의 견해와 다르다는 점을 보여주려고 하는 것 같다. 생산 과정은 생산적인 혹은 '초월론적인 무의식'에서 시작되는데, (고전적인 현상학적 조처를 취하며) 들뢰즈와 과타리는 **초월론적 무의식**에 대한 이러한 관심은 자신들의 접근법을 정신분석학적이거나 '심리학적인' 접근법과 구별하게 해준다고 주장한다. 칸트의 정신 속에서 그들은,

정신분석은 그 자체의 형이상학 — 그 이름은 오이디푸스이다 — 을 가진다고 말하지 않을 수 없으며, 혁명 — 이번에는 물질론적 혁명이다 — 은 오이디푸스적 정신분석학에서 발견되는 바의 무의식의 종합들을 부적법하게 사용하는 것을 폐기함으로써, 오이디푸스에 대한 비판을 통해서만 진척될 수 있다고 말하지 않을 수 없다는 것을 알게된다. 이렇게 오이디푸스를 비판하는 것은, 내재성이라는 기준에 의해 정의되는 **초월론적 무의식**과, 또 우리가 분열분석이라고 부르게 될 이와 상응하는 실천을 재발견하기 위해서이다. (75; 인용자 강조)

이는 중요한데, 지나치게 인용하는 위험을 무릅쓰고, 이 초월론적 관점과 이 관점이 칸트주의와 맺는 관계를 강조하기 위해 유사한 대문을 인용하고자 한다.

분열분석은 초월론적이자 물질론적인 분석이다. 분열분석은 오이디푸스 비판 또는 오이디푸스를 자기비판의 지점으로 이끈다는 의미에서 비판적이다. 분열분석은 형이상학적 무의식이 아니라 초월론적 무의식을, 관념론적 무의식이 아니라 물질적인 무의식을, 오이디푸스적 무의식이 아니라 분열증적인 무의식을, […] 표현적인 무의식이 아니라 생산적인 무의식을 탐구하러 나선다. (109-110)

이 두 대문에서 들뢰즈와 과타리는 칸트 정신에 기반해서 노력하는 것 — 자가비판과 적법화에 대한 강조 —, 그리고 초월론적이지만 물질적인 무의식의 이름으로 오이디푸스를 비판하는 것, 이렇게 두 가지 것을 강조한다.

하지만 들뢰즈와 가타리가 말하는 초월론적인 것이란 개념은 칸트의 그것과 예리하게 구분된다. 제1장 말미에서 나는, 들뢰즈는 칸트와 결정적인 결별을 행하고 있으며, 이 결별은 초월론적인 것에 관한 칸트의 개념과 현상학적 개념 사이에 뚜렷한 차이를 밝혀놓고 있다고 주장한 바 있다. 이 차이는 『안티-오이디푸스』에서 작동하는 초월론적인 것에 대한 이해를 정의한다. 칸트의 초월론적인 것은 형식적이고 조건짓는 것이다. 이것은 가능한 경험의 형식들을 내포하는데, 『안티-오이디푸스』의 언어를 채택해서 말하면, 이 형식들은 경험적 의식에서 '표현된다'. 이 형식들이 발생 바깥에서 미리 주어져 있는 한, 형식주의는 일종의 관념론이다. 다른 한편, 들뢰즈의 초월론적인 것은 생산적이다. 이 초월론적인 것이란 개념은 (실로 발생 속에서만 이해될 수 있는) 주체성의 발생을 위해 필증적으로 필연적인 것이라는 특수한 의미로 '초월론적'이란 단어를 사용한 후기 후설로 돌아간다.[6] 발생은 이념적 형식들을 전제하지 않는다. 발생이 현실적으로 이념적 형식들을 생산하고, 이와 동시에 주체를 생산하고 또 이 주체를 매혹하는 재현들을 생산한다. 들뢰즈의 초월론적인 것은 일단의 순수한 미리 주어진 형식들이 아니라 형식의 발생을 위한 장소이다. 들뢰즈의 초월론적인 것은 관념적 주체의 가능한 경험이 아니라 현실적 주체의 실재적 경험에 관련된다. 두 개념들 사이의 차이는, 철학을 관념론에서 경험론[7](여기서 '경험'이란 부분대상들 속에 용해되어 있는 기관 없는 신체의 경험이다)으로 이동시키는 것으로 충분하다. 나는, 이것은 또한 들뢰즈의 사유를 칸트주의를 벗어나게 해서 현상학으로 이동시키는 것으로 충분하다고 주장하고 싶다. 왜냐하면 가능한 경험 — 그리고 추상적인 것 및 추상적인 것의 형식 논리에 관한 설명 — 이 아니라 실재적 경험의 생산이 발생적 현상학의, 시초부터 주요한 문제였기 때문이다. 그러므로 오이디푸스에 대한 들뢰즈와 과타리의 비판은, 들뢰즈의 이전 저작에서처럼, 미리 주어진 형식적인 초월론적인 것의 개념이라는 주요한 표적을 향해 행하는, 칸트에 대한 간접적인 비판이다. 이 때문에 오이디푸

스의 정신분석학적 버전은 관념론 혹은 '신관념론'의 형태를 띠게 된다 (AO 24).[8]

하지만 들뢰즈와 과타리는 또한 바로 그 동일한 이유로 구조주의를 비판한다. 구조주의도 역시 체험의 진리와 의미인 미리 주어진 형식을 정립한다.[9] 우리가 본 바와 같이, 들뢰즈와 과타리는 정신분석학은 환자들의 현실적 체험을 오이디푸스의 한 표현인 '위대한 단조單調, great monotony'로 환원함으로써 이를 묵과한다고 일관되게 주장한다. 모든 것은 일반적 또는 보편적 구조의 표현이 된다(52ff., 306). 구조주의는, 칸트주의와 같이 이 구조들의 실존을 단순히 발생 바깥에 정립하는 한, 관념론이 된다(55).[10] 발생의 관점에서 보면, 들뢰즈와 과타리가 형식적 무의식을 생산적 무의식으로 대체할 때, 정신분석학, 칸트주의, 구조주의는 모두 공동 운명을 나누어 가진다. '과정으로서의 생산은 모든 관념론적 범주들을 추월한다…'(5). 구조주의는 사유의 이미지를 미리 주어진 사회적 구조들의 표현으로 제시하기 때문에 비판받는다. 칸트주의는 사유의 이미지를 미리 주어진 형식적 구조들에 의해 조건 지어진 것으로 제시하기 때문에 비판받는다.

들뢰즈 단독의 저서에 그러하듯이, 『안티-오이디푸스』의 주요한 관심은 발생적 구성 혹은 생산에 있다. "과정으로서의 생산은 모든 관념론적 범주들을 추월한다…." 이는 들뢰즈와 과타리의 사유를 정의하는 특성은 그들이 비판하는 철학들과 반대로, 미리 주어진 구조들에 관한 기술을 발생에 관한 설명으로 대체한다는 점이다. 『안티-오이디푸스』는 생산의 관점에서, 혹은 '분열-발생schizo-genisis'의 관점에서 읽지 않으면 안 된다 (267). 욕망은 곧 생산이고, '생산 과정'이며, 또는 '구성' 과정이다. 우리는 발생에 대한 들뢰즈와 과타리의 관심은 재현, 형식, 구조에 대한 비판들을 근거짓는 것이라는 점을 보았다. 그들이 이 비판들을 근거지을 수 있는 것은 재현, 형식, 구조 모두가 억압하지만 또한 이것들 모두를 생겨나게 하는 그 한 심급으로서 발생이 작용하기 때문이다. 물질론적 환원을 필요하게 하고 주체성의 정적, 관념론적 이론을 대체하는 것은 바로 발생의 관점이다. 하지만 이러한 발생의 관점은 또한 이 책의 형식적 구조와 통일성을 이해하는 관점이며, 그래서 우리가 다음 두 장에서 이 책에 대한 비교적 완전한 그림을 제시하도록 해주는 관점이기도 하다. 『안티-오이디푸스』는 프로이트의 정신분석학에 대한 비판으로 읽을 수 있으며 라캉을 경유하는 프로이트와 마르크스의 종합을 시도하는 것으로 읽을 수 있다는 것은 사실이지만,[11] 그러나 이 책은 이러한 종합을 갱신된 현상학의 관점으로부터 성취한다. 따라서 이 책은 결코 책 제목이 시사하듯 전적으로 부정적인 기획을 수행하는 것이 아니라, 방대한 긍정적인 측면을 가진다. 『안티-오이디푸스』의 긍정적인 측면은 무의식을 생산의 과정으로 이해하는 것이며, 들뢰즈의 이전 저서들에서처럼 『안티-오이디푸스』는 자신의 대상을 지탱하면서 동시에 붕괴시키는 '체계적 현상학', 발생적 구성 이론이 된다.

물질적 장

초월론적 무의식의 토대를 해명할 때 들뢰즈와 과타리는 초월론적 무의식은 급격한 유아론 속에서 자기 자신에 갇혀 있는 것이 아니라는 이 한 가지를 일관되게 주장한다. 오히려 초월론적 무의식은 '외부에 열려 있다'. 처음에 이것은 후설을 암묵적으로 비판하는 것처럼 보일지도 모르지만, 우리가 이 책의 제1장에서 본 바와 같이, 유아론적 자아 이론을 확신을 가지고 고수한 것은 오직 『이념들』의 후설일 뿐이며, 심지어 거기에서도 후설은 유아론과 비인격성 사이에서 흔들리고 있는 것으로 보인다. 그가 자아에 관한 진술들을 확신했던 것은 보다 깊은 불확실성의 지표인 것으로 보인다. 실제로 레비나스의 경우 "후설의 [의식] 이해에 있어서 매우 흥미로운 것은 의식이 그 존재의 한복판에서 세계와 접촉했다는 점이다"(TI 43; cf. 63과 71). 그리고 메를로-퐁티는 『지각의 현상학』에 나오는 그 자신의 지각 이론에서 후설에 대한 레비나스 해석의 이 측면을 직접적으로 논급하게 된다(PP 256-257). 그렇다면 후설의 경우 의식 존재의 한복판에서 세계와의, 혹은 '외부'와의 접촉이 있다. 들뢰즈와 과타리가 말하듯이, '욕망적 생산'은 곧바로 '사회적 생산'이다. 물질적 환원을 통해서 들뢰즈와 과타리가 기술하고자 하는 것은 바로 이 '외부', 혹은 욕망적 생산과 사회적 생산의 상호함축이다. 내가 이 장의 나머지 부분에서 간략하게 기술하고자 하는 것은 바로 의식이 세계에 접촉하는 분열발생의 하단에 있는 이 장이다.

들뢰즈와 과타리가 욕망적 생산과 사회적 생산이란 용어로 의미하는 것은 무엇이며, 이 두 생산의 상호함축은 외부로 개방해 있는 주체성과 어떻게 관련을 맺고 있는가? 욕망과 사회적인 것 간의 이원성은 『실천이성비판』에서 상술되는 칸트의 생산적 욕망 이론과 관련해서 최초로 전개되었다. (그리고 이러한 이원성은 이 책 전체를 통해서 — 심지어는, 내가 주장할 터이지만, 얼핏 보면 칸트적이라기보다는 마르크스적으로 보이는 보편사에 관한 논의들 및 다양한 양식들의 사회적 생산이론을 통해서도 — 이 주요한 의미를 유지한다.)[12] 들뢰즈와 과타리에 따르면, 칸트의 경우, 욕망은 대상들을 생산하지만, 이 대상들은 직관 속에 주어지는 실재적이고 현존하는 대상이 부재할 때만 생산된다. 주체에 내적인 욕망은 대상들을 생산하지만, 부재하는, 가상적인 대상들을 생산한다. 실재적 대상은 상상력의 생산 과정과 전적으로 외적인, 그 자신의 생산 과정을 가진다. "… 우리는 모두 실재적 대상은 외적 인과성과 외적 메커니즘에 의해서만 생산될 수 있는 점을 잘 알고 있다"(AO 25). 칸트를 모델로 하는 이러한 기술에서 사회적 생산은 사유의 어떠한 기여도 없는, 실재적 대상의 객관적인 생산을 나타낸다. 외적 인과성과 외적 메커니즘에 의한 이러한 생산은, 대상이 내재성에서가 아니라 공공의 세계 혹은 자연에서 개체화되는 것이기 때문에, 들뢰즈와 과타리는 칸트를 따라 이를 '사회적 생산'이라 부른다.

칸트의 관점을 따르면, '욕망적 생산'은 생산적 상상력의 작업을 지시한다. 욕망적 생산이 생산하는 대상들은 더 이상 현존하지 않는 실재적 대상들의 환상들이고 표상들이다. 그러므로 욕망적 생산은 그 자체의 대상을 결여한다고 언급되며, 실재에 대한 어떠한 요구도 결여하는 공허한 표상들을 생산할 따름이다.

> 욕망이 결여하고 있는 실재적 대상은 외재적인 자연적 혹은 사회적 생산과 관련되는 반면, 욕망은 '모든 실재적 대상 배후에 꿈꾸어진 대상'이 존재하는 듯이, 혹은 모든 실재적 생산 배후에 심적 생산이 존재하는 듯이, 실재의 분신으로 기능하는 가상적인 대상을 내재적으로 생산한다. (25-26; 인용자 강조; cf. 28)

이 대문에서, 심적 생산과 실재적 생산, 주체와 객체(=대상), 내부와 외부, 욕망적 생산과 사회적 생산 사이에 작동하는 명백한 이원성이 존재한다. 욕망적 생산과 사회적 생산 간의 이원성은 주체와 객체 간의 고전적 분할을 반복한다. '욕망적 생산'에 관한 칸트의 이해는 오로지 주체 및 주체의 '꿈꾸어진' 심적 대상들과 연합하는 반면, '사회적 생산'은 모든 실재성과 확실성 속에 있는 대상의 층위에 속한다. 사회적 생산은 외적 인과성에 힘입어 객관성이 보장되는 반면, 주체성의 생산은 꿈 또는 환상이란 단어로 격하된다. 비록 초월론적 무의식에 관한 들뢰즈와 과타리의 기술 전체가 이러한 이원성을 와해시키는 일로 향하게 된다고 할지라도, 이 전통적인 철학 용어들(주체와 객체)을 욕망적 생산과 사회적 생산으로 다시 명명하는 일은 『안티-오이디푸스』에서 벌어지고 있는 일을 향하여 기나긴 길을 간다.

칸트의 모델은 들뢰즈와 과타리가 회피하려고 애쓰는 일련의 철학적 입장들을 초래하는 주체와 객체 간의 구분을 선험적으로 가정한다.[13] 첫째로, 이 모델은 욕망적 생산 혹은 주체성을 '인격화한다'(55, 24). 초월론적 장의 도래에 앞서서 주체-객체 분열을 설립함으로써 이 장은 세계와 차단된 주체성으로 규정되게 된다. 주체는 애당초 유아론적 의식으로 규정된다. 둘째로, 초월론적 장의 인격화는 환상 생산으로 환원되는 욕망적 생산에 관한 칸트의 입장으로 곧바로 인도된다. 주체와 객체 간의 환원 불가능한 간격의 결과로, 유아론적 무의식의 생산들은, 실재가 언제나 이미 주체 바깥에 존재하기 때문에, 결코 필증성이나 실재성을 얻을 수 없게 될 것이다. 주체가 이 외부와 맺는 연계는 확실성에 대한 어떠한 주장도 의문시하는 다양한 장치들의 매개로 이루어지게 될 것이다. 그때 모든 심적 생산들은 환상 생산들의 모습을 띤다. 셋째로, 이 결과 생산의 실재적 과정 혹은 실재적인 것의 발생적 과정을 이해할 수 없게 된다. 대상들과 주체들이 현실적으로 구성되는 방식은 환상과 실재 간의 일련의 불확실한 상호관계들로 희석되고 만다.

이 문제들의 연쇄를 회피하기 위해, 들뢰즈와 과타리는 이 구분 그 자체가 주어지기 전에 그들의 설명을 시작한다. 그들은 무의식의 심층 속에서 사회적 생산과 욕망적 생산을 통일하는 작업으로 시작한다. 그들에게, "사회적 생산의 물질적 실재와는 아마도 상이할 심적 혹은 심리적 실재라는 욕망에 특수한 형식의 실존을 귀속시키는 것은 가능하지 않다"(30).[14] 욕망은 심적이자 물질적이다. 또는 "인간과 자연은 서로 대결하는 두 대립 항들과 같은 것이 아니다. 오히려 인간과 자연은 하나의 동일한 본질적 실재이다 …"(4-5).[15] 사회적 생산과 욕망적 생산은 동일한 물질적인 '분자적 다양체' 속에서 불가분리하게 서로 결합되어 있다. 들뢰즈와 과타리에 따르면, 이 칸트의 모델과 반대로, 주체와 대상 간의 이원성은 대상들로 향한 사유의 뒤늦은 산물이기 때문에 발생의 초기에 현존한다고 가정될 수 없다. 초월론적 무의식에서 이원성은 실존하지 않는다. 이 점에서 그들은 매우 후설답다.[16] 욕망적 생산은 직접적으로 사회적 생산이다. 주체는 대상이고, 대상은 주체이다. 그러므로 주체는 직접적으로 외부에 개방되어 있으며, 심지어 베르그손을 따라 "주체는 사실상 외부성 그 자체인, 지각되는 대상과 동시에 일어난다"(MM 66)고까지 말할 수 있을지도 모른다. 『의미의 논리』에서 심층의 자아가 한 방울 와인이 대양 속에 용해되어 있듯이, 여기서 심적인 것은 실재적인 것 속에 용해되어 있기에 둘은 서로 분리될 수 없다.

하지만 그렇다면 들뢰즈와 과타리는 이 이원성을 모두 주장하면서 동시에 어떻게 이 이원성을 제거하는가? 첫째로, 그들은 두 과정을 서로의 위에 쌓아 올림으로써 이 이원성을 주장한다. 즉, 욕망적 생산, 주체성은 사회적 생산 혹은 객관성을 생겨나게 한다. 우리는 이 점을 이미 『의미의 논리』에서 본 적이 있다. 정적 발생에서 생산되는 지시된 대상들은 동적 발생의 세 가지 종합들의 토대 위에서만 가능했다. 주체/대상 분열로 출발하는 것 대신에, 들뢰즈와 과타리는 이 분열이 구성되어 있기 전에 시작한다. 여기서 두 다른 형식들의 실재를 혼동하지 않는 일이 필수적이다. 주체-대상 구분 대신에, 그들은 분자적인 것the molecular과 몰적인 것the molar 간의 새로운 구분을 도입한다(280). 만약 우리가 사회적 생산과 욕망적 생산, 대상과 주체가 서로 분리 불가능하게 동일한 다양체에서 결합되어 있다고 말할 수 있다면, 동시에 그 다양체는 분자적이라고 말하지 않을 수 없다.

그 자체가 전적으로 분자적인 것으로 존속하는 과정인 욕망적 생산은 오직 분자적인 사회적 장과 융합할 뿐이다. 말하자면, 의미, 함의, 또는 지식의 도래에 선행하는 생산 과정의 한 단계에서 그렇게 할 뿐이다.

주체와 대상이 혼합되어 있는 이 분자적 다양체는 『의미의 논리』에서 말하는 첫 번째 층위의 개체화되지 않은 물질성에 상응하는 반면, 사회적 생산에서 생산된 대상체들objectities은 정적 발생의 개체화된 대상들에 상응한다. 이 모든 것은 다음 두 장에 걸쳐서 전개되겠지만, 주체와 대상 간에 어떠한 가능한 구분도 존재하지 않는 것은 오직 이 개체화되지 않은 분자적인 것의 수준에서뿐임을 여기서 분명히 하는 것이 필요하다. 여기서는 "모든 것이 우리가 원하는 대로 객관적이기도 하고 또는 주관적이기도 하다"(345). 대상과 주체 간의 형식적 구분 그 자체는 생산 과정이 일정을 다 마치고 주체와 대상을 생산한 후에만 일어날 수 있다. 우리가 주체들을 대상들과 구분할 수 있는 것은 바로 몰적인 '대상체들'의 관점에서뿐이다.

이 관점에서 보면, 사회적 생산은 더 이상 외적 메커니즘에 따르는 대상들의 생산이 아니다. "물질의 진리란, 사회적 생산이 순전히 규정적 조건들 하에서의 욕망적 생산 그 자체라는 점이다"(29; 원문 강조). 사회적 생산은 여전히 대상들의 — 대상체들의 — 생산이지만, 대상들의 발생은 주체에 내재적인 동시에 주체에 초월적이거나 사회적이 된다. 즉, 두 범주는 주체적이자 객체적인 '분자들'의 비인격적인 장으로 용해된다. 생산의 두 병행하는 과정을 따른다기보다, 그 둘은 이미 사회적인 욕망에, 즉 외부성 그 자체인 주체에 토대를 두는 하나의 발생으로 융합된다. 들뢰즈와 과타리가 욕망과 '실재적인 것the Real(욕망적 생산의 산물)'에 가장 정확한 정의 중의 하나를 부여하는 것은 바로 이러한 관점에서이다. 욕망은 자연적이고 감각적인 객관적 존재이며, 이와 동시에 실재적인 것은 욕망의 객관적 존재로서 정의된다(311; 원문 강조).

들뢰즈와 과타리에 따르면, 사회적 생산과 욕망적 생산의 이러한 분자적 통일의 조건은 주체와 대상 간의 선험적 괴리를 비판하지 않고 전제하는 데서 생기는 문제들을 극복하기에 충분하다. 첫째로, 이러한 분자적 통일은 생산을 '인격화하기personologizing'보다는 비인격적인 물질적 장을 위하여 인격적인 것을 제거한다. 욕망은 자신의 대상을 결여하고 있지 않다. "오히려, 욕망 속에서 상실되고 있는 것은 바로 주체이다. 혹은 고정된 주체를 결여하고 있는 것은 바로 욕망이다"(26; 원문 강조). 만약 욕망이 직접적으로 사회적이고 또 사회적 생산이 이미 욕망적 생산이라면, 그렇다면 그 토대에서 무의식은 그 자체 안에 갇혀 있는 것이 아니라, '외부와의 본질적인 관계' 속에서만 존재한다. 둘째로, 초월론적 무의식의 생산들은 칸트의 모델에서처럼 가상적인 것이 아니다. "만약 욕망이 생산한다면, 그것의 산물은 실재적이다. 만약 욕망이 생산적이라면, 그것은 오직 실재적 세계에서만 생산적일 수 있으며 오직 실재를 생산할 수 있다"(26).[17] 후에 환상의 대상이 될지도 모르는 그 실재는 그 자체가 처음에 이 비인격적 물질적 장의 늦은 산물로서 생산된 것이다. 『의미의 논리』에서처럼, 여기서 기술되는 생산 과정은 실재의 발생이다. 들뢰즈와 과타리는 이 실재적 대상들을 '대상체들'이라고 부른다. 마지막으로, 실재의 발생적 구성에 관한 설명이 착수될 수 있는 것은 오직 이러한 조건들 하에서이다.

제4장

욕망적 생산

부분대상들과 미세지각

『안티-오이디푸스』에서 말하는 생산의 전 과정은 이 두 요소로 시작된다. 두 요소 중 하나는 욕망적 생산의 수동적 종합들이고, 또 하나는이 종합들이 자신들의 대상으로 취하는 부분대상들이다. '욕망적 생산'은 '부분대상들'을 '처치하거나engineer' 결합하는combine 일단의 '수동적 종합들'이다. 부분대상들은 무의식의 '궁극적 요소들이다'(324). 이 두 요소는초월론적 무의식의 물질적 시작들을 나타낸다는 의미에서 '궁극적'이다.이 요소들은 내가 지난 장에서 간략하게 기술한 발생의 토대에 있는,구분 불가능하게 분자적 장을 구성하는 주관적이자 객관적인 요소들이다.이 두 요소들 — 부분대상들과 수동적 종합들 — 간의 다양한 상호작용들은 초월론적 무의식 전체를 구성하게 된다. 그렇다면 부분대상들이 정확히무엇인지, 수동적 종합들은 이 대상들과 어떻게 작동하는지 이해하는 일이 절대로 필요하다. 다음에서 나는 들뢰즈가 여기서 '부분대상들'이라 부르는 것은 『의미의 논리』에서 '부분대상들'이라 부르는 것에, 즉 물질적 혼합체 속에서 우리의 신체들을 촉발하는 일단의 신체들에 상응한다고 주장하고자 한다.[1] 이는 여기에서 말하는 생산 과정은 『의미의 논리』에서 재현의 발생이 시작되었던 곳과 동일한 장소에서 시작된다.

『안티-오이디푸스』는 부분대상들의 두 새롭고 다소 단순명료한 특성들을 강조하는데, 이 특성들은 부분대상들이 발생 전반에서 어떻게 기능하는지 더 많이 규정하도록 도와줄 것이다. 내가 이전 장에서 시사한 바와 같이, 분자적인 것과 몰적인 것의 구분은 발생 과정의 시작과 끝이라는 총체적으로 본 두 극에 상응한다. 발생은 분자적인 것에서 시작되어 몰적인 것에서 끝난다. 『의미의 논리』와 관련해서 보면, 분자적인 것은 첫 번째 층위 또는 물체적 심층들에서의 파편들의 소통을 나타내는 반면, 몰적인 것은 명제 또는 재현 그 자체의 세 번째 층위를 나타낸다. 『안티-오이디푸스』에서 생산 과정은 무의식의 분자적 요소들에서 시작되며, 또 이 분자적 요소들을 따르는데, 이때 이 요소들은 일련의 종합들을 통해서, 그런 다음 더욱더 많은 인식의 집적물들을 형성하게 되는 사회적 생산의 상이한 단계들을 통해서 지나간다. 그렇다면 부분대상들은 작다. 이것이 부분대상들의 첫 번째 특성이다. 부분대상들은 분자적 무의식의 분자들 그 자체이다 (AO 309, 323).

부분대상들의 두 번째 특성은 "부분대상들이 '분자적 다양체 속에서 절대적 분산positive dispersion'의 상태로 실존한다는 점이다"(342). 들뢰즈와 과타리는 종합들 속에서 조직화되기 이전의 이 부분대상의 상태를 '다양체'로 기술한다. 그러나 다양체란 표현은 『차이와 반복』에서와 같은 초월론적 이념을 지시하는 것이 아니라, 단지 분산 상태에서 부분대상들이 이루는 '기이한 통일'을 지시할 따름이다(324-326, 342).[2] 사실, 『차이와 반복』의 유명한 다양체는 『안티-오이디푸스』의 다양체와는 전적으로 다른 수준의 발생에 상응한다. 들뢰즈와 과타리가 이 다양체는 '절대적 분산'이라는 특성을 지닌다고 말할 때, 이는 무의식의 심층들 속에 있는 부분대상들 간의 유일한 관계는 관계의 결여라는 점을 의미한다(309, 323). 부분대상들 간의 관계가 이처럼 결여하기 때문에 그들은 이 대상들을 '특이성들'로 기술하게 된 것이다(324). 하지만 또 이 단어는 — 발생의 초기 단계에서 — 특이점이 일련의 보통점들을 가로질러 뻗어간다는, 들뢰즈가 『차이와 반복』에서 사용하는 위상학적 의미를 더 이상 가지지 않고, 감성의 한복판에 있는 절대적 개별성absolute particularity을 표현하는 헤겔적인 철학적 의미를 가진다.[3] 그렇다면 부분대상들은 작다, 부분대상들은 서로 간에 아무런 관계도 가지지 않는다, 이것들이 부분대상들의 두 주요한 특성이다. 부분대상들은 들뢰즈가 『차이와 반복』에서 '불연속성의 규칙'이라 부른 것에 의해 영향을 받는다.

부분대상들을 '분자적인 것'으로 정의하는 것은 물론이고 이 장field에서 일어나는 주체와 대상의 융합으로 정의하는 것은 『물질과 기억』에 나오는 '비인격적 지각'에 관한 베르그손의 기술로까지 직접적으로 거슬러 올라갈 수 있는 반면,[4] 부분대상들의 이 두 특성들은 또한 흄과 라이프니츠의 지각 이론에 대한 들뢰즈의 독해에 중요한 뿌리를 두고 있다. 흄과 라이프니츠에 대한 이러한 논급이 있기에 우리는 부분대상들에 관한 구체적인 정의를 내릴 수 있다. 부분대상들 간에 관계가 결여되어 있다는 것은 흄의 지각 이론에 관한 들뢰즈의 기술들을 떠오르게 한다. 『경험론과 주체성』에 나오는 두 가지 논점, 즉 주어진 것에 대한 들뢰즈의 정의, 그리고 경험론의 근본개념에 관한 설명이 특히 여기에서 유효 적절하다. 나는 『경험론과 주체성』과 『의미의 논리』의 중심적인 문제는 어떻게 주어진 것이 그 자체를 초월하여 주체가 되는가, 또는 어떻게 주어진 것이 물질성의 결정론에서 탈피할 수 있는가에 있다는 점을 이미 간략하게 주장한 바 있다. 『경험론과 주체성』에서 들뢰즈는 '주어진 것'을 '나타나는 바 대로의 사물들의 수집, 앨범 없는 수집, 무대 없는 연극, 지각들의 유동'으로 기술한다(ES 23; 인용자 강조). 주어진 것은 주체를 촉발하기 위해 감성에 의해 상상력에게 주어지는 인상들의, 조직화되지 않은 '섬망'이다(ES 23; 인용자 강조).[5] 이어서 들뢰즈는 계속해서 주체가 인간 본성의 어떤 원리들의 결과로 구성되는 방식을 설명한다. 이 원리들의 기능은 마음을 '고정시켜서 자연화하는 것'이고, 상상력의 섬망에 질서를 부과하는 것이고, 이 섬망을 '항상되고 안정되게' 만드는 것이고, '주어진 것을 하나의 체계로 조직하는 것이고, 상상력에 항상성을 부과하는 것'이다(ES 24; 인용자 강조). 인간 본성의 이러한 원리들 — 정념의 원리들과 결합된 연합의 원리들 — 은 인상들 간의 관계를 창조함으로써 그 과업을 수행한다. 주체, 주체의 대상들, 그리고 주체와 대상의 의미들은 주어진 것의 흩어진 인상들 간의 관계들을 수립함으로써 구성된다.

들뢰즈에 따르면, 이는 모든 경험론의 근본개념과 관련된다. 즉, 섬망 한복판에서 관계들은 이 관계들의 항들에 전적으로 외적이다(ES 98-99). 역으로, 항들은 이 항들의 관계들에 외적이며, '우리가 항들에 대해 수행하는 작동들의 본성을 해명하지' 않는다(ES 101).[6] 들뢰즈가 이전 저서에서 인상들 간의 유일한 관계는 관계의 결여라고까지 말을 하지 않는 것은 사실이다. 하지만 항들은 이 항들의 관계들에 외적이라고 말함으로써, 그는 『안티-오이디푸스』에서 행하는 부분대상들에 관한 기술과 매우 근접하게 된다. 나아가, 우리는 『의미의 논리』, 『경험론과 주체성』, 『안티-오이디푸스』의 주요한 기획들 간에 더 일반적인 유사성을 쉽사리 발견할 수 있다. 즉, 모든 사유는 섬망에서 시작되며 항들 간의 관계들을 창조함으로써 섬망에서 벗어나고자 시도한다는 점이다. 이 관계들은 그 항들에 의미를 부여하고, 동시에 주체를 규정하기 때문에, 섬망에서 벗어나는 이러한 탈피는 또한 주체, 주체의 대상들, 그리고 주체와 대상의 의미의 발생이기도 하다. 만약 우리가 인상들에 대해 수행하는 작동들을 인상들이 (관계들을 수립하는 데 놓여 있는 그 '작동들'로 정의되는) 사유의 관점에서 해명하지 않는다면, 그렇다면 역으로, 주어진 것에는 현존하는 어떠한 관계도 없다. 유일한 관계는 관계의 부재이다. 그러므로 들뢰즈와 과타리는 사유의 근본적인 섬망에는 이렇다 할 관계들이 부재한다는 문제에 대해 설명할 때 들뢰즈가 읽은 흄한테서 부분적으로 영감을 받은 것으로 보인다.

조직화되지 않은 지각에서 조직화된 지식으로 옮겨가는 전반적인 이동은 또한 라이프니츠에 관한 1988년 들뢰즈 저서의 구조적 특성이 된다. 이 책에서 들뢰즈는 미세지각과 추대지각이라는 두 종류의 지각을 구분한다. 미세지각은 — 모나드의 상위 수준은 창이 없으므로, 또한 '외부와의 관계'이기도 한 — 모나드의 심층, 모나드의 '무의식', 혹은 모나드의 신체에 거주한다(TF 85-86). 미세지각은 물질적 무의식의 모호성obscurtiy(obscurity)에 속하는 반면, 추대지각은 의식의 명료성clarity에 속한다. 라이프니츠에 관한 1980년 강의에서 들뢰즈는 라이프니츠가 든 미세지각의 한 예를 요약하고 있다. 여러분이 바다 근처에서 파도 소리를 듣고 있다고 상상해보라.

여러분은 바다 소리를 듣고 있고, 파도 소리를 듣고 있다. … 라이프니츠는 말한다. 만약 여러분이 각 물방울이 서로에게 미끄러져 덮치고 서로를 꿰뚫으며 가는, 미세지각들의 대상을 이루는 소리에 대한 미세한 무의식적 지각을 가지지 않는다면 여러분은 파도 소리를 듣지 못할 것이다. 거기에는 모든 물방울들이 으르렁대는 소리가 존재하지만, 여러분은 명료성의 작은 지대를 가지며, 이 으르렁댐의 무한함으로부터 한 부분적 결과를 명료하고 판명하게clearly and distinctly 잡아내어, 여러분 자신의 작은 세계, 여러분 자신의 속성을 만들어낸다. (1980년 4월 14일)[7]

모든 물방울들이 한꺼번에 으르렁대는 소리는 오직 '모나드의 어두운 심층'에서만, 혹은 모나드의 신체에서만 경험될 수 있을 뿐이다(TF 90). 하지만 신체의 심층에서 이 지각들은 — 흄에서처럼 — 전혀 조직화되어 있지 않다. 이 지각들은 파도들의 겹침이고, 소음이고, 안개이고, 또는 먼지의 춤추는 입자들 덩어리이다. 이 지각들은 죽음 혹은 강경증强硬症, 졸림, 마비의 상태이다(ES 86).[8] 그러나 『경험론과 주체성』에서 말하는 주어진 것의 섬망이 '체계'로 조직되는 것과 동일한 방식으로 이 미세한 지각들은 자동 작용automatism의 작업을 통해서 — 말하자면 수동적으로 — 조직되고 통합되어 우리의 '작은 세계' 혹은 '명료성의 지대'가 될 것이다. 『경험론과 주체성』에서 인상들은 인간 본성의 원리들에 의해 조직된다. 『주름』에서 이 통합은 미분법에 따라 성취된다. "미분법은 지각의 심적 메커니즘, 분리될 수 없는 상태로 한꺼번에 모호성으로 뛰어들어 명료성을 규정하는 자동 작용이다. 즉, 미세하고 모호한 지각들을 선택하여, 명료성으로 이동하는 하나의 지각이다"(TF 90; 인용자 강조).

모호성에서 명료성으로 옮겨가는 이동은 또한 작은 것에서 큰 것으로, 미세지각에서 추대지각으로, 무의식에서 의식으로, 그리고 여기서 보다 중요하게는 '분자적 지각들에서 몰적 지각들로' 옮겨가는 이동이다(TF 87; 인용자 강조). 달리 말해서, 『주름』에서 말하는 발생은 분자적 미세지각의 세계에서 시작되어, 이 조직되지 않은 인상들 간의 관계들을 수동적으로 수립하고, 이렇게 해서 몰적이고 의미를 가지는 의식적 지각들을 규정한다. 또, 우리는 여기서 『안티-오이디푸스』에 나오는 부분대상들과 몇 가지 중요한 상응하는 점, 특히 지각들의 크기를 '분자적인 것'으로 규정하는 점, 심층에서는 조직화를 결여하는 점, 통합과 조직화의 과정을 통해서 몰적인 것으로 이동하는 점을 볼 수 있다.

『주름』과 『경험론과 주체성』 두 책 모두에 보이는 이 모든 특성들은 한데 모여서 『안티-오이디푸스』의 부분대상들이 '미세지각들', '나타나는 대로의 사물들', '지각들의 유동', 들뢰즈의 '주어진 것' 이상의 것이 아님을 시사한다. 세 책 모두는 부분대상들을 조직되지 않은 섬망으로, 또는 사유의 '현기증'으로 특징짓는다. 내가 위에서 개요를 서술한 부분대상들의 두 가지 특성들 — 관계의 결여와 작은 크기 — 과 관련하여, 『경험론과 주체성』은 부분대상들을 특징짓는 관계들의 결여를 밝혀놓은 데 반해, 『주름』은 부분대상들의 크기 및 부분대상들이 몰적 의식과 맺는 관계를 시사한다.[9] 부분대상들은 비인격적 지각의 휠레적 자료들이다.

그러나 들뢰즈가 맞는 말이 아니라고 거듭해서 강조하고는 있지만, 이것은 부분대상들이 바로 완전한 대상들의 부분들이란 점을 의미하지는 않을까? 결코 그렇지 않다. 그런 결론은 발생의 산물과 이 산물의 기원들을 혼동한 데서 온다. 이는 이미 구성된 것 — 몰적 '대상체들' — 으로 경험적 의식에만 주어질 수 있는 것을, 의식에 결코 주어질 수 없는 것으로, 초월론적 무의식에만 고유하게 속하는 것 — 분자적 지각들 — 으로 오인한다. "분자적 층위의 부분대상들이 결여로 나타나고, 동시에 부분대상들이 전체 그 자체를 결여한다고 언급되는 것"은 오직 몰적 '전의식preconscious-ness'의 관점에서이다(AO 342). 들뢰즈는 『주름』의 지각 장 전체를 통해서 지각은 아무런 대상을 가지지 않는다고, 언제나 의식적 지각은 미세지각들 사이에 설립되는 미분적 관계들을 소급해서 지시하는 환각이라고, 그리고 이 미세한 지각들은, 다른 물질적 사물들이 결코 완전한 대상들의 형식으로서가 아니라 '분자적 운동들'로서 우리의 물질적 신체들을 촉발한 것들을 표현하는 것에 불과하다고 반복해서 단언한다(TF 93-97, cf. 89). 지각은 아무런 대상도 가지지 않고 또 아무런 대상도 전제하지 않기 때문에 환각적이다. 지각은 그 대상이 아직 구성되지 않았기 때문에 아무런 대상을 가지지 않는다.[10] 몰적 관점은, 엄밀히 말해서, 분자적 수준에서는 불가능하다. 이미 구성된 전의식의 관점에서 보면, 아마도 우리는 돌아서며 부분대상들은 사실상 대상들의 부분들이라고 말할 수 있겠지만, 그러나 초월론적 무의식 그 자체의 관점에서 보면 부분대상들이 속하는 전체적 혹은 완전한 대상과 같은 것은 결코 존재하지 않는다. 아무런 기원도 가지지 않고 심지어는 '주관적' 또는 '객관적' 같은 규정들을 피하는, 조직되지 않은 파편들의 섬망이 존재할 뿐이다. 몰적 의식에서 재현으로서 반복에 처하게 될 사물 그 자체에 대한 물음은 그릇된 물음인데, 이런 물음의 유일한 기능은 경험적인 것을 초월론적인 것에 새겨넣는 것이리라. 만약 재현이 궁극적 반복이라면, 우리는 왜 그것이 결코 같은 것의 반복일 수 없는지 알 수 있다. 반복할 때 구성되는 것은 정확히 그 첫 번째 사례, 반복될 대상이다. 분산 속의 다양체라는 형태로, 부분대상들이 궁극적으로 총체화함에도 불구하고, 부분대상들은 자연적이고 감각적인 존재 이상의 것이 아니며, 신체가 신체들과 상호작용하는 것 이상의 것이 아니다.

수동적 종합

『안티-오이디푸스』를 생산 과정의 관점에서 읽는 것이 그토록 중요한 이유 중의 하나는 그것이 용어들을 이해하기 쉽게 만들기 시작하기 때문이다. 사실, 만약 이 책을 서로 간에 모호한 관계를 가질 뿐인 별개의 개념들의 집적물로 읽는다면, 이해하기가 불가능하게 된다. 이렇게 되는 것은 발생의 관점에서 보아 세 종류의 개념들이 출현하기 때문이다. (1) 발생의 특정한 순간에 매우 특수한 역할을 가지는 개념들(예를 들면, 강도나 다양체), (2) 발생을 통해 지속하지만 매 단계에서 상이한 역할을 행하는 개념들(기관 없는 신체), (3) 발생의 전 부분을 기술하며, 따라서 그 자체 안에 보다 특수한 몇 개념들을 내포하는 개념들(욕망 기계). 세 가지 종합들의 독해로 향하기 전에, 나는 이 세 유형의 세 가지 개념들, 즉 욕망, 욕망적 생산, 초월론적 무의식을 간략하게 지적하고자 한다. 이 세 가지 개념들은 모두 상이한 관점에서 동일한 일반적 과정을 기술한다. 일반적으로, 『안티-오이디푸스』 전체를 통해서 생산 과정은 욕망적 생산과 이 위에 정초되는 사회적 생산이라는 두 보다 작은 과정들로 이루어진다. 욕망적 생산은 연접connection, 이접disjunction, 통접conjunction이라는 세 '국면들'을 지닌다(41). 하지만 들뢰즈와 과타리는 주체를, 후설이 그랬던 것처럼, 다름 아닌 과정 그 자체로 이해하므로, '초월론적 무의식'은 욕망적 생산과 공외연적이다.[11] 그 결과, 이 세 국면들 — 연접, 이접, 통접 — 은 또한 초월론적 무의식의 세 수동적 종합들이라 불릴 수 있다. 이 세 수동적 종합들은 초월론적 분석으로서의 분열분석이 탐구하려 나서고자 하는 것이다(109). 이는 또한 정확히 그들이 욕망을 이해하는 방식인 것으로 보인다. 욕망은 실재적인 것을 생산하는 것으로 이해되어야 한다고 들뢰즈와 과타리는 말한다(AO 22ff). 그러므로 "욕망은 부분대상들을 처치하는 일단의 수동적 종합들이다. … 실재적인 것은 최종 산물이며, 무의식의 자가생산인 욕망의 수동적 종합들의 결과이다"(26: 원문 강조; cf. 325). 그렇다면 욕망, 욕망적 생산, 초월론적 무의식 이 세 용어는 모두 생산적 무의식을 생산 과정으로 기술하는 동등한 포괄적 용어이다. 첫 번째 것은 욕망인 에너지로서 두 번째 것인 욕망적 생산 과정을 추동하며, 욕망적 생산 과정은 총체적으로 보면 세 번째 것인 초월론적 무의식과 동등하다.

생산 과정은 '욕망적 생산과 사회적 생산 간의 직접적 마주침과 더불어' 『의미의 논리』에서 그러했던 것처럼 초월론적 무의식의 심층에서 시작된다(54). 이 직접적 마주침은 첫 번째 종합과 — '무의식의 궁극적 요소들'로 이해되지만 또한 '외부와의 관계'로도 이해되는 — 부분대상들 사이에서 일어난다. 우리는, 이 부분대상들의 세계는 주체나 객체로 구분하는 것이 불가능한 미세지각의 분자적 세계이며, 또 이것이 들뢰즈와 과타리가 욕망적 생산과 사회적 생산의 분자적 통일체란 말로 의미하는 것임을 방금 보았다(AO 30ff.). 따라서 미세지각들은 객체적이자 주체적인 기원을 가지는, 뜻meaning이나 의미sense가 없는 순수한 휠레적 자료들로 나타난다. 세 수동적 종합들이 취택해서 '처치하는engineer' 것이 바로 이 의미를 결여한 대상들이다.

'자연과 인간의 동일성'(108), 객체와 주체의 동일성이란 관점에서 종합들을 기술하는, 종합들에 관한 한 가지 매우 짧은 설명이 있는데, 이 설명은 이러한 동일성이 분자적 다양체에 특유한 것이 아니라 실은 적어도 발생의 전반부를 통해 어떻게 지속하는가를 보여준다.

> 보나페는 마술적 대상에서 세 가지 욕망하는 종합들의 존재를 인식한다. 세 가지 욕망하는 종합이란, 사람의 파편들을 동물이나 식물의 파편들과 결합하는 연접적 종합, 인간-동물 복합체를 등록하는 포괄적 이접적 종합, 잔여물 혹은 잔류물의 진정한 이주를 의미하는 통접적 종합. (326n)

일반적 기능들과 더불어 세 가지 종합이 모두 이 설명에 나타난다. 세 가지 종합은 (1) 객체적이자 주체적인 분자들을 연결하고 그래서 나아가 인간과 자연을 혼합하는 연접적 종합, (2) 이 혼합체를 등록하는, 혹은 그들이 후에 말하듯이, 부분대상들을 '전유하는' 이접적 종합(372; cf. 10), (3) 방황하며 잔존하는 주체가, 보게 되겠지만, 최초의 두 종합의 결과들을 소비하며 살아가는 통접적 종합이다. 비록 첫 번째 종합 이전에 객체적이자 주체적인 미세지각들 사이에 설사 구분이 가능했을지라도, 이 종합은 직접적으로 그 둘을 혼합한다. 이 관점에서, 욕망적 생산의 한 가지 특별한 기능이 강조된다. 이 기능은 욕망과 사회적인 것의 혼합체, 주체와 객체의 혼합체를 보증하고, 따라서 그것들의 복잡화를 체계적이게 만든다. 대상들의 형식적 재현들이 후에 사회적 생산 끝에 대상체들로 생산될 때 이 대상체들의 실재성은 주체는 이미 객체이고 객체는 이미 주체라는 것을 보증하는 이 혼합체에 의해 보장될 것이다.

연접적 종합이 이 종합의 대상들의 기원이나 성질과 관련 없이 연결하는 두 가지 직접적인 이유가 있다. 하나는 이 대상들에 속한 것이고, 또 하나는 종합들에 속한 것이다. 우선 첫 번째로, 내가 아래에서 보다 자세하게 주장하겠지만, 부분대상들은 의미를 결여하고 있다는 점이다. 부분대상들은 아무런 의미를 갖지 않는데, 이는 들뢰즈와 과타리가 우리는 무의식에 대해 '그것은 무엇을 의미하는가?'가 아니라 '그것은 어떻게 작동하는가?' 하는 물음을 제기할 수 있을 뿐이라고 말하는 이유이다. 사회적 생산 과정의 어떤 지점에서 의미는 생산될 것이며, '그것은 무엇을 의미하는가?' 하는 물음이 제기될 수 있다. 그때 실험experimentation은 해석interpretation에게 길을 내주게 될 것이다(AO 206, 214). 하지만 이 지점에서, 엄격히 말하면, 한 부분대상과 다른 한 부분대상을 구분할 아무것도 존재하지 않는다. 각 부분대상은 완전히 의미를 결여하고 있으며, 옆의 부분대상과 아무런 관계도 맺고 있지 않다.

이 종합들이 주체와 객체를 더더욱 혼합하는 두 번째 이유는 이 종합들이 수동적이라는 점이다. 들뢰즈는 여기서 수동적 종합의 개념을 『차이와 반복』에서처럼 후설로부터 취한다. 들뢰즈는 『차이와 반복』에서 '수동성'을 후설처럼 이론적 관점에서 정의한다. 즉, 종합들은 '비지성적이거나', 혹은 자아의 사법권 바깥에서 일어나는 한, 수동적이다. 종합은 마음 속에서 수행되지 마음에 의해 수행되는 것은 아니다(DR 71). 『안티-오이디푸스』에서 여전히 수동성은 입법하는 능동적인 자아의 부재를 의미한다. 종합들이 수동적이길 그치고 능동적이거나 부적법하게 되는 것은 사실 구성된 주체가 종합들의 체제로 도입되는 순간에서뿐이다(AO 70-72).

하지만 이 이론적인 정의 외에 들뢰즈와 과타리는 수동성에 관한 실천적인 기술을 행한다. 그들은 수동성을 종합 그 자체의 능동성의 관점에서 기술한다. 들뢰즈와 과타리는 세 밀접하게 관련된 특성들을 기술한다. (1) 종합들은 '모든 것이 가능한 자유로운 종합들의 영역'에서 작동한다.[12] 종합들은 '자유롭고' '계획 없이' 작동한다(309). (2) 종합들은 간접적이다 (324). (3) 자크 모노를 인용하며, 종합들은 '맹목적 결합들의 유희이다'(328). 종합들은 자신들이 종합하는 대상들에 무관심하다(12). 아마도 이 세 특성들은 모두 수동적 종합은 맹목적 종합이라는 세 번째 특성에 의해 포괄될 수 있을 것이다. 수동적 종합은 자신의 대상들을 전혀 고려하지 않는다. 종합들은 무의식의 심층에서 약동하고 고동치며, 자신들이 작업하는 것이 무엇이든 전적으로 무관심하고 어떤 식으로든 원인이나 텔로스를 규정하지 않는 것으로 보인다(54). 그때 종합들은 인간과 자연을 구분하지 않으며, 불가피하게 맹목적으로 이 둘을 결합한다.

첫 번째 종합과 기관 없는 신체

『의미의 논리』에서처럼 여기서도 발생은 탈피의 형식을 취한다. 세 수동적 종합들을 따르는 것은 또한 기관 없는 신체 혹은 물체적 심층의 자아가 어떻게 해서든 그 심층에서 빠져나와 물질성을 벗어 던지고 비물체적이 되는 것이다. 이 탈피가 『안티-오이디푸스』에서 전개되는 방식은 내가 『의미의 논리』에서 기술한 탈피와 언뜻 약간 달라 보이지만, 모든 주요한 단계들이 여전히 나타난다. 『의미의 논리』에서 들뢰즈는 심층의 자아인 기관 없는 신체와, 심층에서 탈피한 부분표면들의 자아를 구분했다. 여기서, 자아의 두 국면들은 둘 다 '연접적 종합'이란 표제 하에 들어간다. 그러므로 『안티-오이디푸스』의 첫 번째 종합에는 두 중요한 국면들이 존재한다.

연접적 종합의 첫 번째 국면과 기능은, 『의미의 논리』의 물체적 심층을 정의했던 부분대상들의 물체적 상호침투를 가져오는 그것이다. 이는『안티-오이디푸스』에서 부분대상들이 관계의 결여에 의해 정의되기 때문이다. 달리 말해서, 부분대상들은『의미의 논리』에서 심층의 파편들이 그랬던 것처럼 무한대로 소통하는 것 같지는 않다. 연접적 종합의 첫 번째 국면은 단지 부분대상들의 연결 혹은 종합일 뿐이며, 이 때문에 한 지점에서 들뢰즈와 과타리는 첫 번째 종합을 '능동들과 수동들의' 생산으로 기술하거나(AO 4), 혹은 우리가 위에서 본 바와 같이, '인간'과 '자연'의 함축으로 기술한다. 첫 번째 종합의 이 첫 번째 국면은 이 책 전체를 통해 많은 상이한 방식들로 기술된다. 아마도 가장 공통적인 것은 흐름들의 언어에 있다. 연접적 종합에서 부분대상들은 흐름들을 방출하기 시작하며, 언제나 각 흐름은 또 다른 대상이 방출하는 흐름을 단절시킨다(325). 그러므로 '연결한다'는 것은 흐름들을 방출하고 차단한다는 것이다(6). 이것들이 바로 동일한 작용을 기술하는 상이한 방식들이다.

이런 흐름들 와중에서 기관(들) 없는 신체가 생산된다. 이것이 연접적 종합의 두 번째 국면이다. 이 국면은 기관 없는 신체가 생산되고, 부분표면들의 자아처럼 흐름들의 원환과 차단으로부터 탈피하는 방식을 표현한다. 들뢰즈와 과타리는 기관 없는 신체는 생산될 뿐만 아니라 매우 특정한 순간에 생산된다고 주장하는 것으로 보인다. 여기에 이에 관한 두 대문이 있다.[13]

> 기관 없는 신체는 비생산적이다. 그렇지만 기관 없는 신체는 연접적 종합의 어떤 특정한 장소에서, 어떤 특정한 시간에 생산된다[…]. (8)

> 기관 없는 신체는 전체로서 생산되지만, 이 신체가 통일하지도 총체화하지도 않는 부분들에 접하며 생산 과정 내의 그 자신의 특정한 장소에서 생산된다. (43)

기관 없는 신체는 이 연접에서 '어떤 특정한 시간에, 어떤 특정한 장소에서' 생산된다. 기관 없는 신체는 '그 자신의 특정한 장소'를 가진다. 우리는 이 점을 어떻게 이해해야 하는가? 우리는 매우 일반적인 결론을 내려 기관 없는 신체는 주어지지 않고 생산되며, 그러므로 부분대상들의 분산은 발생의 순서에서 일차적이라고 말할 수 있다.[14] 이 때문에 부분대상들은 무의식의 궁극적 요소들이라고 불린다. 하지만 이 대문들은 기관 없는 신체는 특정한 순간에 생산된다고 더 구체적으로 시사한다. 어떻게 언제 기관 없는 신체는 생산되는가? 이 '특정한 장소'와 '특정한 시간'은 무엇인가?

들뢰즈와 과타리는 우리가 가까스로 우리가 놓여 있는 곳을 알기 전에 이 책의 앞 페이지들에서 이에 대한 대답을 딱 한 번 언급한다. 기관 없는 신체는 '선적 이항계열binary linear series'의 세 번째 단계에서 '생산함과 생산물의 동일성'으로 생산된다(AO 7-8; 인용자 강조). 이 진술은 이 진술을 이루는 부분들로 해체해서 생각해볼 필요가 있다. '선적 이항계열'은 부분대상들의 소통, 그리고 부분대상들이 흐름들을 방출하고 서로의 흐름을 차단하는 방식을 가리킬 뿐이다. 기관 없는 신체는 '선적 이항계열의 세 번째 단계'라고 말함으로써, 들뢰즈와 과타리는 이 발생의 단계에서 기관 없는 신체는 결코 부분대상들의 면plane을 떠나지 않는다고 언급한다. 기관 없는 신체는 연접의 선적 계열과 동일한 차원에 속한다. 따라서 기관 없는 신체는 물질성의 정도를 유지하며, 실로 그것은 한 지점에서 "분열증적 욕망하는 기계들의 두 물질적 요소들 중 두 번째 요소로 정의된다[…]"(AO 327). 다른 물질적 요소는 부분대상들이다. 자아는 아직 부분대상들의 계열로부터 탈피를 시작하지 않았다. 자아는 여전히 심층들에 체류하며, 따라서 이 자아는 들뢰즈가 『의미의 논리』에서 기관 없는 신체, 즉 다른 파편화된 신체들과 소통하는 영아라고 불렀던 것과 동일하다.

　그 표현의 두 번째 부분, '생산함과 생산물의 동일성'은 들뢰즈와 과타리가 첫 번째 종합을 기술하는 또 다른 방식을 가리킨다. 이 책 앞에서 그들은 부분대상들이 자기들끼리 행하는 연접을, '생산을 끊임없이 생산하는 규칙, 즉 생산함을 생산물에 접목하는 규칙'에 적용되는 것으로 기술한다(AO 7). 흐름들의 언어로 말하면, 생산한다는 것은 흐름을 방출한다는 것이다. 생산물이 된다는 것은 흐름을 차단한다는 것이다. 그렇다면 이 규칙은 모든 부분대상들이 흐름의 차단(생산물)인 동시에 항상 또 다른 흐름을 생산하지 않으면 안 된다(생산함)는 점을 명시한다(AO 7). 달리 말해서, 부분대상은 또 다른 부분대상에 연접되지 않으면 안 된다.[15] 그러나 만약 기관 없는 신체가 생산함과 생산물의 동일성으로 정의된다면, 그렇다면 기관 없는 신체는 종합 그 자체의 바로 그 순간으로 정의되는 것이다. 기관 없는 신체가 생산되는 특정한 장소와 특정한 시간은 종합의 순간이며, 혹은 둘 이상의 부분대상들이 연접 속에서 이루어지는 합침이다. 나는 들뢰즈가 이미 『차이와 반복』에서 이 자아 개념을 감각-확실성에 관한 헤겔의 분석과 관련하여 전개한 바 있다고 아래에서 주장할 것이다. 그가 『차이와 반복』에서 '응시하는 영혼contemplative soul' 혹은 '자발적 상상력'이라 부르는 것은 여기에서 기관 없는 신체라 부르는 것과 곧바로 상응한다. 응시하는 영혼 혹은 자발적 상상력은, 이 영혼 혹은 상상력이 가져오는 종합, 그리고 이 종합의 대상들과 분리 불가능하다. 부분대상들 간의 '차이를 덜어내는' 자아는 덜어내어진 차이와 다른 것이 아니다. "눈은 빛을 묶고, 눈 그 자체는 묶인 빛이다"(DR 96). 『안티-오이디푸스』에서, 탄생하는 순간의 기관 없는 신체는 휠레적 자료들의 종합일 따름이다. 그것은 외부의 포착apprehension이다.

　욕망하는 생산의 관점에서 보아 중요한 것은 이 지점에서, 부분대상들의 연접 속에서 생산되는 순간에 기관 없는 신체는 여전히 '선적 이항계열'의 부분이라는 점이다. 기관 없는 신체는 다른 부분들과 접하며 부분으로 구성되고, 그래서 생산을 끊임없이 생산하는 규칙의 적용을 여전히 받는데, 이는 기관 없는 신체 그 자신이 부분대상들에 연접될 필요가 있다는 점을 의미한다. 들뢰즈와 가타리가 말하듯이, 기관 없는 신체는 생산되자마자 '생산 과정 안으로 끊임없이 재삽입된다'(AO 8). 기관 없는 신체가 이 상황을 왜 피곤하게 여기는지 알기 위해서 우리는 들뢰즈가 『차이와 반복』에서 행하는 피로에 관한 분석을 기다려야 할 터이지만, 여기서 들뢰즈와 과타리는 이 지점에서 기관 없는 신체는 부분대상들을 '전반적인 박해 장치로' 경험한다고 적고 있다(9). 이 박해는 탈피를 위한 주요한 동기이다. "연결되고 연접되고 차단되는 흐름들에 저항하기 위해, 기관 없는 신체는 비결정질非結晶質의 분화되지 않은 유체라는 반反흐름을 수립한다"(9).

그때 기관 없는 신체는 탈진 속에서 생산을 끊임없이 생산하는 규칙에 따르지 않고 '반反생산'의 심급이 된다. 기관 없는 신체는 흐름을 차단하지도 않고 흐름을 방출하지도 않는다. 흐름을 차단하거나 흐름을 방출한다면 생산의 한계 내에 남아 있게 될 것이다. 기관 없는 신체는 생산물로 남아 있게 되거나 생산적인 것으로 남아 있게 될 것이다. 대신에 기관 없는 신체는 부분대상들에 대해서 '억압repression'이나 '반발repulsion'을 착수한다. 이 '반발' 혹은 '최초의 억압'은 기관 없는 신체를 '편집증 기계'로 특징짓는다. 『안티-오이디푸스』에서 말하는 편집증 기계는 『의미의 논리』에서 말하는 부분표면들의 자아와 정확히 동등한 것이다. 편집증 기계는 부분대상들의 선적 이항계열로부터 기관 없는 신체가 탈피를 시작한다는 것을 나타낸다. 편집증은 기관 없는 신체가 그 자신 안으로 움츠러들어 물질성과 직접적으로 마주치는 세계를 뒤로 하고 떠나는 방식을 기술한다.

부분대상들의 연접이라는 선적 이항계열을 떠나는 것은 바로 이 지점에서이다. 그 자신을 부분대상들에 대립시킬 때 기관 없는 신체는 부분대상들의 한계가 된다. "기관 없는 신체가, 편집증 기계가 시작될 때처럼, 기관들에 반발할 때, 이 신체는 이 기관들 그 자체에 의해 형성된 순수한 다양체의 외적 한계가 된다…"(AO 326; 인용자 강조). 따라서 기관 없는 신체는 선적 계열 바깥으로 이동하며, 이렇게 이동하면서 계열을 모두 떠날 때 — 하지만 종합의 힘은 유지할 때 — 우리는 첫 번째 종합에서 두 번째 종합으로 이동하게 된다. "이 기계의 발생은 정확히 여기에, 즉 욕망 기계들의 생산 과정과, 기관 없는 신체의 비생산적 정체停滯의 대립에 놓여 있다"(9).[16]

두 번째 종합

기관 없는 신체가 부분대상들의 외적 한계가 되자마자, 이 신체는 첫 번째 종합을 재전유한다. "생산적 연접들은 이 기계들에서 기관 없는 신체로 이동한다"(12; 원문 강조). 이 전유에도 또한 두 국면이 존재한다. 한편, 등록의 두 번째 종합은 기관 없는 신체의 표면 위에서 행하는, 첫 번째 종합의 연접들을 등록한다. 그러므로 두 번째 종합은 이제 기관 없는 신체 위에서 행하는, 연접적 종합의 단순한 반복으로 나타난다. 따라서 들뢰즈와 과타리는 두 번째 종합은 '연합적 흐름associative flow'에 대한 등록이라고(36), 즉 첫 번째 종합의 부분대상들의 능동과 수동에 대한 등록이라고 말할 것이다. 하지만 다른 한편, 이 지난 연접들을 전유할 때 두 번째 종합은 또한 이 연접들을 새로운 형식의 조직 내로 들여놓는다. "데이터, 등록된 정보의 비트들, 그리고 이것들의 전송은 이전 연접들과 다른 유형을 가진 이접들의 격자판을 형성한다"(38). 부분대상들은 이제 '연합적 흐름'으로 등록되는 것이 아니라 들뢰즈와 과타리가 '의미화 연쇄signifying chains'라고 부르는 것의 형식으로 등록된다(38). 그러나 의미화 연쇄로 이렇게 코드화하는 것은 그 이름에도 불구하고 함의signification 혹은 의미meaning의 생산을 가져오지 않는다. "이 연쇄들은 '의미화 연쇄'라고 불린다. 왜냐하면 이 연쇄들은 기호들로 이루어져 있지만 이 기호들은 그 자체 의미화하는 것이 아니기 때문이다"(38).[17] 따라서 우리는 의미meaning의 기원에 분명 선행하는 발생의 단계에 있다. 여전히 우리는 의미화하지 않는 심층에, 혹은 '야생적 경험'의 한복판에 있다. 두 번째 종합은 『의미의 논리』에서 그러했던 것처럼, 심층의 규정들로부터 자아를 더 제거함으로써, 의미meaning를 위한 가능성의 시작을 나타낸다. 최초의 능동들과 수동들의 등록은 우리를 조직화되지 않은 대상성의 세계에서 벗어나 기호들 및 조직화의 가능성의 세계로 이동하게 하기에 충분하다. 그리고 이 지점에서 기호들로서 부분대상들은 첫 번째 종합만큼 무작위적으로 일단의 새로운 연접들에 복속된다.

두 번째 종합에서 기관 없는 신체는 그 자신을 '생겨나지 않은 것un-engendered'으로, 그리고 실은, 자신을 생산한 부분대상들의 근원으로 제시한다. 이 이동은 '기적화miraculation'라고 불리며, 『의미의 논리』에서 전개된 이중인과성의 논리에 따라 작용한다. 거기서 초월론적 장은 직접적이고 물질적인 원인을 가지고 있었으며, 이 장의 생산의 원인이 되는 신체를 가지고 있었다. 하지만 초월론적 장 그 자체의 표면 위에는 들뢰즈가 의사-원인(혹은 우발점, 혹은 거세된 팔루스 등등)이라 부르는 유동적mobile 요소가 있었다. 이 의사-원인의 기능은 초월론적 장을, 이 장이 동적 발생에서 생산될 때 주어진 것과는 다른 조직체에 복속시키는 것이었으며, 그리고 그렇게 할 때 초월론적 장을 직접적인 작용과 반작용에 복속시키는 것으로부터 해방시키는 것이었다. 이런 식으로 초월론적 장은 엄격한 인과성에 제약되지 않고서 심층을 재전유하거나 혹은 승화할 수 있었다. 의사-원인은 초월론적 장의 독립성을 보증하고 이와 동시에 이 장의 물질적 원인을 '승화함sublimation'를 허용했다. 그러나 『의미의 논리』에서 이중인과의 논리는 물체성에서 비물체성으로 이동하는 발생의 순간에 특유하게 유효한 것이다. 『안티-오이디프스』에서 이 논리의 사용은 발생의 모든 순간으로 확장되며, 발생의 한 순간에서 다음 순간으로 넘어가는 진행을 위한 일반적 메커니즘이 된다.[18] 기적화는 『안티-오이디푸스』에서 이중인과성의 논리에 주어진 이름이다. 따라서 두 번째 발생에서 기관 없는 신체는 '기적 기계miraculating machine'가 된다. 왜냐하면 기관 없는 신체는 첫 번째 종합의 연접들을 전유하며, 이와 동시에 감성적인 것의 선적 이항계열을 떠나고 넘어서고 부정하기 때문이다.

두 번째 종합은 기관 없는 신체가 부분대상들로부터 철수한 후에 의미를 결여한meaningless 기호들로서 이 대상들에게 되돌아가는 방식을 나타낸다. 기관 없는 신체는 내가 위에서 지적한 바와 같은 두 가지 방식으로 그렇게 한다. (1) 기관 없는 신체는 선적 이항계열의 연접들을 그 자신들의 표면 위에 등록하지만, (2) 또한 이 연접들을 '의미화 연쇄' 속에서 그 자신의 조직체 양식에 복속하게 한다. 이 신체는 선적 이항계열을 벗어난 부분대상들의 '전유'를 나타내며, 이 두 전유의 국면에서 우리는 이중인과성의 논리가 작동하는 것을 보아야 한다. 기관 없는 신체는 처음에 등록하거나 혹은 '승화하며', 다음에 이 신체는 의미화 연쇄들 속에서 재조직하거나 혹은 '상징화한다'. 만약 부분대상들이 지각의 물질, 휠레적 자료들을 나타낸다면(AO 36), 첫 번째 종합 속의 기관 없는 신체는 휠레적 자료들의 종합인 포착하는 자아를 나타낸다. 이어서 두 번째 종합의 기관 없는 신체는 기억, 등록, 파지의 형식을 나타낸다.

이 관점에서 우리는 기관 없는 신체를 우리가 원하는 대로 수용 그릇, 상상력,[19] 기억으로 부를 수 있다는 것을 알 수 있다. 『차이와 반복』에서 들뢰즈는 기관 없는 신체를 자아, '자발적 상상력',[20] '응시하는 영혼', 'mens momentanea'(=순간적 정신)'이라고 부르고, 『의미의 논리』에서 '영아', '자아', '기관 없는 신체'라고 부른다. 하지만 사실 이 이름들은 ('기관 없는 신체'란 표현에 결코 도움이 되는 것이 아니라) 그 개념을 이해하는 데 방해가 될 따름이다. '기관 없는 신체는 들뢰즈식의 상상력이라고 말하는 것'으로는 충분하지 않다. 이는 친숙하고 편안한 개념으로 불편한 개념을 대체하는 것일 따름이다. 대신에 우리가 알 필요가 있는 것은 기관 없는 신체의 기능, 혹은 결국 같은 말이 되겠지만, 기관 없는 신체가 주변 개념들과 맺는 관계이다. 기관 없는 신체는, 완전한 지각을 점차적으로 생산하는 것이 아니라, 우리가 보게 되겠지만, 완전한 지각 혹은 '대상체'의 생산이나 분화를 규정할 상이한 정도들의 강도를 점차적으로 생산하는 방식으로 지각들이 등록되고 조직되는 공간이다.

세 번째 종합

'소비와 완성'이라는 세 번째 종합은 어떤 면에서는 세 종합 중에서 가장 중요한 종합이다. 이전 종합과 마찬가지로, 이 종합도 또한 두 국면을 가진다. (1) 강도들의 생산, (2) 이 강도들을 사는 (소비하고 향유하는) 유목적 주체의 생산이다. 세 번째 종합은 또한 기관 없는 신체의 진화에 있어서 세 번째 순간에 상응한다. 외부의 포착으로 태어나고 편집증 기계로서 그 외부를 거부한 후에, 그런 다음 외부를 '기적 기계'로 등록한 후에, 이 세 번째 종합에서 기관 없는 신체는 세 번째 형태를 취하여 강도장이 되거나, 혹은 들뢰즈가 『차이와 반복』에서 강도를 표현하기 위해 사용한 은유로 말하면, "축들이 교차해 있고, 지대들로 둘러싸여 있고, 구획들과 장들로 국소화되어 있고, 변화도들에 의해 구획되어 있고, 포텐셜들potentials이 횡단해 있고, 문턱들에 의해 표시되어 있는 알"이 된다(AO 84). 이 강도들은, 내가 아래에서 주장하겠지만, 기관 없는 신체가 외부와 맺는 다양한 관계들의 표현들로서 생산된다.

이 강도 장 내에는 또한, 기관 없는 신체의 표면을 횡단하며, 『의미의 논리』에서 우발점이 의미의 초월론적 장을 횡단하는 것과 매우 동일한 방식으로 기관 없는 신체의 표면의 강도들을 사는 유목적 주체가 있다. 그러나 이 주체는 능동적인 주체가 아니다. 이 주체는 '실질적 주체real subject'라기보다는 '외관상의 주체apparent subject'이다. 『의미의 논리』에서처럼 들뢰즈와 과타리는 이 주체, 그리고 이 주체가 겪는 경험의 장의 비인격성과 전개체적 성격을 강조할 때 블랑쇼를 언급한다. "외관상의 주체는 일자One로서 살고 여행하기를 그치지 않는다"(330; 원문 강조). 이 '외관상의' 주체는 익명적이고 거의 환각적이다. 일종의 주체가 존재하지만, 그럼에도 이 주체는 자신이 출현하기 위한 조건들이나 혹은 자신이 통과하는 사태들과 여전히 분리되어 있지 않다. "이 나me는, 원환을 휩쓸고 가며, 원환 주위의 진동들로부터 자기를 완결하는 잔여적 주체일 뿐이다"(88; 원문 강조). 주체가 휩쓸고 가는 원환에는 강도들이 거주하며, 유목적 주체는 촉발물들로서의 강도들을 산다. 각 강도는 '강도적 정서', 정감affect, 느낌이다(84). 이 강도의 원환을 휩쓸고 가면서 이 주체는 '자신이 통과하는 각 상태들을 소비하고 완성한다…'(41). 따라서 세 번째 종합에 나오는 주체의 생은 정감적인affective 생인데, 이 생은 '느낌, 일련의 느낌들과 정서들, 완성태로서의 느낌들, 강도적 양들의 소비 이상의 것이 아니다'(AO 84; cf. 18과 330).

강도들은 정감들이다. 하지만 강도와 정감은 우리가 그것들이 나타나는 철학적 맥락을 벗어나서 취할 수 있는, 이 단계의 발생에서 급격하게 나타나는 작위적인 개념이 아니다. 정감과 강도가 이 발생의 단계에서 왜 출현하는가 이해하기 위해서, 우리는 이전 두 단계에서 무엇이 일어났는지 면밀하게 주의를 기울일 필요가 있다. 첫 번째 종합에서 자아는 외부를 포착했다. 두 번째 종합에서 자아는 그 포착들을 등록했다. 세 번째 종합에서 자아는 자신을 촉발하는 양, 강도 즉 외부가 자신을 공격하는 정도를 규정한다. 세 종합들은 우리의 수용성receptivity, 혹은 촉발될 수 있는 능력을 조건짓는다. 이와 더불어 세 종합들은 모든 경험의 일반적 가능성을 구성한다. 이것이야말로 후설이 말하는 발생에 있어서 수동성의 기능이 아니었던가? 즉, 자극allure이 자아의 주의를 끌고, 따라서 자아의 촉발을 조건짓는,

다양한 정도의 강도를 지닌 대상들을 생산하는 수동성의 기능이 아니었던가?

강도는 생산된다. 우리는 이 강도의 생산을 어떻게 이해해야 하는가? 강도는 무엇이기에 이 세 번째 종합에서 생산될 수 있으며, 또 강도는 무엇을 표현하는가? 들뢰즈와 과타리는 이 책에서 초기에 동일한 물음을 제기하고, 다소 단도직입적인 대답을 제시한다. "이 순수 강도들은 어디서 오는가? 순수 강도들은 선행하는 두 힘들, 반발과 견인에서, 이 두 힘의 대립에서 온다"(AO 21; 인용자 강조). 강도는 편집증 기계로서의 기관 없는 신체의 반발과, 기적 기계로서의 기관 없는 신체의 견인에서 온다. 강도는 기관 없는 신체의 지난 두 생의 종합으로서 발생한다. 따라서 강도는 첫 번째 종합과 두 번째 종합의 종합으로서 생산된다. 그렇다면 기관 없는 신체의 역사를 재검토해보자.

기관 없는 신체와 같은 개념이 정의하기가 무척 어려운 개념이라면, 이는 이 신체가 몇 가지 상이한 생을 가지기 때문이다. 기관 없는 신체는 발생의 다양한 단계들을 통해 지속하며, 매번 상이한 형태를 띤다. 기관 없는 신체에 대한 최종적이고 결론적인 정의가 '강도 장'일 수는 없다. 만약 발생 전체의 궤적을 따라간다면, 우리는 기관 없는 신체가 세 가지 중요한 단계를 가진다는 점을 알 수 있다. (1) 포착, (2) 재생, (3) 촉발. 기관 없는 신체는 첫 번째로는 편집증 기계이고, 두 번째로는 기적 기계이며, 마지막으로는 세 번째 종합에 있는 '독신' 기계이다. 이 기계들 각각은 또한 각 수동적 종합을 점하는 기관 없는 신체의 위치를 바라보는 방식이기도 하다. 첫 번째 수동적 종합에서 기관 없는 신체는 다른 부분들과 접하며 물질적 부분으로서 생산된다. 편집증 기계로서, 기관 없는 신체는 부분대상들과 접하여 존재하며, 들뢰즈와 과타리가 '최초의 억압'이라고 부르는 것 속에서 부분대상들에 반발하는데, 우리는 이 반발이 기관 없는 신체가 부분대상들의 선적 이항계열로부터 탈피하는 수단이라고 위에서 논한 바 있다. 두 번째 종합에서 기관 없는 신체는 부분대상들을 등록하고, 또 마치 부분대상들이 자신을 막 생산하지 않은 듯이, 마치 자신이 자기를 원인으로 해서 생겨나는 듯이 전유함으로써, 부분대상들을 자신의 표면으로 견인한다. 세 번째 종합은 기관 없는 신체와, 두 번째 종합의 견인에서 시작된 부분대상들 간의 타협을 완성한다.

> 우리는 이 [세 번째] 종합이 어떻게 형성되는지, 혹은 주체가 어떻게 생산되는지 검토하지 않으면 안 된다. 우리의 출발점은 욕망 기계들과 기관 없는 신체의 대립이었다. 이 기계들의 반발은, 원초적 억압의 편집증 기계에서 발견되는 것으로, 기적 기계의 견인에 길을 내주었다. 하지만 견인과 반발의 대립은 여전히 존재한다. 이 둘의 진정한 화해는 억압된 것의 귀환으로 기능하는, 오직 새로운 기계의 수준에서만 일어날 수 있는 것으로 보인다. (AO 17)

이 세 번째 종합이 강도들의 생산인 한, 이 강도들은 (자발적 상상력으로서의) 기관 없는 신체와 (미세지각들로서의) 부분대상들 간의 관계의 표현일 따름이다. 강도는 촉발의 양을 표현한다. 세 번째 종합은 억압된 것의 귀환을 나타낸다. 하지만 억압된 것은 바로 자신의 물질성으로 신체를 촉발했던 일단의 부분대상들이다. 세 번째 종합에서, 반발된 혹은 억압된 미세지각들은 유목적 주체가 소비하고 향유하는 강도들의 형식으로 귀환한다. 만약 기관 없는 신체가 이제 '독신 기계'로 불린다면, 그 이유를 알기가 어렵지 않다. 즉, 독신 기계는 쾌락을 그 자신으로부터만 취하며, 자가촉발의 형식을 가진다.

기관 없는 신체는 강도가 영도이다. 이 신체가 부분대상들과 맺는 다양한 관계는 이 신체를, 변이하는 정도들로 채우는 강도들로 표현된다 (19, 309). "반발과 견인의 힘들, 솟구치는 상승과 내리꽂는 하강의 힘들은 기관 없는 신체를 가리키는 강도=0에 기초하는 일련의 강도적 상태들을 생산한다 …"(21; cf. 330). 이 관점에서 보면, 강도는 자발적 주체가 환경의 대상들에 의해 촉발되는 정도를 표현하는 것으로 보인다. 기관 없는 신체는 편집증 기계로서 대상을 마주치고, 기적 기계로서 그 마주침을 등록하며, 독신 기계로서 전자를 후자와 비교하여 측정하고 그 관계를 강도의 형식으로 표현한다.

만약 부분대상들을 미세지각들로 읽는다면, 우리는 이제 강도에 관한 들뢰즈, 칸트, 후설의 설명 사이의 중요한 차이를 규정할 수 있는데, 이는 들뢰즈 사유에 있어서 강도의 기능을 밝히는 데 도움이 될 것이다. 들뢰즈와 칸트 사이의 차이는 보다 간단명료해서 내가 도출해냈던, 욕망적 생산과 동적 발생 사이의 관계를 다시 확인하게 해준다. 들뢰즈와 과타리는 그들 자신의 강도 개념을 제시할 때 칸트의 강도 이론을 인용하는데, 강도 개념에 관한 그들의 수정은 본질적으로 초월론적 관념론과 초월론적 경험론 ─『경험론과 주체성』에 나오는 표현을 빌린다면, '이론적 주체'와 '실천적 주체(ES 104)' ─ 의 차이에서 나온 결과이다. '지각의 예료 Anticipations of Perception'에서 칸트는 경험적 의식empirical consciousness과 순수 의식pure consciousness을 구분한다. 경험적 의식은 물질적인 실재하는 것에 대한 의식, 예료될 수 없는 것에 대한 의식인 데 반해, 순수 의식은 언제나 예료되는 공간과 시간에 대한 순수 직관이다.

이제 경험적 의식에서 순수 의식으로 등급화된 전이가 가능한데, 전자에서의 실재적인 것은 완전히 사라지고 단지 공간과 시간 속의 잡다한 것에 대한 형식적인 선험적 의식만이 남게 된다. 따라서 순수 직관=0에서 시작되는 것에서부터 모든 요구된 크기로까지의 감각의 크기를 생산하는 과정에서 또한 종합이 가능하다. (CPR 208)

들뢰즈와 칸트의 체계 모두에서 동일한 개념들이 작동하고 있지만, 이렇게 말하려면 한 가지 중요한 단서를 전제해야 한다. 칸트는 강도=0으로서의 시간과 공간의 순수 형식에서, 변이하는 정도들로 직관의 형식들을 채우는 감각의 물질적인 실재적인 것으로 이동한다. 하지만 들뢰즈와 과타리는 물질적인 실재적인 것과 더불어, 즉 초월론적 무의식의 두 번째 물질적 대상으로서 생산된 기관 없는 신체와 더불어 시작하는 것으로 보인다. 그러나 세 번째 종합에서 기관 없는 신체는 물질성을 상실하는 것으로 보인다. 이 기관 없는 신체는 강도=0, 시간의 순수 형식, 자가촉발의 형식이 된다. (이는 정확히 『차이와 반복』과 『의미의 논리』에서 벌어지는 일인데, 이 점을 나는 『차이와 반복』에 관한 장들에서 주장하고자 한다.) 시간의 빈 형식, '아이온'은 물체적 심층에서부터 전개되어, 그 전개되는 과정에서 순수 강도로서의 차이 그 자체를 풀어놓는다. 그렇다면 들뢰즈와 칸트의 차이는 칸트의 경우 시간의 빈 형식은 주어지는 반면, 들뢰즈의 경우 시간의 빈 형식은 생산된다는 점이다.

그러나 들뢰즈와 후설을 비교하려면, 우리는 매우 다른 방향으로 접근해야 한다. 후설의 설명에 따르면, 강도는 수동적 종합과 능동적 종합 간의 관계를 규정함으로써 생활세계에서 매우 중요한 역할을 한다. 시간과 연합의 수동적 종합은 경험의 대상들을 생산하며, 이 대상들에게 강도의 변이하는 정도를 귀속시킨다. 대상이 강도적일수록 자아는 그만큼 더 이 대상으로 향할 공산이 크며, 또 능동적 종합 속에서 능동적으로 이 대상을 취택할 공산이 크다. 어떤 면에서 이 점은 들뢰즈와 과타리가 말하는 강도의 역할이기는 하지만, 그러나 사정은 또한 이와 상당히 다르기도 하다. 먼저 그들이 생각하는 수동적 종합의 차이들을 고찰해보고, 이어서 들뢰즈와 과타리가 논하는 자아가 강도와 맺는 관계를 고찰해보자.

후설이 환원을 주장함에도 불구하고, 재현의 어떤 특성들, 즉 동일성의 형식과 재인의 형식이 연합적 종합에 관한 그의 설명에 계속해서 영향을 미치는 것으로 보인다.[21] 후설은 연합적 종합을 동질성의 종합 속에서 행하는 동등한 것과 동등한 것의 종합으로 기술하거나, 또는 이질성의 종합 속에서 행하는 유사하지 않은 요소들을 분리하는 종합 — 배제적인 이접적 종합 — 으로 기술한다. 하지만 들뢰즈의 관점에 입각해서 우리는 만약 수동적 종합이 자신 앞에 설치된 동일성의 모델이나 공식을 이미 가지지 않는다면, 어떻게 이 종합이 동등한 것과 동등한 것을 종합할 수 있는가 하고 물어야 한다. 만약 『차이와 반복』에서 제시된 재현의 네 가지 형식 — 동일성, 대립, 유사성, 유비 — 을 지침으로 삼는다면, 우리는 후설이 동일성의 형식을 동질성의 수동적 종합을 지배하는 것으로 전제하고, 대립의 형식을 이질성의 수동적 종합을 지배하는 것으로 전제한다는 것을 알 수 있다. 그러므로 후설의 능동적 종합들에서 명시적 역할을 행하는 유사성과 유비는 후설이 초월론적 의식을 규정할 때 환원에 의하여 경계하는 재현의 유일한 형식들인 것으로 보인다. 들뢰즈와 과타리의 수동적 종합들은 분명 이런 문제를 가지지 않는다. 그들의 수동적 종합들은 무작위적으로, 간접적으로, 맹목적으로 종합한다. 이 수동적 종합들은 아무런 계획 없이 작동하는, 이 종합들이 종합하는 대상들에 전적으로 무관심한 자유로운 종합들이다. 이 수동적 종합들은 대상들을 선택하지 않으며, 동등한 것과 동등한 것을 결합하지 않는다. 이 수동적 종합들은 원인이나 텔로스를 규정함이 없이 연접들과 관계들을 분기시킬 따름이다.

그러나 사물들의 개체화라는 관점에서 볼 때, 혹은 들뢰즈가 『의미의 논리』에서 전개한 것과 같은 명제적 (전)의식을 위한 동일성들과 재현들의 생산이란 관점에서 볼 때, 이 점은 그 자체의 문제들을 제기한다. 전적으로 무작위적인 일련의 종합들이 도대체 어떻게 사물들을 헝클어놓은 것 이외의 기능을 행사할 수 있는가? 이 일련의 종합들이 도대체 어떻게 최초의 섬망의 카오스에서부터 주체성의 몰적 끝에 이르러 더나 덜 조직되고 안정된 재현으로 이끌릴 수 있는가? 그 이유는 수동적 종합들의 유일한 기능이 오로지 나중에서야 동일성들의 규정으로 이끄는 강도들을 생산하는 것이기 때문이다. 만약 부분대상들이 미세지각들이라면, 우선 첫째로, 강도들이 무엇보다도 왜 정감들과 동등한 것인지 분명해진다. 즉, 강도들은 기관 없는 신체가 부분대상들에 의해 촉발되는 정도를 표현한다. 둘째로, 이 관점에서 본 최초의 두 종합이 촉발을 보증하는 것 이상의 것이 아닌 반면, 세 번째 종합은 그 촉발들의 소비를 보증하는 것으로 보인다. 후설의 생활세계에는 강도의 변이하는 정도를 지닌 '개체들'이 거주하는 데 반해, 들뢰즈의 발생에서 이와 상응하는 단계는 아직 대상들을 가지지 않으며, 후에 개체들을 생산하기 위한 촉매가 될 뿐인 강도들의 지대 이상의 것이 아닌 것으로 보인다. (후설이 두 가지 수동적 종합으로 압축한 것을 들뢰즈는 그의 철학 전체를 가로질러 확장했다고 생각되며, 후설에 대한 들뢰즈의 두 번째 주요한 비판은 후설이 너무 빨리 이동했다는 점이라고 생각된다.) 수동적 종합의 역할은 완전한 대상들을 생산하는 것이 아니다. 수동적 종합은 보다 복잡하고 잠재적인 종합에 놓일 강도 장을 생산하는 것일 뿐이니, 이에 대해서는 내가 『차이와 반복』에 관한 아래의 장들에서 보다 자세하게 기술하고자 한다.

결론

초월론적 경험론의 요구에 따르면, 세 가지 종합들 중 어떤 종합도 미리 주어지지 않는다. 주어지는 모든 것은, 덧없이 소멸하는 부분대상들인 것으로 보인다. 세 가지 종합들은 부분대상들 간의 상호작용의 결과로 생산된다. 각 종합은 다음 종합을 생산한다. (등록은 기관 없는 신체의 표면에서 행해지므로) 등록을 조건짓는 기관 없는 신체는 첫 번째 종합에서 생산되며, 등록은 기관 없는 신체 상의 새로운 형식의 연접일 따름이다.

하지만 세 번째 종합 그 자체는 첫 번째와 두 번째 종합의 토대 위에서 생산된다. 들뢰즈와 가타리는 종합들의 계기적 본성에 관한 이러한 독해를 다음의 대문에서 확정하고 있는 것으로 보인다.

> 등록 그 자체의 생산은 생산의 생산에 의해 생산된다. 마찬가지로,
> 등록은 소비가 뒤따르지만 소비의 생산은 등록의 생산 속에서 또 등록의
> 생산을 통해서 생산된다. (AO 16)

그러나 들뢰즈와 과타리가 이러한 독해에 의문을 제기하는 두 중요한 지점이 있다(4, 327). 하지만 우리는 이 논점에 관해 들뢰즈와 과타리를 따를 수 없다. 한편으로, 이 논점은 그들의 경험론적 논지와 곧바로 모순된다. 만약 어떤 순서에서도 작용할 수 있는 미리 주어진, 종합들의 정해진 구조가 존재한다면, 그들이 주체성에 대해 그리는 그림은 관념론적인 것이 될 것이다. 세 가지 수동적 종합들을 통하여 경험적인 휠레적 자료들에 형식을 부여할, 주체성의 미리 주어진 구조가 존재하게 될 것이다. 무엇보다도, 들뢰즈의 사유를 정의하는 특성은 발생 혹은 생산의 이념이다. 이 관점에서 보아 중요한 것은 세 가지 종합들이 생산된다는 것이며, 이는 내가 이 장의 전반부에서 보여주길 희망했던 것, 혹은 적어도 시사하길 희망했던 것이다. 들뢰즈와 과타리가 종합들의 계기적 순서에 대해 의문을 제기할 때, 우리는 그것은 오직 이미 구성된 주체성에 대해서만 해당한다는 점을 알아야 한다. 다른 한편으로, 만약 기관 없는 신체와 부분대상들 사이에 견인과 반발의 관계가 존재하지 않는다면, 강도(세 번째 종합)가 존재할 수 없다는 것은 분명하다. 왜냐하면 강도는 바로 이 관계들에 의해 생산되기 때문이다. 하지만 만약 부분대상들 및 부분대상들의 연접들이 등록되는 기관 없는 신체가 존재하지 않는다면 등록/견인 (두 번째 종합)이 존재할 수 없을 것이다. 만약 두 번째 종합을 생산하는

첫 번째 종합이 존재하지 않거나 혹은 기관 없는 신체 그 자체가 존재하지 않는다면 기관 없는 신체/반발은 존재할 수 없을 것이다. 그렇다면 우리는 그들의 주장을 어떻게 이해해야 하는가? 단지 그것은 관점의 문제일 뿐인가? 들뢰즈는 종종 기술 체계 그 자체 내에서부터 상황이 어떠한지 기술하곤 한다. 예를 들어 『차이와 반복』에서 들뢰즈는, 오직 현재만이 존재한다(DR 76), 오직 과거만이 존재한다(82), 오직 미래만이 존재한다 (93)는 것을 그 자신에 모순되지 않게 말하기 위해서, 자기 자신을 자신의 체계 내에 심어놓고 이를 그 특정한 장소에서 본다. 『안티-오이디푸스』의 이 두 모순되는 진술은 아마도 욕망적 생산의 결론의 관점에서 작성되었을 것이다. 이론적으로, 이 단계들은 엄격하게 구분된다. 설사 생산 과정에서 우리는 알지 못하는 사이에 한 순간에서 다음 한 순간으로 이동할지라도 이 단계들은 필연적으로 구분되지만, 실천의 관점에서 볼 때, 즉 '먹고, 똥 누고, 성교하는' (하지만 판단하거나 재인하지 않는) 구성된 욕망적 기계의 관점에서 볼 때, 이 세 가지 종합들은 맹목적으로 자신들의 작업을 계속한다. 따라서 우리는 발생적 관점을 주장할 필요가 있다. 즉, 첫 번째 종합은 두 번째 종합을 조건짓고 생산하며, 두 번째 종합은 세 번째 종합을 조건짓고 생산한다.

내가 위에서 언급한 바와 같이, 이 세 가지 수동적 종합들은 모두 『의미의 논리』의 수동적 종합들과, 그리고 또한 이 책 제3부에서 주장하는 바와 같이, 『차이와 반복』의 수동적 종합들과도 몇 가지 중요한 특성들을 공유한다. 그러나 『안티-오이디푸스』와 들뢰즈의 이전 저서들 간의 유사성들은 여기에서 멈추는 것으로 보인다. 욕망적 생산은 동적 발생을 다시 정식적으로 표현한 것이 분명하지만, 만약 정말로 『안티-오이디푸스』가 『의미의 논리』에서 제시된 이론의 연속이라면, 발생은 대상들이 개체화되고 이념들이 연장으로 현실화하는 것을 통하여 의미가 주어지는 정적 발생으로 계속되었을 것이다. 하지만 『안티-오이디푸스』에서는 일종의 마르크스주의의 갱신으로 향하며, 처음에는 이전 저서들의 정적 발생과 같은 것과는 전적으로 관련되지 않는 것처럼 보이는 사회적 생산 이론으로 향한다. 발생의 순서 속에서 양식과 공통감의 형식들, 명제의 형식들로 이동하기보다는, 우리는 재현의 역사적 순간들을 위해, 우발성contingency에 바탕을 둔 '보편사universal history' 이론을 위해 강도 장을 떠난다. 하지만 내 이 책 전체를 통해 언급해온 바와 같이, 들뢰즈의 언어 사용법은 그다지 믿을 만한 것이 못 되는데, 마르크스주의를 그 자체의 문제와 이론의 관점에서 적극적으로 다루기보다는, 들뢰즈와 과타리는 마르크스의 언어를 그들 자신의 철학의 작업에 복무하게 한다. 사회적 생산과 보편사는, 내가 다음 장에서 주장하겠지만, '대상체들'의 생산, 혹은 무의식적 주체를 촉발했던 개체화되지 않은 사물들이 노에마적 재현들로 완전하게 구성되는 것 이상의 것이 아니다. 이것은 생산의 두 번째 과정인 사회적 생산을 『의미의 논리』에 나오는 정적 발생의 단순한 반복으로 독해할 가능성을 열어놓는다.

제5장

사회적 생산

사회적 생산

　앞 장에서 나는 욕망적 생산의 세 가지 수동적 종합들은 휠레적 자료 혹은 미세지각들로 기능하는 일단의 분자적 부분대상들을 취하고 그것을 유목적 주체가 횡단하는 강도 장으로 변형시킨다고 주장했다. 이와 더불어, 이 세 가지 종합들은 수용성을 조건짓거나 혹은 감성의 능력으로 기능한다. 이 관점에서 보아, 세 가지 수동적 종합들은 『의미의 논리』의 세 가지 신체적 종합들과 매우 유사하다고 생각되는데, 이 신체적 종합들도 또한 부분대상들이라 불리기도 하는 휠레적 자료들과 같은 어떤 것을 취하고 그것을 유목적 주체 혹은 우발점이 횡단하는 초월론적 장으로 변형시킨다. 그러므로 욕망적 생산은 동적 발생을 단순히 다시 정식적으로 표현한 것으로 보인다. 그리고 나아가 『의미의 논리』의 초월론적 장이 두 번째의 정적 발생을 고취시키듯이, 『안티-오이디푸스』에서 두 번째의 발생인 '사회적 생산'이 시작되는 것은 바로 이 지점 ─ 강도 장의 생산 ─ 에서이다. 사회적 생산은 욕망적 생산의 세 번째 수동적 발생에서 생산된 강도 장에서 시작되며, 강도를 '연장'으로 서서히 변형시키는 일을 착수한다. 사회적 생산은 욕망을 그 자신의 바깥에 놓는다. 그렇게 할 때 그것은 또한 분자적인 것에서 몰적인 것으로 옮겨가는 이동으로 기술된다. 외면화될 때 강도는 '거대한' 몰적 집적물들의 한계 내에 놓이게 된다. 이 장의 주요한 물음은 욕망적 생산이 동적 발생을 되풀이하는 것과 동일한 방식으로 사회적 생산도 또한 정적 발생을 새롭게 정식적으로 표현하는가 여부이다.

이 물음에 곧바로 대답할 때 아니오라고 해야 할 것 같은 생각이 든다. 『의미의 논리』에서 존재론적 정적 발생이 그러했던 것처럼 양식과 공통감의 형식들을 거쳐서 이동하고 명제적 의식에 나타나는 재현의 형식으로 끝나는 것이 아니라, 사회적 생산은 완전히 다른 방향으로 가는 것처럼 보인다. 욕망적 생산의 초월론적 무의식을 기반으로 하여 들뢰즈와 과타리는 재현들의 구성이 아니라 '보편사' 과정을 연역한다. 강도 장을 기반으로 하여 설립되는 첫 번째 시기는 영토 시대이다. 이 시대는 전제군주 시대로 진화하고, 역사는 자본주의 시대로 끝이 나게 된다. 존재론적인 정적 발생과 마찬가지로, 사회적 생산은 세 가지 구분되는 단계들을 가지지만, 촉발의 직접적 현존 속에서 지금 여기서 일어나려 하는 재현의 발생의 순간들을 나타내는 것이라기보다는, 대신에 이 단계들은 역사의 시기들을 나타내는 것으로 보인다.

역사적 시기들을 나타낸다는 사실에도 불구하고, 이 세 가지 시대들은 각각 기관 없는 신체의 발달의 특정한 정도에 의해 규정된다. 욕망적 생산에서 세 가지 형식(편집증, 기적, 독신)을 띠었듯이, 기관 없는 신체는 또한 사회적 생산에서 토지 신체, 전제군주 신체, 자본 신체라는 세 가지 형식을 띤다. 이 세 가지 형식들은 곧바로 문제의 역사 시대를 규정한다.

토지 신체는 영토 시대를, 전제군주 신체는 전제군주 시대를, 자본 신체는 자본주의 시대를 생산한다. 하지만 사회적 생산은 강도가 연장으로 변형되는 과정이기 때문에, 기관 없는 신체의 이 세 가지 형식들은 이중화된다. 이 형식들은 강도적 국면과 연장적 국면을 가진다. 비록 이 점에 관해 일관성을 발견하는 것이 어렵다 할지라도, '충만한 신체full body'라는 표현은 기관 없는 신체의 모든 특정한 유형을 가로질러 분배되는 강도들이 발달한 정도를 보통 가리키는 반면(cf. 343), '사회체socius'라는 표현은 기관 없는 신체가 연장 속에서 취하는 형식 — 충만한 신체상의 강도들이 발달한 정도에 의해 규정되는 특정한 역사 시대인, 연장 속의 형식 — 을 가리킨다 (cf. 203).

　욕망적 생산에서 욕망과 사회적인 것, 주체와 객체는 분자적 다양체 속에서 서로 혼합된다. 사회적 생산에서 이 두 계기들은 분리된다. 들뢰즈와 과타리는 사회적 생산은 오직 규정적 조건 하에서만 욕망적 생산과 동일한 것이라고 종종 말한다. 위에서 언급한, 강도적 충만한 신체의 세 가지 형식들은 규정적 조건들이다. 이 형식들은 사회적 집적체들을 생산하기 위해 욕망적 생산을 규정하며, 욕망적 생산의 이러한 규정은 사회적 생산이라 불린다. 이 형식들의 상이한 영향들 하에서 '분자적 형성물들은 몰적 집적체를 구성한다'(343; cf. 287-288). '분자적 형성물들'은 그것들이 당초 생겨나게 했던 강도들의 영향 하에서 작동하는 세 가지 수동적 종합들이다. 이 강도들의 영향 하에서 이 종합들은 '상이한 몰적 집적체들'을 '구성한다'. 달리 말해서, 강도들의 발달한 정도가 다양한 종류의 몰적 집적체들을 생산한다. 충만한 신체 상의 강도들의 특유한 상태는 세 가지 수동적 종합들의 특정한 사용과 배치를 규정한다. 각 역사 시대는, 우리가 보게 되겠지만, 특히 세 가지 수동적 종합들의 사용에 의해서 규정된다. 이러한 사용이 강도들을 몰적 집적체들로 변형시킨다.

　이 점이 『안티-오이디푸스』의 제3장이 극히 복잡하게 된 한 가지

이유이다. 각 역사적 계기는 세 가지 수동적 종합들을 충만한 신체의
강도들의 상태에 따라 재배치한 결과이다.

　　많이 단순화해서 우리는, 야생적인 영토 기계는 생산의 연접들을
　　기초로 하여 작동했고, 야만적인 전제군주 기계는 현저한 통일체에서
　　유래한 기입inscription의 이접들을 기초로 했다. 하지만 문명화된 기계인
　　자본주의 기계는 최초로 통접에 자리를 잡게 될 것이라고 말할 수
　　있다. (224; cf. 262)

　　이는, 하나는 기법적인 것이고 또 하나는 언어학적인 적어도 두 가지
이유를 단순화한 것이다. 우선 첫째로, 각 시대에 이 세 가지 종합들이
모두 함께 작동한다. 예를 들어 영토 기계는 연접적 종합이라는 이 한
가지 형식의 종합에 의해, 혹은 심지어 한 가지 형식의 종합의 지배에
의해 정의되지 않는다. 각 시대에 세 가지 수동적 종합들이 모두 다시
나타나고, 강도를 연장으로 변형시키는 데에 본질적 역할을 떠맡는다.
사실, 세 가지 수동적 종합들은 욕망에서 사용될 때와 역사에서 사용될
때 대립이라 할 만큼 중요한 차이가 있는데, 만약 욕망에 있어서 이
종합들이 자유롭고, 맹목적이고, 수동적일 뿐 아니라 또한 계기적繼起的이라
면, 역사에 있어서 이 종합들은 모두 대등하게 작용하고 그래서 능동적이
된다고 우리는 가정할 수 있겠다. 각 시대에서 세 번째 종합은 최초의
두 종합을 규정한다. 칸트의 용어로 말하면, 들뢰즈와 과타리는 종합들의
자유로운 수동적 사용을 종합들의 '적법한 사용'이라 부르고, 능동적인
규제된 사용을 '부적법한' 사용이라고 부른다. 사회적 생산은 종합들의
부적법한 사용에 의해 정의된다.
　　둘째로, 세 가지 수동적 종합들이 **재명명되고** 다양한 형식들을 띠는
것을 보면, 이 종합들의 역할은 결코 분명하지 않다. 예를 들어 연접은

'결연alliance'이 되고, 이접은 '혈연filiation'이 되며, 통접은 이 둘의 '경향적 저하declension', 혹은 '잉여가치'란 이름 하에 함께 작동하는 방식이 된다 (149-150; cf. 188, 200). 이 장에는 이러한 체계의 역학으로 들어가서 이 종합들이 역사의 생산에 행하는 기여를 상세하게 기술할 충분한 지면이 존재하지 않는다. 이는, 들뢰즈와 과타리가 1960년대에 유행했던, 역사와 구조주의의 저 문제들에 대한 보다 엄격한 이론화를 실제로는 제공하고 있지 않다는 주장이 그러한 조치가 행해지기 전에 행해져야 하기 때문이다. 그들은 친족 구조 그 자체의 문제에 관여하지 않고 주체성의 구조와, 실재 그 자체의 현상학적 생산을 다루고 있다.

이 점은 들뢰즈와 과타리가 다소 예기치 않게 역사적인 몰적 집합체들을 '대상체들objetities'로 기술할 때 매우 분명해진다. 들뢰즈와 과타리가 이 단어를 사용하는 법에 관한 한 주석에서 『안티-오이디푸스』의 번역자들은 이 단어가 독일어의 '*objektität*'에 상응한다고 언급한다(AO 301). 그러나 이 단어도 역시 후설한테서 물려받는 특정한 의미를 가지는데, 이것은, 내가 주장하는 바로는, 들뢰즈와 과타리가 여기서 논급하고 있는 것과 같은 의미이다. 후설이 불어로 번역되었을 때, 불어 '*objectité*'로 번역된 것은 독어 '*Gegenständlichkeit*'이지 '*objektität*'가 아니다.[1] 영어에서는 '*Gegenständlichkeit*'가 'objectivity'나 'objectivities'로 번역되었다. 후설은 우선 두 유형의 대상성을 구분한다. 수용성의 대상성과 지성의 대상성이다.[2] 지성의 대상성은 실재성, 필증성, 대상성을 가지지만 이와 상응하는 물질적 대상은 가지지 않는 논리적이고 수학적인 진리들과 같은 것들이다.[3] 우리는 이러한 진리들이 현실적actual이지 않은 실재적인 것real이라고 말할 수 있을 것이다. 그의 저작 전체를 통해서 들뢰즈는 초월론적 이념들 이론과 관련하여 이 이념적 대상성 개념을 종종 논급한다.[4] 하지만 들뢰즈와 과타리가 『안티-오이디푸스』에서 논급하는 대상체들은, 내가 아래에서 또 다음 장들에서 주장하겠지만, 지성의 대상성들이 아니라, 후설의 '수용성의 대상성들'을 가리킨다. 이 대상성들은 내가 제1장에서 기술한 수동적 종합에서 생산된 대상들 이상의 것이 아니다. 후설은 이 대상들을 이렇게 기술한다. "이 대상들은 최초의 종합에서 연합, 촉발 등의 구조들과 더불어 미리 주어진다"(E&J 250). 수용성의 대상성들은 수동성이 우리의 휠레적 자료들로부터 구성하는 대상들이다.

들뢰즈와 과타리가 몰적 집적체들을 기술하기 위해서 '대상체'란 기묘한 단어를 선택한 것은, 내가 이 장의 나머지에 걸쳐서 완전히 해결하지 않고 증폭시킬 어떤 긴장을 부각시킨다. 그것은 더나 덜 개체적인 재현의 양식들과, 보편사 사이의 긴장이다. 다른 한편, 만약 욕망적 생산이 종합하는 자아와 촉발물들 곧 미세지각들 사이의 일련의 관계들로 이해될 수 있다면, 사회적 생산은 이 촉발물들에 대한 일련의 재현들의 생산이리라는 것은 완벽하게 의미가 통할 것이다. 그렇다면 (수용성의) 대상체들은 미세지각들에 작동하는 그 과정의 완료된 생산물일 것이다. 그렇다면 우리는 사회적 생산을, 휠레적인 분자들의 형식을 취했던 파편화된 대상들에 상응하는 완전한 '몰적' 대상들의 생산으로 이해할 수 있을 것이다. 이 점은 내가 지난 장에서 주장한 욕망과 사회적인 것, 주체와 객체 간의 상응과 관련하여 의미가 통할 뿐만 아니라, 이는 『주름』의 추대지각 이론과도 상응하고, 『의미의 논리』의 존재론적인 정적 발생과도 상응할 것이다. 실로 이러한 독해는 역사적 어휘에도 불구하고, 사회적 생산은 정적 발생의 새로운 정식적 표현이라는 점을 시사할 것이다. 하지만 다른 한편, 들뢰즈와 과타리는 이 몰적 현상들은 역사 시대들 전체에 특유한 재현의 양식들을 기술한다는 점을, 그리고 우리의 직접적 촉발물들에 대한 재현들의 생산을 결코 기술할 수 없으리라는 점을 시사하는 것이 분명하다고 생각된다.

대상체들

들뢰즈와 과타리가 기술하는 세 가지 유형의 대상체들이 있다. '신화'에 의해 생산되는 것, '비극'에 의해 생산되는 것, '무한한 주체적 재현'에 의해 생산되는 것이다. 하지만 들뢰즈와 과타리가 신화와 비극이란 말로 무엇을 의미하기에 두 장르가 '대상체들'을 생산하는 것으로 이해될 수 있는가? 신화와 비극은 상징적 재현들의 체계들이다. 신화와 비극은 "욕망을 특정한 객관적 코드들에 회부하는 것은 물론이고 또한 규정적인 외부 조건들에 회부하는 상징적 재현들의 체계들이다"(300). 신화와 비극은 "욕망의 본질을 파악하지만 욕망을, 욕망의 대상·목적·근원을 규정하는 특정한 요소들에 따라서 거대한 대상체들에 회부함으로써 그렇게 한다"(301). 그러므로 신화와 비극은 욕망과 욕망의 외면화externalization 사이에 끼어든다. 신화와 비극은 강도가 연장으로 번역되게 되는 역사적인 방법들이다. 신화와 비극은 욕망의 '본질을 파악하지만', 그렇게 할 때 그것들은 욕망을 욕망의 바깥에 놓는다. '신화'와 '비극'은 우리가 아래에서 보게 되겠지만, 욕망이 외면화되는 방식들을 기술하기 위한 술어 이상의 것이 아니다.

나는 위에서 사회적 생산 배후에 있는 일반적 논리는 사회적 생산 속에서 욕망적 생산은 그 자신으로 되접힌다는 점을 지적한 바 있다. 세 번째 종합에서 생산된 강도들은 수동적 종합들로 되돌아서며 이 종합들의 특정한 능동적이고 부적법한 사용을 규정한다. 세 가지 종합들의 이 새로운 배치는 각 역사 시대에 특유한 일종의 대상체 혹은 몰적 집적체를 생산한다. 그러므로 '신화'는 영토 시대에 욕망이 객관적 재현으로 외면화하는 방식을 가리킨다. '비극'은 전제 시대에 욕망이 외면화하는 방식이다. 그리고 객관적 재현들을 주관적인 것으로 다루는 일은 자본주의 시대를 정의한다. '신화'와 '비극'이란 단어들은 이 체계의 맥락 내에서 완전히 새로운 정의를 띤다. 즉, 이 단어들은 욕망을 사회적 장에서 외면화하는 일을 나타낸다. 다음에서 나는 이 외면화의 과정 및 객관적 재현의 구성을 더 상세하게 탐구하고자 한다. 들뢰즈와 과타리는 '상징적 재현들'을 이해함으로써 우리는 '이 요소들과 대상체들의 체계적 현상학'을 전개할 수도 있다고 주장한다(301).[5] 달리 말해서, 그들의 보편사 이론은 모든 역사 시대에 생산된 이러한 종류들의 재현(대상체)에 관한 체계적인 기술이다. 이 장의 나머지 부분에서 이 체계적 현상학의 윤곽을 기술하고자 한다.

영토 기계

이 외면화의 과정을 따르는 것은 우리가 들뢰즈와 과타리의 보편사 이론의 일반적 구조를 따르는 것을 요구할 뿐이다. 욕망적 생산은 강도 장을 생산하며 끝났다. 이곳이 바로 사회적 생산이 시작되는 지점이다. 따라서 발생은 계속 그 자신을 기반으로 한다. 발생은 최후 단계의 생산물을 현재 단계에서 변형되어야 할 대상으로 간주한다. 세 번째 종합 끝에서 기관 없는 신체는 강도 장을 지원했다. 기관 없는 신체가 시원적인 영토 기계에서 사회적 생산의 초기에 취하는 형식은 '토지의 충만한 신체'이다. 토지의 충만한 신체도 또한 강도 장으로 정의된다. 그러므로 영토 시대, 그리고 이와 상응하는 재현 양식은 강도에서 연장으로 옮겨가는 이동을 그것의 일차적 문제로, "강도적인 에너지적 층위에서 ― 질적인 결연들과 연장된 혈연들로 이루어지는 ― 연장적인 체계로 통과하는 문제"로 간주한다(154). 강도적인 에너지적 층위는 질과 연장으로 외면화된다.

이 이동은 결연(연접)과 혈연(이접)의 부적법한 형식들 속에서 연접적 종합과 이접적 종합의 상호작용을 통해서 성취된다. 이 종합들은 충만한 신체의 규정을 받으며 적법한 형식 속에서 이미 작동 중에 있다. 하지만 영토 기계에서, 사회체socius는 그 자신을 기적화할 때, 욕망적 생산의 이 종합들에 '의지하며fall back on', 사회적 생산에 복무하면서 이 종합들을 부적법하게 사용한다(154). 이 관점에서 보면,

> [욕망적 생산의] 연접들은 [토지 신체를 강도 장으로 규정하는] 기입된 이접들과 양립 가능한 형식으로 다시 나타날 필요가 있다. 비록 연접들이 이번에는 이 이접들의 형식에 반작용하는 것이지만. 그러한 것이 결연이다 … 즉, 결연은, 기입의 이접들과 양립 가능하면서도, 사람들을 짝을 이루게 하는 연장적 형식을 생산적 연접들에 부과하지만, 이 동일한 이접들의 배타적이고 제한적인 사용을 규정함으로써 역으로 기입에 반작용한다. (154-155; cf. 160)

영토 기계에서, 종합들은 '연장적 형식'을 취한다. 이 인용문은 우리가 (1) 강도 안의 체계, (2) 강도에서 연장으로 옮겨가는 이동, (3) 연장 안의 체계라고 기술할 수 있는 세 차원들 사이의 이동을 기술한다. 이 특별한 대문에서 (1)은 토지의 충만한 신체, (2)는 부적법한 종합들의 상호작용, (3)은 결과로 생기는 연장적 체계이다.[6] 영토 기계의 일반적 기능은 수동적 종합들의 부적법한 사용들의 상호작용을 통해서 성취되는 욕망의 외면화이다.

영토적 문제는 강도에서 연장으로 이동하는 문제이다. 하지만 나는 또한 우리는 보편사를 제쳐두고 체계적 현상학의 관점에서 문제를 제기할 수 있다는 제안을 하고 싶다. 만약 욕망적 생산을 자아와 촉발물 간의 상호작용으로 읽을 수 있다면, 또 만약 저 촉발물들의 계열들이 오직 강도 장에서만 끝난다면, 그렇다면 촉발된 주체에게 따르는 문제는 곧 어떻게 그 강도 장이 의미를 가질 수 있는가이다. 어떻게 강도적 생성이

번역되거나 '코드화될' 수 있으며 이렇게 해서 상대적 안정성을 취할 수 있는가? 어떻게 분별적이고 인식 가능한 재현들이 강도 혹은 생성을 기반으로 하여 생산되는가?

> 흐름들이 코드화될 수 있으려면, 흐름들의 에너지가 양화되고 질화되도록 놓아두지 않으면 안 된다. 흐름들로부터의 선별[첫 번째 종합]이 연쇄로부터의 분리[두 번째 종합]와 관련하여[경향적 저하, 세 번째 종합] 행해질 필요가 있다. 즉, 어떤 것은 통과되어야만 하지만, 어떤 것은 또한 차단되어야만 하며, 어떤 것은 무언가를 차단하고 또 통과하도록 해야만 한다. 이제 이것은 이접적 종합을 배제적으로 사용하고, 연접적 종합을 쌍을 이루도록conjugal 사용하는 […] 연장 안의 체계 안에서만 가능하다. 실로, 그러한 것은 연장 안의 물리적 체계의 설립으로 이해되는 근친상간 금지의 의미이다. 즉, 우리는 각 경우에서 통과하는 강도의 흐름의 부분을 찾아야만 하고, 통과하지 않는 것, 통과를 하게 하거나 혹은 통과를 제지하는 것을 찾아야만 한다. 결혼의 부측patrilateral이나 모측matrilateral 성격[첫 번째 종합(결연)]에 따라서, 혈통의 부계patrilineal나 모계matrilineal 성격[두 번째 종합(혈연)]에 따라서, 연장된 혈연과 측생적lateral 결연의 일반적 제도general régime[세번째 종합(경향적 저하)]에 따라서 그렇게 해야만 한다. (163; 인용자 강조)[7]

위 대문에서 나는, 흐름들의 '코드화'는 (들뢰즈와 과타리가 종합에 대해 말하는 다양한 방식들 — 예를 들어 선별과 결연과 연접의 동의성, 혹은 분리와 혈연과 이접의 동의성 — 에도 불구하고) 세 가지 수동적 종합들의 복잡한 상호작용을 통해서 성취된다는 점을 괄호에 넣어 강조하려고 시도했다. 들뢰즈와 과타리는 이러한 통합coordination을 기술하기 위해서, 그리고 이러한 통합이 '절편segments'을 강도적 유동에 도입하고(cf.

152), 그리하여 강도적 생성에 안정성을 가져오기 시작하는 방식을 기술하기 위해서 상세한 곳까지 나아간다. 절편들을 생산하기 위해서, 첫 번째 종합과 두 번째 종합은 세 번째 종합에서 통합되지 않으면 안 된다. 이러한 통합은 근친상간 금지라는 규칙에 의해 지배된다. 근친상간 금지는, 우리가 우리의 아버지, 어머니, 오빠, 누나와 결혼할 수 없다고 말할 때 결혼(결연)을 혈통(혈연)에 따라 규정함으로써 결연과 혈연의 종합들을 통합하기 때문에, 이 역할을 충족시킨다. 근친상간 금지는 결연과 혈연의 가능한 종류들을 제한하고 동시에 이 두 종합들이 함께 작동하는 것을 보증하는 이중 기능을 가지는 규칙으로 나타난다. 이 경향적 저하는 곧바로 강도의 절편화를 가져온다(152). 그리고 이 절편화의 과정에서 내적 차이는 외적 차이가 된다. 욕망은 잘 정의된 한계들을 취하기 시작한다. 영토들은 이전에 강도적 생성에 의해 정의된 장 내에서 확립된다. 따라서 근친상간 금지는 강도가 재현의 형식들 하에 놓일 수 있기 위해서 연장 및 생성의 안정화로 변형하기 위한 규칙으로 기능한다.

'신화'가 객관적 재현들 혹은 대상체들의 생산에 어떻게 기여할 수 있는지를 우리가 이해할 수 있는 것은 바로 이 관점에서이다. 들뢰즈와 과타리가 신화는 대상체들을 생산한다고 주장할 때 그들은 신화학에 관한 매우 특수한 정의를 마음에 품고 있는데, 특히 신화학의 언어의 '형식적 속성'이 그러하다. 그들은 이 정의를 로베르 졸랭Robert Jaulin으로부터 취한다. "로베르 졸랭은 이 점에 대해 잘 말하고 있다. '신화적 담론은 근친상간에 대한 무관심에서 근친상간 금지로 향하는 추이를 주제로 삼는다. 암묵적이든 명시적이든 이 주제는 모든 신화들의 근저에 깔려 있다. 그러므로 이 주제는 이 언어의 형식적 속성이다'"(160). 의심의 여지 없이 이것은 피상적 견해이며, 거의 순전히 형식적인 것으로 보인다. 그들은 로베르 졸랭이 하는 주장 — 이는 극단적이고, 아마도『안티-오이디푸스』가 반대하는 추리의 형식에 의해 고취된다 — 을 평가하지 않는다. 그들은 '신화'에 대한 극히 특수한 정의를 내리기 위해 이 인용문을 사용할 뿐이다. 신화는 그 안에 근친상간 금지를 내장해왔던 담론의 형식이다. 하지만 내가 방금 기술한 바와 같이, 이 금지 또한 매우 특수하고 특이한 의미를 그들의 체계 내에 가진다. 그것은 이제 연접과 이접의 수동적 종합들의 부적법한 형식들로 이해되는 결연과 혈연의 통합을 나타낸다.[8] 신화학은 근친상간 금지에 의거해서 결연과 혈연의 상호작용을 통제하면서, 말하자면 연접적 종합과 이접적 종합의 부적법한 형식들을 규제하면서, 강도에서 연장으로 옮겨가는 이동을 규정함으로써 대상체들의 생산에 기여한다.

전제군주 기계

이것은 보편사의 다음 순간이 기반하는 절편들segments 혹은 구획들blocks 의 생산을 가져온다. 전제군주 시대가 보편사의 단계에 출현할 때 그것은 욕망적 생산에서 생산된 강도들의 장으로 되돌아가지 않는다. 오히려, 그것은 '새로운 결연'과 '직접적 혈연', 새로운 연접과 새로운 이접, 첫 번째 종합의 새로운 사용과 두 번째 종합의 새로운 사용을 설립함으로써 영토 기계 위에 직접적으로 건립된다(192-193). 만약 영토적 재현이 강도를 연장으로 번역함으로써 코드화한다면, 전제군주적 재현은 몇몇 코드들을 통일의 형식 하에 가져옴으로써 초코드화한다overcode. 결연과 혈연의 경향적 저하 속에서 생산된 절편들이 전제주의에 특유한 새로운 형식의 조직화를 겪는 '구획들'로 전제군주적 국가에 나타나는데, 이 조직화는 구획들을 '벽돌들bricks'로 굳게 한다.

사실, 이것은 아시아적[9] 생산의 특유한 성격을 형성하는 것이다.

토지 고유의 촌락 공동체들은 존속하며 계속해서 생산하고[첫 번째 종합], 기입하고[두 번째 종합], 소비한다[세 번째 종합]. 실제로, 그것들은 국가의 유일한 관심이다. 영토적 혈통 기계의 바퀴들은 존속하지만, 더 이상 국가 기계의 작동하는 부분들과 다른 것이 아니다. 대상들, 기관들, 사람들, 집단들은 적어도 그것들의 고유한 코드화의 부분을 보유하지만, 이전 체제의 이 코드된 흐름들은 잉여가치를 전유하는 초월적 통일체에 의해 초코드화되어 있음을 알게 된다. 예전 기입은 남아 있지만, 국가의 기입에 의하여, 또 국가의 기입 속에서 벽돌로 덮여 있다. 구획들은 존속하지만, 오직 제어된 가동성을 지니는, 둘러싸이고 끼워 넣어진 벽돌들이 되었다. 영토적 결연은 대체되는 것이 아니라 새로운 결연과 단지 결연될 뿐이다 …. (196; 인용자 강조)

세 가지 종합들의 분배를 포함하는, 영토 기계의 전반적인 조직화는 이 종합들의 새로운 전제군주적 조직화가 형성될 내용의 형태로 지속한다. 절편들 혹은 영토들, 영토 기계에서 생산된 토지 고유의 촌락 공동체들은 새로운 기계의 부분들이 되며, 이것은 이 세 가지 종합들의 새로운 배치 형태를 통해서 야기된다. 사실, 들뢰즈와 과타리는 전제군주적 국가에 의해 새롭게 본원적인 형태로 세 가지 종합들을 이렇게 재전유하는 것에 대해서 다시 한 번 분명한 태도를 취한다. 즉, 새로운 결연은 연접의 전제군주적 형태이고, 직접적 혈연은 이접의 전제군주적 형태이며, 이 둘이 전제군주의 '초월적 통일체'로 수렴되는 것은 통접의 전제군주적 형태이다(198).

전제주의를 한정하는 특성으로 보이는 것은, 전제주의가 이접적 종합의 지배라는 특징을 지닌다는 사실에도 불구하고, 세 번째 심급인 통접이다. "국가는 그것이 벽돌들의 형태로 개발지를 배당하고 파편들의 형태로 건설의 노동을 배당하는, 각개로 기능하는 상대적으로 고립된 하위 집적체들을 통합하는 초월적인 상위의 통일체이다"(198). 전제주의에서, 초월적인 상위의 통일체는 고립된 하위 집적체들 혹은 독립적인 영토들을 모아들인다. 이는 영토성의 종합이다. 들뢰즈와 과타리는 카프카를 이 과정에 대해 명확한 기술을 제공하는 사람으로서 인용하며, 그들의 이후 저서 『카프카』에서 독자에게 이 과정의 생생한 인상을 부여하는 다이어그램을 제공한다. 이 이미지의 중앙에 한 개의 탑이 있다. 이 탑은 거리를 두고 그 주변을 빙 둘러싸서 일련의 '불연속적인 구획들'을 조직한다(KA 74). 탑은 전제군주적 통일체를 나타내고, 불연속적인 구획들은 이 통일체가 모아들이는 영토들이다. 영토들을 공통의 기획으로 조직하는 것은 전제군주 시대를 한정하는 특성이다.

이 새로운 조직은 전제군주의 초월적 통일체에 의해 통제되고 제어된다. 이 점은 매우 중요하다. 이는 역사의 이 시점에서 계획할 수 있고 제어할 수 있는 자발성의 형식이 등장한다는 점을 시사한다. 영토적 재현은 다소 무계획적이고 여전히 수동성의 정도를 보유했지만, 전제군주적 재현은 그 배후에 자유의지의 힘을 가진다. 전제주의에서 수동성은 뒤로 물러나고 능동성이 전면으로 나온다.

> 하위집적체들 그 자체, 영토 기계들에 대해 말하자면, 이것들은 콘크리트 그 자체, 콘크리트 바닥과 토대이지만, 그 절편들은 여기서 그 본질에 상응하는 관계들 속으로 들어간다. 하위 집적체들은, 이 집적체들이 상위의 통일체로 통합되는 것을 보증하고, 동일한 통일체의 거대한 집단적 설계들과 조화를 이루는 분배적 운용을 보증하는 바로 이 형식의 벽돌들을 가정한다 …. (AO 199; 인용자 강조)

하지만 초월적인 통일체의 설계들에 따라 콘크리트를 이렇게 하위에 놓는 것은, 또한 체계적 현상학의 관점에서 볼 때 들뢰즈의 체계에서 아마도 가장 중요한 순간이라는 점을 나타내므로, 이전에 주어진 것보다 훨씬 더 주목을 받을 만하다. 왜냐하면 의미meaning 및 의미의 공모자들 — 판단, 지식, 재현, 함의, 목적, 법, 등등 — 이 생산 과정에서 최초로 출현하는 것은 바로 이 순간이기 때문이다.[10] 전제주의는 의미*meanging*가 생산되는 역사의 순간을 나타낸다. 이는 '재현의 지주支柱들'을 구성하는 것이다(316). 만약 우리가 후설의 체계 안에 있다면, 우리는 이를 '의미-부여sense-bestowal'의 순간이라고 부르겠지만, 그러나 우리는 들뢰즈에게 의미sense란 전제주의에서 생산된 비극적 대상체를 한정하는 술어가 아니라는 점을 이미 알고 있다. 이런 이유 때문에 우리는 발생의 이 단계에서 일어나는 것은 '의미sense'와 대립되는 바의 '의미meaning' 혹은 '함의signi-fication'의 부여라고 이야기해야 한다. 전제주의는 의미-부여의 순간이다. 그러므로 전제주의는, 내가 아래에서 주장하겠지만, 『의미의 논리』에서 말하는 존재론적 정적 발생에서 함의를 생산하는 것과 상관관계에 있다. 들뢰즈가 거기서 함의라고 부른 것은 여기서 생산된 종류의 의미meaning와 상응한다.

들뢰즈와 과타리는 분석자가 제기해야만 하는 물음은 '이 시점에서' '그것이 어떻게 작동하는가?'에서 '그것은 무엇을 의미하는가?'로 이동하기 시작한다고 주장한다. 즉, "그것의 사용은 무엇인가?"는 점점 희미해져서 비관주의, 혹은 아무것도 없다! 없다! 하는 허무주의의 안개 속으로 사라져간다(214; cf. 206). 사물들은 더 이상 아무런 사용을 가지지 않는다. 사물들은 의미들meanings을 가진다. 이 점은, 프레데릭 제임슨Frederic Jameson 과 다른 비평가들이 들뢰즈와 과타리한테서 영감을 받는 문학평론가는 더 이상 텍스트가 무엇을 의미하는가를 묻지 말고 오직 그것이 어떻게 작동하는가만 물어야 한다고 주장할 때 들뢰즈와 과타리의 '기능주의func-tionalism'를 활용하는 일과 관련해서 지극히 중요한 결과들을 가진다.[11] 그러나 기능주의는 잘 정의된 한계들을 가지며, 기능의 문제는 오직 전제주의에 앞서는 역사의 그 시기들에만 적절한 것으로 보인다. 기능주의의 이런 한계들은, 만약 우리가 들뢰즈와 과타리의 체계를 통해 이동할 때 분자적 무의식에서 몰적 전의식으로, 작은 부분대상들에서 거대한 대상체들로, 하지만 또한 동시에 무의미nonsense에서 의미meaning로 이동한다는 점을 주목한다면, 매우 분명해진다. 분열분석자가 부분대상들이 무엇을 의미하는지mean 물을 수 없고 오직 그것들이 어떻게 작동하는지만을 물을 수 있는 이유는 바로 부분대상들이 아무런 의미meaning도 가지지 않기 때문이다. 사물들이 어떻게 작동하는가 하는 물음은 물음의 대상들이 아무런 함의signification도 가지지 않는 상황에서만 유효하다.

  이 책 말미에서 들뢰즈와 과타리는 '르클레르Leclaire가 설정한 실용적 규칙' ─ 들뢰즈가 『의미의 논리』에서 사용한 것과 동일한 규칙(LS 233, 358n7) ─ 을 인용하는데, 그들은 여기서 이를 '연결의 부재absence of a link에 대한 권리로, 나아가 무-의미non-sense에 대한 권리'의 규칙으로 요약한다(AO 314; 인용자 강조). 비록 이것을 인용할 때 그들이 언급하는 무의미는 '무의식의 궁극적 요소들'에 속할지라도, 발생의 토대에 나타나는, 의미의 이러한 부재는 전제군주적인 '초월적 대상'이 '영토적 연쇄' 바깥으로 뛰어오르는 순간까지 생산 과정을 통해서 쭉 지속할 것이다(205). 모든 기호들이 탈영토화된[12] 글쓰기의 흐름 속에서 균일하게 흐르는 것은 전제군주적 기표로부터인데, 이런 기표가 그 자체를 설립하는 것은 바로 영토적 연쇄의 네트워크들을 이루는 의미화하지 않는nonsignifying 기호들을 대신해서이다(206; 인용자 강조).[13] 영토적 재현은 '의미화하지 않는다'. 의미meaning는 아직 생산되지 않았다. 그러나 아직 선형적이지 않고 의미화하지 않는asignifying 영토적 글쓰기와 대조적으로, 거기에서 선형적이고 의미를 가지는meaningful 전제군주적 글쓰기가 나타난다. 영토적 재현의 '순수한 지시작용designation' 혹은 지칭작용denotation과 대조적으로(204, 214), 전제군주적 재현은 순수한 함의작용signification이다(214). 전제군주적 재현에서, 상징을 철회하는 일이 없이 기호들을 총체화하는 전제군주적 상징의 행위 하에서 '기호들은 의미화하게signifying 된다(310). 혹은, 이를 또 다른 방식으로 말하자면, 전제군주는 '선형성을 낳는 초월론적 차원', 즉 의미meaning를 발생의 순서에 도입하는 것을 특유한 기능으로 삼는 차원을 형성한다(205-206).

이런 이유 때문에 들뢰즈와 과타리는 항상 '몰적 기능주의'를 공박한다. '의미=기능'이라는 방정식을 '비판적 개념'이나 또는 의미 일반의 본성에 관한 진술로 다룸으로써 책의 체계성을 간과하는 독해는(가령 제임슨) 중대한 문제들을 일으킨다.

> 모든 몰적 기능주의는 그릇되다. 왜냐하면 유기적 기계들이나 사회적 기계들은 이 기계들이 기능하는 것과 동일한 방식으로 형성되는 것이 아니라, 또 기술적 기계들은 이 기계들이 사용되는 것과 동일한 방식으로 조합되는 것이 아니라, 자신들의 생산을 이와 구분되는 자신들의 생산물로부터 분리시키는 특유한 조건들을 의미하기 때문이다. 이 기계가 기능하는 것과 동일한 방식으로 생산되지 않는 것만이 의미*meaning*를 가지며, 또한 목적, 계획을 가진다. 이와는 반대로, 욕망 기계들은 아무것도 재현하지 않고, 아무것도 의미화하지signify 않고, 아무것도 의미하지mean 않으며, 우리가 욕망 기계들을 갖고서 만드는 것, 욕망 기계들과 함께 만들어지는 것, 욕망 기계들이 욕망 기계들 자체를 만드는 것이다. (288; 인용자 강조)[14]

그렇다면 의미와 기능의 방정식이, 종종 스스로 의미화 작용을 하는 문학적 텍스트의 수준에서 작동한다고 말하는 것은 전혀 뜻이 통하지 않는다. 의미와 사용의 동일성은 의미가 부재하는 조건들 하에서만 정확하게 성립하는 법이다. 분자적 수준에서는 아무런 의미가 없기 때문에 분자적 기능주의에 대해 이야기하는 것만이 뜻이 통한다. 의미와 자유의지가 등장하자마자, 말하자면 전제군주 국가가 생산되는 순간, 기능주의는 더 이상 유효하지 않다.[15] 이 지점에서 '그것은 무엇을 의미하는가?' 하는 물음이 들리기 시작하고, 주해의 문제들이 사용과 효능의 문제들을 압도하게 된다(206). 제임슨이 제기하지 못한 물음은 우리가 욕망적 생산의 수준에서 읽는가 여부이다. 하지만 읽기가 순수한 지칭을 넘어서는 한, 우리가 읽는 것이 거의 모든 종류의 의미를 가지는 한, "그것은 어떻게 작동하는가?" 하는 물음은 적절하기를 그친다. 들뢰즈와 과타리는 이 점에서 분명한 것 같다. 즉, 의미가 존재하는 한, 우리는 아직 분자적인 것에 도달하지 않은 것이다. 하지만 역으로, 의미가 존재할 때 우리는 더 이상 분자적인 것의 현존 속에 있지 않으며, 탐구의 물음들과 방법들이 변화되지 않으면 안 된다. 분열분석은 해석에 길을 내주지 않으면 안 된다. 전제주의에서 글쓰기는 선형적이 되며, 생산은 재현으로 환원된다(310). 읽기, 심지어 들뢰즈와 과타리에 관한 우리의 읽기조차 전제군주적 재현의 수준에서만 가능할 뿐인데, 이때 쓰기는 선형적이 되었으며 의미는 생산되었다. 즉, 여기서 "눈은 더 이상 보지 않고, 읽는다"(206).[16]

양식과 공통감

하지만 우리는 어떻게 이 점을 이해해야 하는가? 의미meaning가 전제군주가 권력을 장악하는 그 특정한 역사적인 순간에만 일어난다는 것이 어떻게 가능한가? 들뢰즈와 과타리는 영토적 사회들에서는 아무런 의미가 존재하지 않았으며, 이 사회들의 재현 양식은 오직 의미화하지 않는nonsignifying 기호들로만 이루어진다고 거듭해서 강조한다. 하지만 문자 그대로 읽으면 이 명제는 역사적으로 부정확할 뿐만 아니라 자기모순적이기도 하다.

즉, 들뢰즈와 과타리 그들 자체가 원시사회들의 구조 및 원시사회들이 실재와 맺는 관계를 설명하기 위해서 이 사회들의 신화를 사용한다. 그들 자신이, 그 신화들이 기록된 의미화하는 언어가 있었고, 영토적 사회들에는 (보는 것, 가리키는 것, 툴툴대는 것일 뿐인) 순수한 지시나 지칭을 넘어서는 의사소통communication이 있었다는 점을 요구한다. 예를 들어 길가메시 Gilgamesh에서 '죽음의 바다', 또는 심지어 불멸성을 수여하는 식물은 무엇을 지칭하겠는가? 그 누구든 불멸성을 지칭해본 적이 있는가? 아니면, 그것은 오히려 영토적 신화에 만연했던 개념concept인가? 이 너무나도 분명한 문제에, 그리고 역사 시대들과 의미meaning의 발생 간의 이 지나치게 단순한 상응에 가능한 해답을 제시하는 것은, 바로 영토적 재현을 순수하게 지칭적인 것으로 이렇게 정의하는 것이고, 전제군주적 재현을 순수한 함의작용으로 정의하는 것이다.

내가 이 책의 제1부에서 기술한 바와 같이, 지칭작용과 함의작용은 『의미의 논리』에서 말하는 정적 발생의 계기적繼起的 순간들이었다. 우리는 들뢰즈가 용어를 사용할 때 나타나는 장난기의 정도, 그리고 그의 논제와 관련해서 나타나는 어떤 속임수를 이미 주목한 바 있다. 이런 관점에서 보면, 들뢰즈의 비판은 그것이 불충실하다는 점에서 가능한 한 들뢰즈의 사건으로까지 가야 한다. 들뢰즈와 과타리가 보편사 이론에 관심을 갖지 않았다는 것이 사실이라면, 또 그러한 서사의 외관 상의 전개가 역사에 관해 절대로 아무것도 말하지 않고 오히려 정적 발생을 또 다른 어휘로 정식적으로 표현한 것(『의미의 논리』는 『데카르트적 성찰』의 어휘를 사용하는 반면, 『차이와 반복』은 열역학과 생물학의 언어를 사용한다)이 사실이라면 어떠하겠는가?

이런 종류의 독해는, 그들이 역사적 재현들을 '대상체들'로 정의하는 일과 관련해서 보면, 분명 일리가 있을 것이다. 우리는 『의미의 논리』에서 말하는 존재론적 정적 발생의 생산물들 — 지칭된 것, 함의된 것, 현시된 것— 이 대상체들이라고 정확하게 기술할 수 있을 것이다. 왜냐하면, 이 생산물들은 언어의 차원들의 상관물인 저 구성된 주체들, 대상들, 개념들이었기 때문이다. 그 책들에서 이것들은 후설에서 수용성의 대상들이 했던 것과 동일한 역할을 했다. 『안티-오이디푸스』와 『의미의 논리』의 이 유사성은 존재론적 정적 발생이 양식과 공통감의 형식들을 따라 진행되었다는 점을 주목함으로써 의미심장하게 강화될 수 있다. 지칭작용은 양식의 형식에 의존했고, 함의작용과 현시작용은 공통감의 두 형식들에 의지했다. 들뢰즈는 이 형식들에 대해 내가 길게 인용하고 싶은, 『차이와 반복』에 나오는 한 대문에서 포괄적인 기술을 제공한다.

공통감은 모든 능력들faculties의 통일과 근거를 제공한 자기Self의 가정된 동일성에 의해 주관적으로 정의되었고, 모든 능력들에 대해 초점으로서 역할을 한 대상의 동일성에 의해 객관적으로 정의되었다. 그러나 이 이중의 동일성은 정적인 채로 있다. 우리가 보편적 자기가 아닌 것과 마찬가지로 우리는 보편적인 미규정적 대상 앞에 있지 않다. 자기들이 분할되듯이 대상들은 개체화의 장 속에서 또 개체화에 의해 분할된다. 그러므로 공통감은 그 자체를 넘어서 미규정적 대상을 이것 또는 저것으로 규정할 수 있고, 또 대상들의 이런 양상블에 처해 있는 자기를 개체화하는, 또 다른 동적인 심급을 향해 가리키지 않으면 안 된다. 이 다른 심급은 양식인데, 양식은 그 출발점을 개체화의 기원에 있는 차이로부터 취한다. 그러나 양식은 대상에서 취소되는 경향이 있는 방식으로 그 차이의 분배를 보증하며, 또 상이한 대상들이 그 자체를 동등화하는 경향이 있도록 하고, 상이한 자기들이 균일하게 되는 경향이 있도록 하는 규칙을 제공하는데, 이 때문에 양식은 이번에는 자신에게 보편적 자기의 형식과 미규정적 대상의 형식을 제공하는 공통감의 심급을 향해 가리키게 된다. (DR 226; cf. 133과 LS 78)

도식적으로 말하면, 이 대문은 네 가지 핵심 논점들로 환원될 수 있다. (1) 양식은 그 출발점을 '개체화의 기원에 있는 차이', 『차이와 반복』에서 '강도'로 기술되는 차이를 취한다. 나는 이 책의 제3부에서 이 강도 개념은 『안티-오이디푸스』에서 전개된 것과 동일하다는 점을 지적할 것이다. (2) 양식은 이 차이를 이 차이의 바깥에 놓는다. 양식은 강도에서 연장으로, 개체화를 지배하는 차이에서 개체화된 대상으로 이동할 때 차이를 취소하며, 또 이 대상들이 동등화되도록 하는 규칙을 제공한다. 그러나 대상이 구성되는 이 지점에서 들뢰즈는 칸트가 유명한 대답을 제공한, 대상의 통일(초월론적 대상 혹은 대상=x)과 주체의 통일(통각의 초월론적 통일)이라는 두 가지 문제에 봉착한다. 참을성 있게 강도를 연장으로 변형시키는 동안, 양식은 생산 과정에 놓여 있는 대상들의 통일을 규정할 수 없다. (3) 그러므로 객관적 형식의 공통감은 양식에서 생산된 상이한 음영들에게 통일성을 부여하는, 미규정적 대상의 형식을 제공한다. 주관적 형식 속에서, (4) 공통감은 재현들이 나타나는 주체에게 통일성을 부여한다.[17]

이 도식적인 기술의 네 가지 주요한 국면에 관해 인상적인 것은, 각 국면이 들뢰즈와 과타리가 『안티-오이디푸스』에서 보편사의 과정으로 기술한 것의 단계들 배후에 존재하는 것으로 보인다는 점이다. 양식과 공통감의 형식들은 역사를 구조화하는 것으로 보인다.

(1) 양식은 강도 장을 전제한다. 정확히 이것은 토지의 충만한 신체가 재현한 욕망적 생산의 세 번째 종합에서 생산된 강도 장이었다.

(2) 양식은 차이의 취소를 규정하고 차이에게 규칙을 제공한다. 우리는 영토 기계의 주요한 문제가 강도에서 연장으로 옮겨가는 이동, 혹은 강도적 충만한 신체로부터 연장의 체계를 생산하는 것임을

보았다. 들뢰즈와 과타리가 말하듯이, "연장의 체계는 이를 가능하게 하는 강도적 조건들에서 태어난다. 하지만 이 체계는 강도적 조건들에 반작용하고, 이를 취소하고, 억압하며, 오직 신화적인 표현만을 허용한다"(AO 160). 영토적 체계가 설립하는 규칙은, 구획들 혹은 절편들을 제조할 때 최초의 두 종합들이 함께 작동하도록 강제하는 근친상간의 금지이다. 이 절편들은 강도의 외면화, 혹은 그 자신의 바깥에 있는 욕망을 나타낸다. 『안티-오이디푸스』가 간행되기 3년 전에 들뢰즈가 『의미의 논리』에서 양식을 '농업적인 것이어서 토지의 문제 즉 봉쇄의 설립과 분리 불가능한 것'으로 기술했다는 점 또한 이 맥락에서 주목할 만하다(LS 76; 인용자 강조). 양식의 형식은 거기서 또한 영역들을 설립하는 문제로 정의되었다.

(3) 공통감은 초월론적 대상 혹은 대상=x로 기능한다. 이 미규정적 대상은, 양식에 의해 생산된 구획들을 상위의 통일체로 성공적으로 통합하는 것을 보증하고, 이 '배분적 조작'이 '이 동일한 통일체의 거대한 집단적 설계들과 조화를 이루는 것'을 보증하는 전제군주 그 자신 이상의 것이 아니다 …(AO 199).

또 나아가, 양식과 공통감이 서로를 전제하듯이, 또한 전제군주 기계들과 영토 기계들도 서로를 전제한다. 영토 기계는 전제군주 기계 안에서 토대로서, 전제군주 국가가 형식을 부여하는 내용으로서 완전하게 지속할 뿐만 아니라, 무엇이 먼저 오는지 우리는 더 이상 알지 못하며, 또 영토 기계가 전제군주 기계로부터 벽돌들을 추출해내거나 혹은 마침내 분절해 낸다고 할 때 이 기계가 그러한 전제군주 기계를 실제로 전제하지 않는지 어떤지 결국 우리는 더 이상 알지 못한다(210). 하지만 칸트가 말하는 통각의 초월론적 통일과 유사한 기능을 가지는 공통감의 주관적 형식은 어떠한가(4)?

이것은 바로 보편사의 다음 단계의 기능으로 보인다. 전제군주 시대, 혹은 객관적 공통감의 형식 후에 들뢰즈와 과타리가 원국가Urstaat의 시대라 부르는 것이 온다. 그들은 이 원국가를 '반성의 원리'로 기술한다(219; 인용자 강조). 원국가는 전제군주 국가가 역사 바깥으로 나가지만, '뇌의 이념성cerebral ideality' 혹은 '또 다른 차원에 속하는 추상성' 속에서, 보편사를 전에 오는 것과 후에 오는 것에 공통되는 지평으로 조건짓는다.

> 전에 오는 것과 후에 오는 것을 위한 공통 지평이면서 그것은, 바깥에 있지 않고 항상 옆쪽으로 떨어져 있는 한에서만 보편사를 조건짓는다. 역사가 '머리'에, '뇌'에 있는 방식을 나타내는 차가운 괴물 — 원국가. (221)

또 혹은,

> 원국가는 절단하는transect 것, 또 재절단하는resect 것으로부터 어떤 거리를 두고 물러서는 것처럼 보인다. 마치 그것이 또 다른 차원, 즉 사회들의 물질적 진화에 부가되는, 겹쳐 놓이는 뇌의 이념성, 부분들을 조직하여 전체로 흘러 들어가는 규제하는 이념 혹은 반성의 원리(테러)에 증거를 제공하고 있다는 듯이. (219)

원국가는 초월론적 대상, 전제군주와 유사한 역할을 가지지만, 그것은 명시적이길 그치고, 전제 국가에 고유한 통일 작업을 내내 계속하면서, 일단의 특정한 콘크리트 벽돌들에 특유한 형식이기를 그치며 무대 뒤로 물러난다.

들뢰즈와 과타리는 원국가는 그 자체 안에 갇히는 시대가 아니라 역사의 전 과정과 관련 있다는 점을 거듭해서 강조했다. 원국가는 역사를 하나의 생산 과정으로 통합하는 그것이다. 그러나 원국가는 전에 온 것 — 영토주의와 전제주의 — 을 통일할 뿐만 아니라 또한 후에 오는 것 — 자본주의 — 도 통일한다. 원국가는 자본주의를 특징짓는 탈코드화된 재현들(이미지들)의 전체 흐름의 기저에 깔려 있는 특이한 성격을 가진다. 원국가는 '전에 오는 것을 덧절단하지만supersect, 뒤따르는 형성물들을 재절단한다'.[18] 달리 말해서, 원국가는 전 과정을 조정한다. 원국가는 양식과 공통감의 형식들을 동일한 과정의 모든 부분들로 만들고, 이 형식들 후에 오는 것이 또한 이 과정에 속하리라는 것을 보증한다. 따라서 원국가가 수행하는 통일화는 전에 온 것과 후에 오는 것에 관련된다.

이는 칸트가 통각의 초월론적 통일을 기술한 방식과 아주 유사하지 않은가? '수동적' 직관(CPR B153-154)과 능동적 지성 간의 칸트가 말하는 급격한 차이에도 불구하고, 통각의 통일은 모든 표상들을, 심지어 직관의 표상들마저도 하나의 의식의 한계 내로 가져오기에, 경험적 주체empirical subject는 이 표상들은 나의 표상들이라고 말할 수 있는 것이다(B132-133). 비록 철학적 맥락 전체(관념론이 아니라 현상학)와 문제(조건짓기가 아니라 발생)가 들뢰즈와 칸트 사이에 바뀌었고, 이와 더불어 개념의 본성 전체가 바뀌었다 할지라도, 원국가는 통각의 통일의 그것과 멀지 않은 기능을 수행하는 것으로 보인다. 원국가, '주관적 본질'은 '뇌의 이념성', 반성의 원리라는 형태로 생산 과정 바깥으로 나와서 전에 온 것과 후에 온 것을 '한데 모으는' 그것이다. 그러므로 발생 전체는 이 뇌의 이념성 안에서 발생 전체의 역사로 통합된다. 원국가는 생산 과정 전체를 반성의 원리 혹은 통각의 한계 내로 가져온다. 만약 자본주의가, 대상체들이 더 이상 객관적 실재를 표상하는 것으로 취급되지 않고 오직 주관적 실재만을 표상하는 것으로 취급되는 역사 시대라면, 우리는 드디어 그 이유를 알 수 있다. 원국가는 대상체들의 생산을 이 대상체들이 재현들을 이루는 주체의 한계 내로 단호히 가져온다. 발생의 초기 단계들과 관련하여 원국가는 더 이상 콘크리트를 전제군주 국가가 했던 것처럼 조직하는 것이 아니라 콘크리트의 조직을 조직하는 일종의 이차적 통일체이다. 원국가는 대상체들을 묶는다. 원국가는 과정 그 자체를 통일하고, 따라서 이런 방식으로 공통감의 주체적 형식으로서, 자본주의 혹은 '무한한 주관적 재현'의 시대를 조건짓는다(AO 222).

자본주의

들뢰즈는 '무엇보다도 포스트칸트주의자'였다는 빈센트 데스콤스Vincent Descombes의 주장을 읽을 때, 우리는 데스콤스가 이 기술이 얼마나 정확했는지 알고 있었나 궁금하지 않을 수 없다(Descombes 152). 생산 과정의 선행하는 단계들을 살짝 훑어보기만 해도 『안티-오이디푸스』의 심히 칸트적인 구조가 매우 신속하게 드러날 것이다. 나는 이전 장에서 세 가지 수동적 종합들을, 이 종합들이 휠레적 자료들을 취택하고 이 자료들을 강도들의 장으로 변형시키는 한, 감성에 관한 새로운 설명으로 읽지 않으면 안 된다고 주장한 바 있다. 우리가 본 바와 같이, 들뢰즈와 과타리 그들 자체는 세 번째 종합에서 생산된 강도들을 심지어 촉발들로 기술하기까지 한다. 초월론적 대상과 주체로 기능하는 원국가와 전제주의는, 지성의 형식들에 관한 칸트의 기술과 매우 분명하게 공명한다. 그리고 마지막으로, 만약 영토 시대가 강도를 이후에 대상과 주체의 형식에 관련될 수 있는 절편들로 변형시킴으로써 강도를 지성으로 가져오는 것이라면, 그렇다면 의심할 여지 없이 이 시대의 기능은 칸트가 말하는 상상력과 유사하다. 그러나 이 모든 것에서 하나가 빠져 있다. 이성이다. 이상하게 들릴지 모르지만, 여기서 나는, 들뢰즈와 과타리가 자본주의라고 부르는 것은 실제로는 발생적 관점에서 이성 능력을 다시 정식화한 표현이며, 실로 그렇다면 『안티-오이디푸스』는 칸트주의를 발생의 철학으로 실현한 것이라고 읽을 수 있다고 주장하거나 혹은 적어도 그런 주장을 대강이라도 그려내고 싶다. 그렇다면, 구조적으로 우리는 들뢰즈와 칸트를 다음과 같이 비교할 수 있을 것이다.

칸트	들뢰즈
감성	감성
	(1)첫 번째 종합
	(2)두 번째 종합
	(3)세 번째 종합
상상력	영토주의
지성	전제주의
이성	자본주의

들뢰즈와 칸트의 중요한 차이는, — 수용성에 관한 분명히 더욱 발달된 들뢰즈의 설명을 제외하면 — 들뢰즈의 경우 발생의 각 순간이 발생적이고 경험론적인 요건에 맞춰서, 뒤따르는 것을 조건짓고 생산한다는 점이다. 이와 달리, 칸트의 경우 관념론에 만족하여, 이 능력들이 발생 바깥에서 미리 주어진다. 이 주장을 잘 표현하는 것은, 그리고 칸트의 개념들이 정적인 조건짓기에서가 아니라 생산 과정에서 기능하지 않을 수 없을 때 변형되는 방식을 보여주는 것은 나에게 주어진 지면보다 더 많은 지면을, 어쩌면 필시 책 한 권 전체를 차지하게 될 것이다. 따라서 지금으로서 나는 이 주장을 제안의 수준에 남겨두고자 한다. 다만 자본주의가 이성의 시대라는 점을, 바로 아래에서 더 언급해두고자 한다.

자본주의는 무한한 주관적 재현의 시대로서, 이념들의 능력과 무엇을 공유하는가? 자본주의를 무한한 주관적 재현으로 이렇게 정의하는 것은 무엇을 의미하는가? 우리가 본 바와 같이, 재현은, 원국가가 역사의 초기 단계들의 객관적 재현들을 주체의 형식 하에 놓이게 하기 때문에, 주관적이다. 객관적 재현들은 그 주체의 재현들이 된다. 이것은 새로운 역동성 전체를 역사 안으로 끌어들인다. 모든 재현은 원국가가 객관적이 되었을 때 비로소 멈춘다. 영토적 대상체들은 '코드화' 작용에 의해 생산되었다. 전제군주적 대상체들은 '초코드화' 작용에 의해 생산되었다. 재현이 주관적이 될 때 이 대상체들은 처음에 탈코드화되고 이어서 '재영토화'를 가져오는 과정 속에서 곧바로 '공리화된다'.[19] 재현은 자본주의에서 주체의 형식으로 전개되기 때문에 주관적이다. 공리화될 수 없는, 탈코드화된 흐름이 나타날 때마다 일탈하는 흐름들을 조직하고 재영토화할 수 있는 새로운 공리가 추가되기 때문에 재현은 무한하다. "실로 자본주의의 힘은 공리적인 것이 결코 포화되지 않는다는 사실에, 그것이 언제나 이전 공리에 새로운 공리를 추가할 수 있다는 사실에 놓여 있다"(250). 이 관점에서 볼 때, 자본주의는 총체화하는 기능에 의해 정의된다. 공리적인 것을 통해서 재영토화를 피할 수 있는 어떠한 흐름도 존재하지 않는다.

하지만 이것은 맹목적인 총체화가 아니다. 자본주의는 이 공리적인 것을 규제하는 특징을 지닌다. "자본주의는 공리적인 것의 규제를 보증할 따름이다. 자본주의는 공리적인 것의 실패들을 공리적인 것의 운용의 조건들로서 규제하거나 혹은 심지어 조직하기조차 한다. 자본주의는 공리적인 것의 포화, 그리고 이와 상응하는 한계들을 넓히는 일로 향한 진보를 감시하고 지시한다"(252). 달리 말해서, 모든 흐름들은 총체화될 뿐만 아니라 이러한 집적은 규제된다. 정확히 이는 칸트가 『순수이성비판』에서 이성의 적법한 사용, 그리고 이성의 초월적 이념들을 정의한 방식이다.

칸트에 있어서, 이성은 우리가 아무런 경험을 가질 수 없는 개념들

— 즉, 자기, 세계, 신— 을 형성한다. 그는 이 이성의 개념들을 초월적 이념들이라고 부른다. 이 이념들의 대상들의 실존을 주장하는 것은 전적으로 부적법한 반면, 이념 그 자체는 규제적인 것*regulative*으로서 중요한 적법한 기능을 가진다. 들뢰즈-과타리의 주체가 전제주의 시대 끝에서 그 자신을 발견하는 상황은 감성적 잡다를 지성의 형식들 아래 포함시킨 후에 놓이는 칸트의 주체의 상황과 매우 유사하다. 즉, 이 주체들(=들뢰즈-과타리의 주체와 칸트의 주체)은 모두 그들 앞에 대상들의 경험적 재현들을 가진다. 칸트의 주체의 경우, 이 주체는 자신의 대상들을 서로 관계를 맺게 하여 모든 가능한 대상들의 총체성일 세계의 이념을 형성하길 시작하고 싶어한다. 체계화하는 것, 이것이야말로 이성의 충동이다. 칸트의 경우, 대상들의 체계적 총체성이 현실적으로 존재한다고 말하는 것은 일련의 이율배반들을 초래할 것이다. 그러나 이념은 중요한 규제적 기능을 가진다. 즉, 이념은 사유가 자신의 인식들을 향하게 할 수 있는 통일성의 이상을 제공한다. 지성이 감성적 잡다에 통일성을 가져오는 것과 동일한 방식으로, 이념은 지성에서 규정된 대상들에 통일성을 가져온다. 이념은 대상들을 체계화하고, '우발적인 집적물뿐만 아니라 필연적 법칙들을 따라서 상호연관된 체계'를 발견하고자 시도한다(CPR A646/B674). 이것이 자본주의에서 일어나는 일이다. 전제주의의 주체는 우발적으로 생산된 다양한 대상체들을, 영토주의에서 강도들로 변형되고 외면화된 그 촉발물들의 통일로서 자신 앞에 가질 뿐이다. 자본주의의 주체는 이 대상들을 '탈코드화'하여 그것들을 공리적인 것, 혹은 '필연적 법칙들을 따라서 상호연관된 체계' 내에서 재편성할 수 있다. 자본주의는 전제군주적 대상체들의 총체성을 자신의 '확대되고 있는 한계들' 내로 가져오고자 시도하는 규제적 이념이다(AO 252).

결론: 들뢰즈와 과타리

따라서 우리는 사회적 생산이란 표현을 이 말이 최초로 사용된 칸트의 문맥 내에서 독해하는 일의 중요성을 알 수 있다. 다소 구어적으로, 들뢰즈 철학과는 다른 철학의 좌표들 내에서 말한다면, '사회적'이란 저기 바깥, 나 너머, 초월적을 의미한다. 사회적 생산은 초월적 대상들, '대상체들(이 '자아론적' 용어는 들뢰즈에게 낯선 것이 아니다 ―『순수 내재성*Pure Immanence*』을 보라)'의 생산이다. 내 독해는『안티-오이디푸스』의 형식적 구조가『의미의 논리』와 관련을 맺고 있다는 점에 전적으로 의존했지만, 이는 또한『차이와 반복』에 관한 내 다음의 독해를 전제하는데, 거기에서 우리는 세계 이념이 '타자*the Other*'라는 이름 하에 발생의 끝에서 다시 나타나는 것을 보게 될 것이다. 내가 선행하는 두 장에서 보여주길 희망했던 것은『안티-오이디푸스』와『의미의 논리』가 매우 유사한 구조들을 공유한다는 점이다. 이 두 책은 모두 물질성의 장이라는 같은 장소에서 시작된다. 이 두 책은 모두 어떤 형식의 재현이라는 같은 장에서 끝난다. 그리고 두 책은 모두 거의 동일한 방식으로 물질과 재현 사이의 공간을 횡단한다. 즉, 세 가지 수동적 종합들은 초월론적 장을 생산하고, 이 초월론적 장은 그 자체가 양식, 공통감, 재현의 형식들을 생산한다. 이 구조적 상동관계는 설명될 필요가 있다. 이 문제에 접근하는 강한 논제와 약한 논제가 있다.

예상되는 약한 논제는, 계보*geneology*의 매 순간은 어떤 특정한 능력이 지배한 결과라고 보는, 기원들에 대한 계몽주의 스타일의 탐구들 중의 하나를 들뢰즈와 과타리가 모방하고 있다고 말하는 것이리라.[20] 어떤 특정한 능력들이 모두 우리 안에서 여전히 기능한다는 사실은, 삶이 이전 시대에는 어떠했는가를 우리가 알도록 허용해주는 것이다. 이 논제는 텍스트에서 사용된 언어의 많은 것을 주장하거나 혹은 정당화하는 이점을 가질 것이다.

　다른 한편, 강한 논제는 들뢰즈와 과타리가 역사에 대해서, 또는 정신분석학에 대해서, 또는 마르크스에 대해서 이야기하고 있지 않다고 말하는 것이리라. 이 책 전체는 체계적 현상학의 발달을 나타내며, 저자들이 사용하는 정신분석학과 마르크스의 언어는 철저하게 무시될 필요가 있다. 『안티-오이디푸스』가 이 책 바로 앞에 나온, 이 현상학을 더 직접적으로 전개하는 두 책들에 특별히 기여한 것은, 정적 발생에서 종합들의 역할을 더 자세하게 풀어낸다는 점이다. 보편사는 휠레적 자료들 속에 있는 분자적 기원들에서 예기와 회상의 지평 내에 있는 재현의 몰적 도착지에 이르기까지 재현의 진화를 표현할 따름이다. 의심할 여지 없이 두 논제들 사이에는 타협점이 존재하지만, 나는 두 가지 이유 때문에 강한 논제를 내세우고 싶다. 첫째로 단순하게는 나는 일이 이렇게까지 진행될 필요가 있다고 생각하기 때문이다. 둘째로는, 이전 두 책들 사이의 구조적 유사성은 무척 놀랍기 때문이고, 이 유사성의 엄밀함은 설득력 있는 결론이 내려질 수 있기 전에 훨씬 더 상세하게 탐구될 필요가 있는 결과들을 갖기 때문이다.

　이 구조적 유사성에서 생겨나는 보다 직접적인 결과 중의 하나는, 『안티-오이디푸스』를 작성할 때 있었던 들뢰즈와 과타리의 관계에 대한 물음에 달려 있고, 『안티-오이디푸스』가 들뢰즈 사유의 새로운 시기의 시작을 표현한다거나 이 책이 급격하게 새로운 무언가를 하고 있다는 주장에 달려 있다. 들뢰즈의 어쩌면 소박해 보일지도 모르는 전-과타리 저작[21]과 그의 더 계몽적이고 급진적인 지금의 저작 사이에 보이는 단절은 훨씬 덜 분명해 보인다. 과타리 자신의 논평들은 이 점을 확정짓는 것으로 보인다. 과타리는 이 저작에서 자기 자신을 발견하려고 애썼음을 보여주는 1972년 10월 13일 자 저 동일한 일지 메모에서, 우리는 정확히 무엇이 그로 하여금 배제당한다는 느낌을 주었는지 확인할 수 있다.

질Gilles은 20년 동안 뒤엉켜 있었던 우정 관계의 장에서 내가 이리저리 움직일 권리를 용이하게 심지어는 약간은 묘기를 가지고 정복했다[…]. 나는 여전히 체계적이고 학구적인 작업, 비밀스러운 프로그래밍의 이 다른 세계를 몇십 년 걸쳐 통제하지 못하고 있다. 내 필체, 내 스타일을 지켜라. 하지만 나는 『안티-오이디푸스』에서 나 자신을 인지하지 못하고 있다. 나는 질의 이미지, 세련됨, 가장 가능하지 않을 것 같은 책에 가져온 완벽함의 배후에서 질주하는 것을 멈출 필요가 있다. (AP 402)

『안티-오이디푸스』에서 과타리로 하여금 그 자신을 인지할 수 없도록 막은 것은 우정 관계의 장에 대한 들뢰즈의 장악이며, 다소 무계획적이며 헝클어진 개념들을 세련되고 완벽한 작업으로 비밀스럽게 처리할 수 있는 들뢰즈의 방식이다. 우리는 『안티-오이디푸스 문건』 전체를 통해서 산재하는 이러한 종류의 논평을 발견한다. "나는 이번에 윤곽을 제시하고 싶지만 이것이 다시 쓰레기가 되리라는 것을 알 수 있다"(254). "다시 모든 게 똑같이 쓰레기가 되었구나. 일들을 조직하고 분류하는 자네의 능력이 심히 부럽다네!"(246). 일찍이 1970년 5월에 들뢰즈에게 보낸 편지에서 그는 들뢰즈의 기고문에 대해 정확한 평가를 내렸다. "내가 자네 글을 읽을 때면 내가 자네에게 털어놓은 불평들이 굳건하게 편성되어 있는 것을 재발견하는 인상을 받는다네[…]"(411). 과타리 자신의 혼돈적인 설명 방식 — 개념들의 물마루를 '서핑하라'. '신속히'(224) — 과 나란히 가는, 모든 이미지들 — 편성, 은밀한 프로그램 설정, 조직화, 분류화 — 은 1972년 『안티-오이디푸스』에 관해 들뢰즈적인 것은 바로 조직화라는 점을 시사한다.[22] 『의미의 논리』와 『안티-오이디푸스』 사이의 매우 광범위한, 주제적인 간격에도 불구하고, 이 두 책 사이의 유사성을 특징짓는 것은 이 책들 사이에 줄기차게 존재하는 바로 이 조직 혹은 구조이다.

이 구조는 제1부와 2부에 담겨 있는 재현의 발생이다. 세 가지 수동적 종합들로 이루어지는 동적 발생은 부분대상들의 운동에서 시작되어 시간의 빈 형식 혹은 강도=0에서 끝난다. 여기서부터 두 번째의 정적 발생이 시작되어, 첫 번째 발생의 생산물을 양식, 공통감, 그리고 최종적으로 재현의 형식들을 따라 변형시킨다. 분명히 이 책은 그들이 함께 쓰게 될 여러 책들 중의 오직 첫 번째 책일 뿐이며, 과타리의 기여에 대한 이야기는 이 일반적 구조보다 훨씬 더 복잡하다. 하지만 두 책 사이의 구조적 유사성은 단절이 용어상의 변화에 보이는 만큼 그다지 극적이지 않았다는 점을 시사할 정도로 한참 더 나아간다.

과타리가 등장하기 전에 들뢰즈가 이미 그의 책들에서 술어를 변경하는 일을 실행하고 있었기 때문에 이는 무엇보다도 사실이다. 나는, 그들의 협력 작업을 통해서 『철학이란 무엇인가?』까지 가는 내내 이 구조가 실로 지속한다는 것을 보여주고자 시도하지 않고, 대신에 들뢰즈 저작 『차이와 반복』의 핵심적인 텍스트로 향하고자 하는데 『차이와 반복』에서 사용된 어휘는 『의미의 논리』에서 사용된 것과 의미심장하게 또 다르기 때문이다. 그리고 내가 여기서 개요를 서술해왔던 이 재현의 발생에 더 많은 일관성이 제시되기를 희망한다. 나는, 우리는 『차이와 반복』에서 『의미의 논리』에 나타난 것과 동일한 발생의 구조를 다시 발견하게 되고, 그것도 완전하게 상이한 술어로 발견하게 된다고 주장할 것이다.

제3부

『차이와 반복』

서론

『차이와 반복』

이 책의 제1부와 2부에서, 나는 『차이와 반복』 직후에 간행된 두 저작들이 거의 동일한 형식적 구조들을 공유하며, 모두 현상들의 발생, 재현들의 발생, 또는 대상체들의 발생에 관한 이야기를 전개하는 것으로 독해될 수 있을 것이라고 주장한 바 있다. 『의미의 논리』에서 현상들의 세계는 명제들 및 명제들의 관계들의 세계였다. 『안티-오이디푸스』에서 현상들의 세계는 '사회적 생산'의 대상체들의 세계였다. 각각의 책은 미세지각들에서 몰적 재현들로 이동하는 한 매우 광범위한 발생을 기술했다. 두 책들에서, 이 큰 생산 과정은 두 작은 생산 과정들로 분해되었다. 『의미의 논리』에서, 미세지각에서 의미로 이동하는 발생은 동적 발생이라 불렸다. 『안티-오이디푸스』에서, 이 동일한 과정은 '욕망적 생산'이라 불렸다. 『의미의 논리』에서 의미에서 명제들 및 명제들의 세 가지 차원들로 이동하는 발생은 정적 발생이라 불리었다. 『안티-오이디푸스』에서, 이 발생은 '사회적 생산'이라 불리었다. 제1부와 2부 모두에서 나는 『차이와 반복』을 빈번히 언급한 바 있다. 이 장에서 나는 이 언급들을 분명히 하며, 『차이와 반복』은 또한 이 동일한 일반적인 구조와 기획을 공유한다고 명시적으로 주장하고자 한다. 『차이와 반복』이 기술하는 이 발생은 또한 미세지각의 세계에서 시작되며, 잠재적인 것 혹은 의미의 생산을 이론화한다. 이어서 잠재적인 것의 토대 위에, 의미에서 재현으로 이동하는 두 번째 발생이 정초된다. 이 세 책들의 유사한 구조들을 도식으로 보여주면 이렇다.

『의미의 논리』	『안티-오이디푸스』	『차이와 반복』
동적 발생	욕망적 생산	시간의 생산
정적 발생	사회적 생산	분화-개체화

하지만 『차이와 반복』을 이런 방식으로 읽는 것은 많든 적든 정적 발생의 이론으로만 읽는, 이 책에 대한 현재 성행하는 해석들의 결에 역행한다.[1] 이런 해석들은 — 모든 실재의 존재론적 토대로 이해되는 — 잠재적인 것 및 잠재적인 것이 강도와 맺는 관계만을 강조한다. 다음 두 장의 전 목적은 『차이와 반복』을 다른 두 저작들과 나란히 하여 독해하는 일을 정당화하는 것이며, 특히 이는 분화-개체화의 과정 및 이 과정 혹은 발생이 그 기원으로 삼는 잠재적인 것을 시간의 생산에 정초되는 것으로 독해하는 일을 의미한다. 잠재적인 것은 개체화된 현실성을 생겨나게 하는데, 이 점에 대해서는 아무런 문제가 없다. 그러나 개체화되지 않은 현실성이 잠재적인 것을 생겨나게 하는데, 이 점이 내가 여기서 포착하길 희망하는 바로 그것이다.

제6장

정적 발생: 이념들과 강도

들뢰즈가 존재Being를 '내재성' 안에서 사유한다고 공언했음에도 불구하고 그가 실제로는 결국 실재에다 초월적 근거를 정립한 것은 아닌가 하는 물음을 맴돌면서, 잠재적인 것이란 개념에 대하여 근년에 많은 논쟁들이 벌어져 왔다. 그리고 실로 만약 우리가 잠재적인 것이란 개념을, 들뢰즈 사유의 전반적인 개념적 구조 내에서 이 개념이 작용하는 기능으로부터 추출해낸다면, 잠재적인 것은, 설사 우리가 이 개념이 오직 이 세계의 다른 측면에 불과하다고 주장할지라도, 상당히 또 다른 세계처럼 들린다는 홀워드Hallward와 바디우Badiou의 불평에 동조하기 쉽다. 그러나 만약 잠재적인 것을, 이 세계에서 일어나는 모든 것의, 다른 세계에 있는 존재론적 토대로 보는 이 그림이 들뢰즈가 펴는 주장이라기보다는 들뢰즈의 독자들이 걸핏하면 펴왔던 주장이라면, 이는 이 모든 논쟁들이 잠재적인 것 그 자체의 이면을 고려하지 못한 실패에 바탕을 두고 있기 때문이다. 잠재적인 것은 다른 세계에 있다는 가장 집약적인 주장들을 정식적으로 표현해온 홀워드는 들뢰즈가 잠재적인 것이 물체적 심층에 의해 생산된다고 주장한다는 점을 실은 알아차리고 있다(Hallward 43). 하지만 홀워드에 따르면, 들뢰즈는 결코 이 과정을 설명하지 않는다.

그렇다면 여러분은 인과적 심층이 이 표면 효과들을 어떻게 규정하는지에 대한 설명을 기대할지도 모른다. 들뢰즈는 예상대로 모든 사건이 실로 '물체적 원인들의 심층'에서 출현한다는 점을 인정한다. 그러나 이 책의 전반적 노력은 이 생산의 역학을 파괴하지 않는다면 복잡한 것이 되고 만다. (Hallward 43)

하지만 우리는 이것이 사실이 아니라는 점을 이미 본 바 있다. 동적 과정의 전개에 있어서 『의미의 논리』 마지막 1/3은 바로 그러한 설명에 그 전체를 할애하고 있다. 사실, 이는 순차적인 방식으로 제시되는 발생의 유일한 부분이다. 그 역학을 파괴하지 않고 동적 발생을 설명하는 일이 이 책 전체 중 이 부분에서 가장 명료하게 전개되어 있다. 다음 두 장의 주요한 기획들 중의 하나는, 잠재성의 생산에 관한 이 이론이 이미 『차이와 반복』에서 잘 전개되었다는 점을 보여주는 것일 뿐이다. 그러나 이 주장을 펴기 위하여 나는 제시의 순서를 바꾸어놓았다. 동적 발생에서 정적 발생으로 발생의 과정을 따르기보다 나는 정적 발생과 더불어, 잠재적인 것 및 잠재적인 것의 토대들에서 뒤따라 나오는 발생에 대한 기술과 더불어 시작할 것이다. 다음 장에서 나는 잠재적인 것이 시간적 종합들의 상호작용 속에서 생산되는 방식을 보여주겠다.

『차이와 반복』에서 들뢰즈는 잠재적인 것을 초월론적 이념들이 점진적으로 규정되는 시간으로 정의한다. '잠재적인 것의 실재성은 구조이며', 구조는 초월론적 이념 이상의 것이 아니다(209; cf. PI 31). 그렇다면 잠재적인 것을 이해하기 위하여, 우리는 이념들을 이해할 필요가 있다.

이념들을 이해하기 위하여 우리는 세 가지를 알아둘 필요가 있다. 그것은, (1) 이념들은 그 자체로 무엇인가, (2) 이념들은 어디서 오는가 — 왜냐하면 만약 이념들이 발생 바깥에서 주어진다면 들뢰즈주의는 플라톤주의의 전복이 될 수 없기 때문이다 —, (3) 이념들은 어디로 가는가, 혹은『차이와 반복』에서 전개된 사유의 전반적 체계에서 이념들의 기능은 무엇인가이다.

이념들

우리는 이미 『의미의 논리』에서 잠시 이념들을 마주친 바 있다.『차이와 반복』에서처럼 거기에서도 이념들은 많은 이름으로 통하는데, 그중 가장 일반적인 것은 '구조들', '문제들', '사건들'이었다. 이 사건들은 의미의 초월론적 장에 거주하면서 '우발점'과 관련하여 서로 간에 소통하고 있었다.『차이와 반복』에서 들뢰즈는 이 이름들을 사용하는 외에 또한 이념들을 '잠재적virtual' 혹은 '미분적 다양체들differential multiplicities'이라 부른다.[1] 이념은 하나도 아니고 다수도 아니다. 이념은 미분적 요소들, 이 요소들 간의 미분적 관계들, 이 관계들에 상응하는 특이성들로 구성된 다양체이다 (DR 278; cf. 181-183). 이 정의에서 우리는 그 자체가 정의될 필요가 있는 이념의 세 측면들을 확인할 수 있다.

1. 미분적 혹은 이념적 요소들
2. 미분적 관계들
3. 특이성들

이 세 요소들은 전혀 규정되지 않은 이념에서 완전히 규정된 이념으로 이동하는 생산 과정을 통해 서로 간에 관계를 맺고 있다. (1) 이념은 전혀 규정되지 않은 — 하지만 규정 가능한 — 일단의 '이념적 요소들'로 서 생을 시작한다. (이 이념적 요소들은, 『의미의 논리』에서, '승화된' 혹은 초월론적 장으로 투사된 바로 저 '해방된' 부분대상들이다.)[2] 들뢰즈 는 몇 가지 중요한 특징들을 이 이념적 요소들에 일관되게 귀속시킨다. 즉, 이념적 요소들은 의미를 결여하고, 기능이 없으며, 전적으로 잠재적이 다. "다양체의 요소들은 분명 감성적 형식도 가지지 않고, 개념적 함의signi-fication도 가지지 않으며, 그래서 양도 가능한 기능도 가지지 않는다. 이 요소들은 심지어 현실적으로 실존하는 것이 아니라, 잠재력potential 혹은 잠재성virtuality과 분리 불가능한 것이다"(DR 183).[3] (2) 그런 다음, 이 의미 를 결여한 요소들 사이에 미분적 관계들이 '우발점aleatory point'에 의해 설립된다. 우발점은 일단의 무정형한 이념적 요소들에게 일관성consistency 의 정도degree를 부여하기 시작한다. 이 관계들의 규정은 구조로서 인식될 수 있는 어떤 것something의 시작을 나타낸다. 즉, 이념적 요소들은 관계들의 네트워크 내로 휘말리게 된다. (3) 하지만 구조가 완전히 규정되는 것은 오직 이 관계들이 특이성들singularities의 생산을 가져올 때이다. 우리는 이 지점에서 이념은 마침내 상대적으로 영원하며 소통 가능하고/반복 가능한 형식을 가진다고 말할 수 있겠다.[4] 하지만 이 단계에서 이념은 여전히 순수하게 잠재적이고, 순수하게 양적이고, 순수하게 형식적인 채로 존재한다. 들뢰즈는 이 점을 표현하기 위해 수학자 알베르트 로뜨망 Albert Lautman한테서 빌려온 한 구별을 사용한다. 즉, 완결된 규정은 특이성들 과 관련을 맺는데, 오직 이 특이성들의 '분배distribution'와 '실존existence'의 관점에서만 그렇게 한다. 이 특이성들에게 성질quality 혹은 '본성nature'을 부여하기 위해서는 현실화actualization의 전全 과정이 소요된다. 따라서 완전 하게 규정된 이념은 전적으로 잠재적이다.

　이념들에 관한 이 설명에서, 위에서 개요를 서술한 세 차원으로 이루어진 완전한 다양체 개념은 실제로 일종의 과정임이 명백하다. 우리는 방금 시작된 일단의 이념적 요소들로 시작해서, 이 요소들 간의 미분적 관계들을 설립하고, 그런 다음 이 관계들에 '상응하는' 혹은 '의존하는' 특이성들을 설립한다. 이 때문에 들뢰즈는 이념들의 생산 과정을 '점진적 규정'으로 기술한다. 이념들의 점진적 규정의 이 세 요소들 중의 하나하나에 들뢰즈가 '충족이유sufficient reason'라 부르는 것의 계기가 상응한다. 이념이 무엇의 이유가 되는지에 대해서는 곧 논하게 될 것이다. 이 세 계기들은,

1. 규정 가능성Determinability
2. 상호적 규정Reciprocal determination
3. 완결된 규정Complete determination

이다. 이 계기들은 각각 이념을 특징짓는 규정의 정도를 표현한다. 이념적 요소들은 규정 가능하다. 이념적 관계들은 이 요소들을 상호적으로 규정한다. 이 관계들은, 이념의 안정된 형식이 특이성들에서 표현되는 완결된 규정의 상태를 가져온다. 이 '점진적 규정' 이론의 전반적 목적은 잠재적 구조들의 발생을 기술하는 것이다. 이 발생은 동적 발생과 정적 발생 사이에 일어나는 제3의 발생이라고 말할 수 있을 것이다.[5]

들뢰즈는 한 구조가 어떻게 점진적으로 규정될 수 있는가에 관한 더 정확한 이론을 제시하기 위해 갈루아Galois와 아벨Abel의 군 이론group theory에 의존한다. 들뢰즈가 마음에 품고 있는 것을 표현하는 것으로 보이는 두 서로 관련이 되는 인용문이 있다.

> 기초적인 '장' R에서 시작하여, 이 장에 잇달아 첨가되는 것들(R', R'', R''', …)은 한 방정식의 근들에 대해서, 가능한 대체들을 점진적으로 제한함으로써, 점진적으로 더 정확한 구별을 허용하게 한다. 따라서

'부분적 해결자partial resolvants'의 잇달음, 혹은 해解를 바로 그 문제의
조건들로부터 따라 나오게 하는 '군들'의 포매embedding의 잇달음이
존재한다. (DR 180)

실제로, 규정의 상호성은 퇴행regression이나 제자리걸음marking time을
의미하는 것이 아니라, 상호적 항들이 반드시 단계별로 보전되는 진정한
진보이자 이 항들 사이에 설립되는 관계들 그 자체이다. 규정의 완전성
은 또한 첨가 장들의 점진성을 의미한다. A에서 B로 간 다음 B에서
A로 갈 때 우리는 출발점에 다시 도달하는 것이 아니라 […] A와 B,
B와 A 간의 반복은 문제적 장 전체의 점진적 순회이자 혹은 기술이다.
(DR 210)

한편으로, 들뢰즈는 반은 수학적인 과정을 여기서 매우 명료하게 기술한
다. 군 이론은 구조들을 규정하는 방식에 관한 이론이다. 이 이론은 처음에
는 군을 변형시킴으로써, 다음에는 변형을 통해 무엇이 변화했고 무엇이
변화하지 않았는가를 물음으로써 이 방식을 성취한다. 들뢰즈의 첫 번째
예에서 "기초적 '장' R"은 최초의 군이었다. '이 장에 잇달아 추가되는
것들(R', R'', R''', …)'은 한 불변자가 추출될 수 있도록 하는 변형들이다.[6]
이 불변자가 이념이다. 따라서 군들의 규정은 최초의 집합에서 변이들을
창출하고 이 변이들로부터 일반적 구조를 추출함으로써 진행된다. 그러나
이 수학적 맥락에도 불구하고 나는 들뢰즈에게 수학은 '사유'의 측면들을
설명하기 위한 한 사례 혹은 '기법적 모델'[7]일 뿐이고, 또 나아가 이렇게
군 이론에 의존하는 것이, 본질적으로 인지적 과정으로 이해되어야만
하는 것과 관련하여, 어떤 기능을 하도록 의도되어 있는지 이해하는 일이
필요하다고 주장하고 싶다. 들뢰즈가 라이프니츠에 관한 세미나에서 특이
성들에 대해 말할 때 이 특이성들은 '수학적-심리학적'이다. 동일한 것이

구조의 점진적인 과정에도 해당한다.

이 지점에서 우리는 다시 후설에 마주치게 된다. 이념의 점진적 규정에 관한 들뢰즈의 설명은 후설이 '상상적 변경imaginative variation'이라 부르는 것과 매우 유사하다.[8] 후설에게 상상적 변경이란 어느 주어진 '이미지' 혹은 '경험된 대상성'의 본질 혹은 이념을 규정하는 방식이다. 상상적 변경은 상상 속에서 이미지의 자유로운 변경들 혹은 변양들modifications을 어느 주어진 사물의 일반적 본질로서 기능하는 통일체가 생겨날 때까지 임의적으로 생산함으로써 본질을 성취한다. 후설은 이렇게 적고 있다.

> 자유의지의 행위에 의해서 우리는 자유로운 변항들을 생산하는데, 이 변항들 각각은 […] 주관적 양식의 '임의적인 것'에서 일어난다. 그런 다음 한 통일체가 잇따른 형상들figures의 이 다양체를 통과해 가는 것이, 또 최초 이미지의 자유변경 속에서, 가령 한 사물의 그런 자유변경 속에서 한 불변자가 필연적이고 일반적인 형식으로 반드시 보유되는 것이 분명해진다. 이러한 형식이 없다면 이 사물과 같은 대상은 그런 종류의 한 사례로서 전혀 사유될 수 없을 것이다. (E&J 341)

이제 들뢰즈는 군 이론을 전용하면서 다름 아닌 이 점을 말하고 있는 것으로 보인다. 들뢰즈-아벨의 '기초적 장 R'은 자유변경을 받는 저 '최초 이미지'가 아니라면 무엇일까? '이 장에 잇달아 첨가되는 것들(R', R'', R''', …)'은 변경들/변형들 그 자체가 아니라면 무엇일까? 후설과 들뢰즈-아벨 모두에 있어서, 과정은 동일한 끝을 가진다.[9] 따라서 리쾨르는 이 상상적 변경의 과정을 바로 '대상성의 점진적 규정'으로 기술한다 (Ricoeur, *Husserl*, 43).

그러나 들뢰즈와 후설 사이에는 몇 가지 주요한 차이점이 있다. 첫째,

후설의 경우 변경을 받는 것은 수동성에서 생산되지만, 부분적으로 능동적 종합에 의해 해명되는explicated 저 수용성receptivity의 대상성이다. 이와 달리, 들뢰즈의 경우는 아직 완전히 구성된 대상성이 존재하지 않는다. 오직 의미가 결여되어 있는 '이념적 요소들'의 장이, 우리가 『의미의 논리』에서 '해방된 촉발물들'이라 부른 것의 장이 존재할 뿐이다. 이 때문에 아마도 들뢰즈는 요소들의 성질이 중요하지 않은 수학적 사례에 의존한 것 같다.

두 번째 주요한 차이점은 후설의 경우 자유변경이 자의적이고 간헐적인 실행이고 높은 수준들의 인지에만 속하는 데 반해, 들뢰즈의 경우 자유변경은 사유의 영원한 장비이자 가장 기초적 구조들 중의 하나인 것으로 보인다. 이는 후설이 자유변경과 개체(혹은 대상) 간의 관계를 논할 때 가장 분명하게 드러난다. 보통 후설의 경우 개체적 대상은 자신에 부착된 어떤 정도의 강도를 가지고 수동성 안에서 생산된다. 이런 강도는 생활세계의 다른 측면(능동성)에 거주하는 자아 쪽에서 대상에 대해 '개입'을 하도록 부추긴다. 하지만 후설의 경우 자유변경은 이런 개입에 의해 제약되지 않는다. 즉, 자유변경은 자유롭다(E&J 343-44).[10] 다른 한편 들뢰즈의 경우 이런 임의성과 이런 자유는 사유의 본질적 구조들이며, 강도로부터 독립해 있다기보다는 내가 아래에서 기술하는 복잡한 관계 속에서 강도와 직접적으로 관계를 맺고 있다. 자유변경은 자발적이고 능동적인 자아에 의해 수행되는 어떤 것이 아니다. 자유변경은 우발점, '외관상의 주체(AO 330)', '초인(LS 107, 178)'에 의해 승화된 촉발물들이 개관될 때 수행된다.

하지만 이념의 발생에 관한, 들뢰즈와 후설 간의 유사점은 차이점만큼 현저한데, 그들이 이 점에서 일치하는 정도를 보기 위해서는, 그림이 바야흐로 완성되기 전에 이를 복잡화하고 어느 정도 완성하는 일이 필요하다. 후설은 두 가지 특징을 지니는 규정의 점진성에 함축된 특유한 종류의 시간성이 존재한다는 점을 지적한다. 첫째로, 한 변항에서 다른 한 변항으로 이동하는 데에는 시간이 소요된다. 그리고 둘째로, 한 변항에서 다음의 변항으로 향하는 이러한 이행을 위한 가능성의 조건으로서, '주관적 양식의 임의적인 것'은 또한 변항들이 '중첩될' 수 있는 연속성의 이상을 함축한다(E&J 343). 잇달은 변형들이 행해지는 장은 반드시 연속적이어야 한다.[11] 후설이 그토록 명료하게 기술하는 시간성의 이 측면들 — 연속성의 조건 및 변경들을 상상하는 데 소요되는 시간 — 은 또한 잠재적인 것의 점진적 규정의 두 계기들에 상응하는 시간성의 두 측면들이기도 하다. 여기서 우리는 다음 장에서 내리는 내 결론들을 앞질러 논할 필요가 있는데, 하지만 그렇게 해야 다음에 오는 많은 것들이 훨씬 더 명료해질 것이다.

규정 가능성 — 충족이유의 첫 번째 측면 — 의 조건을 제공하는 연속성 혹은 '중첩'의 형식은 시간의 빈 형식the empty form of time 이상의 것이 아니다 (DR 86). 연속성 혹은 '중첩overlapping'의 형식은 우발점의 영향 하에, 승화된 촉발물들이 서로 소통하는 혹은 공명하는 이념적 종합이다. 하지만 이 연속성 내에서 규정 가능한 이념적 요소들을 횡단할 때 우발점은 이념적 요소들 간의 이념적 관계들을 창출한다(198-199). 이 과정에도 또한 시간이 소요되며, 이 과정에 소요되는 시간은 미래가 현재가 되는 데에 소요되는 시간이다. 들뢰즈의 경우, 이념들이 점진적으로 규정되는 연속성은 미래의 성격을 지닌다. 이는, '미래'가 나에게 오고 있는 저 현실적 현재들을 가리키는 것이 아니라 미규정적인 것이 현재로 가까이 올수록 점진적으로 규정되는 지평을 가리키기 때문이다. 미래는 '새로운 것'이 모습을 갖추게 되는 일반적 요소이다. 그러므로 점진적으로 규정되어 한 이념을 현실화하는 — 여기서 현실화한다는 것은 현재present를 만든다는 것을 의미한다 — 데에 소요되는 시간은 시간 그 자체가 지나가는 데에 소요되는 시간과 일치한다(210-211). 미규정적인 것이 점진적으로 규정되어 현실화된다고 말하는 것은 미래가 현재가 된다는 것 이상을 말하는 것이 아니다. 이 때문에 한 지점에서 들뢰즈는 '창조적인 현실화creative actualization'야말로 '시간의 진정한 의미'라고 말한다(216). 따라서 우리가 아래에서 검토할 현실화의 과정은 미래가 현재가 되는 과정이다.[12]

그러므로 점진적 규정에 관한 들뢰즈의 기술에는 두 측면의 시간이 작동하고 있다. 연속성의 조건, 그리고 변경 혹은 점진적 규정의 시간이다. 이 절에서 나는 이념 그 자체를 요소들, 관계들, 특이성들의 조합으로 기술하길 원했다. 하지만 이념의 이 세 측면들이 서로 관계를 맺는 과정 — 점진적 과정— 은 이미 내가 앞 장의 서두에서 개요를 서술한 잠재적인 것의 다른 두 측면들 즉 이념들이 오는 곳과 이념들이 가는 곳을 시사한다. 이념들은 규정 가능성의 형식을 자신들의 기원과 조건으로 취하지만, 자신들의 종착지는 현재가 되는 것이고 시간 속에서 지나가는 것이다.

이념들의 기원

만약 발생 바깥에서 이념들을 전제한다면 들뢰즈주의는 결코 플라톤주의의 전복일 수 없을 것이다. 이념들의 기원의 문제에 접근하는 두 가지 방법이 있는데, 이 절에서 나는 이 두 방법을 모두 따를 것이다. 만약 들뢰즈의 텍스트들을 따른다면, 우리는 이념들이 '이념적 게임'에 기원을 두고 있다는 것을 알게 된다. 『차이와 반복』에서 이념들의 기원의 문제를 제기할 때마다 들뢰즈는 즉시 게임의 은유에 의존한다. 이 게임은 말라르메의 유명한 주사위 던지기에 대한 들뢰즈의 니체식 변양이다.[13] 당대의 많은 철학자들과 문학비평가들은 말라르메의 주사위 던지기를 그들 자신의 이론에 적용해왔다.[14] 들뢰즈는 두 종류의 게임을 기술한다. 첫 번째는 그가 '인간적 게임'으로 기술하는 것으로, "재현의 실행과 구분 불가능한 게임"이다(DR 283). 이 게임과 대조적으로, 첫 번째 게임인 재현의 실행을 조건짓는 이념적 게임이 존재한다. 따라서 각각 그 자신의 규칙의 집합을 가지는, 하나는 인간적 게임, 또 하나는 비인간적 게임이라는 두 가지

게임이 있는데, 하나는 앞에 오면서 다른 하나를 조건짓는다. 첫 번째 규칙들의 집합은 들뢰즈가 인간적 재현, 경험적 사유, 의식의 명제들, 해解의 경우들 등등 — 이 모든 표현들은, 내가 아래에서 주장하겠지만, 동의어들이다 — 에 의해서 이해하는 것을 특징짓는다. 두 번째 규칙들의 집합은 이념들이 탄생해서 점진적으로 규정되는 순수하고 비인격적인 사유의 요소를 위한 규칙들이다. 이 게임은 미래를 특징짓는다.[15] 이 두 종류의 게임에 대한 들뢰즈 설명의 중요성은 이 게임들이 게임 이론에 기여하는 데 (있다면 다소 약하게) 있는 것이 아니라, 잠재적 세계와 현실적 세계, 이념적 세계와 경험적 세계라는 두 세계의 역동성을 정의하는 데 있다. 발생의 문제는 어떻게 우리가 한 규칙들의 집합에서 또 다른 규칙들의 집합으로 가는가, 어떻게 우리가 이념들에서 재현들로 가는가이다.

『의미의 논리』에서 들뢰즈는 이 두 유형의 게임을 체계적으로 비교한다.[16] 인간적 게임은 네 가지 특징을 지닌다.

(1) 모든 경우에서 한 규칙들의 집합이 게임을 하기에 앞서 존재하며, 게임을 할 때 이 집합은 범주적 가치를 띤다.

(2) 이 규칙들은 우연성chance을 배당하고 할당하는 가설들을 정의한다 ….

(3) 가설들은 실재적으로really 또 수적으로 구분되는 다수의 던지기에 따라 게임을 조직한다. 각 던지기는 이런저런 경우에 상응하는 고정된 분배를 가져온다 ….

(4) 던지기의 결과는 양자택일적인 '승리' 또는 '패배'에 걸쳐 있다. (LS 58-59)

'우리에게 친숙한' 이 게임들과 대조적으로, 이념적 게임은 그 자신의 네 가지 특징을 지닌다.

(1) 앞서 존재하는 규칙들이 존재하지 않으며, 각 수手는 그 자신의 규칙들을 발명한다. 각 수手는 그 자신의 규칙에 관계한다.

(2) 실재적으로 구분되는 수數의 던지기 속에서 우연성을 배당하고 할당하는 것이 아니라, 모든 던지기는 우연성을 긍정하고, 각 던지기와 더불어 우연성을 끊임없이 분기시킨다.

(3) 그러므로 던지기들throws은 실재적으로 또는 수적으로 구분되지 않는다. 던지기들은 질적으로 구분되지만, 존재론적으로 하나의 단일한 던지기cast의 질적 형식들이다. […]

(4) 그러한 게임 — 규칙들이 없고, 승자도 패자도 없고, 책임이 없는 게임, 천진난만한 게임, 기량과 우연성이 더 이상 구분될 수 없는 코커스 경주 — 은 실재성을 가지지 않은 것으로 보인다. […] (LS 59-60)

첫 번째 게임은, 내가 말한 바와 같이, 재현의 세계를 정의한다. 재현들은 수적으로 또 실재적으로 구분된다.[17] 이는, 재현들이 분별적이고, 서로에게 외적이며, 별개의 실체들을 가진다고 생각될 정도로 한계 — 부분 바깥의 부분 — 를 명료하게 정의했다는 것을 의미한다. 재현들은 범주들의 역할을 행사하는 일단의 앞서 존재하는 규칙들의 지배를 받는다. 이것들이 언어의 범주들인지 혹은 존재의 범주들인지는 중요하지 않은 것으로 보인다. 중요한 모든 것은 재현들이 그들 자신의 규칙을 주지 않고 자신들 바깥에서 규칙을 찾는다는 점이다. 이 때문에 들뢰즈는 재현의 세계를 특이점들의 고정된 분배 혹은 정착적 분배로 특징짓는다. 즉, 특이점들은 미리 설립된 규칙들을 따라 이미 정의된 형식들 속에서 분배된다.

그러나 두 번째 게임은 비인격적 사유의 세계를 정의한다. 들뢰즈는 이 이념적 게임은 '사유 그 자체의 실재성'이라고 말하는데(LS 60; cf. NP 32), 실로 이 게임의 규칙들은 의미sense 곧 잠재적인 것의 '형이상학적' 표면 혹은 '뇌의' 표면의 역동성을 정의한다. '사유thought'란 단어는 분명 우리가 보통 사유함thinking이라고 생각하는 것을 의미하지 않는다. 여기서 사유란 우리가 자유변경의 공간에 대한 후설의 기술을 따라서 이른바 '임의성의 구조'라 하는 것에 의해 정의된다. 여기에는 재현의 범주들과 달리 어떠한 규칙들도 존재하지 않는다. 이념적 게임은 우연성 및 규칙의 생산에 의해 정의된다. 그리고 규칙들의 이러한 생산은 법칙성과 규칙성을 보증할 어떤 자애롭고 지혜로운 힘에 의해서가 아니라 우발점, 순수 우연성에 의해 중재된다(DR 284). 주사위를 던지고 요소들 간의 관계들을 점진적으로 더 규정되게 하는 데 원인이 되는 것은 바로 이 우발점이다. 위에서 점진적 규정을 기술할 때 보았듯이, '문제설정적 장 전체를 점진적으로 순회하거나 혹은 기술하는 것'은, 『안티−오이디푸스』에 나오는 영원회귀의 유목적 주체와 같은, 바로 이 우발점이다(210). 이 특징들은 재현의 범주들 혹은 제약들 바깥에서 이념들의 생산을 위한 조건들, 곧 우연성과 자유를 정의한다. (이 자유는, 우리가 다음 장에서 보듯이, 시간의 세 번째 종합의 결과이다.)

사유에 관한 이러한 기술은 블랑쇼한테 많은 것을 빚지고 있다. 블랑쇼에게, 읽히지 않은 책은 바위와 다르지 않은 순수한 물질성이다. 그것은 죽은 문자들의 집적물이다. 책은 읽혀야 하며, 읽을 때 책은 현실적으로 생산된다(Blanchot, *The Space of Literature*, 193, 197; cf. 23). 내가 『의미의 논리』에 관한 장에서 기술한 바와 같이, 이는 크로노스와 아이온이라는 시간의 두 개념들 사이의 운동과 관련이 있다. 읽히지 않은 책의 물질적 시간이 현재가 있는 시간, 크로노스이고, 작품의 시간은 현재가 없는 시간, 아이온, 시간의 빈 형식이다. 블랑쇼에게, 진정한 (재)생산을 위한 필수적 조건, 그리고 이 생산이 인간적이고, 주관적이고, 자의적이기를 그치는 조건은 마음이 아무런 기대 없이 임의성의 구조 내에서 접근해야만 한다는 점이다. 미적 경험/실험을 정의하는 것은 바로 아무것도 미리 알려지지 않는다는 점이다.

> 예술작품을 읽고, 보고, 듣는 일은 지식보다는 무지를 더 요구한다. 이런 일들은 막대한 무지를 부여받은 지식을 요구하며, 지식을 잊음 속에서 수용되고 획득되며 또한 상실되기도 하는 매시간을 가지는, 시간에 앞서 주어지지 않는 선물을 요구한다. 각각의 회화, 음악의 각 곡은 우리가 이런 예술작품들을 반갑게 맞이할 필요가 있는 기관이란 선물을 우리에게 만들어준다. 각 예술작품은 우리에게 그 예술작품을 보고 들을 필요가 있는 눈과 귀를 '준다'. (Blanchot 192)

이 인용문은 이 책 앞에서 주어진 발레리Valéry의 한 인용문에 기원을 두고 있다.

> 평생 동안 진정한 화가는 회화를 추구하고, 진정한 시인은 시를 추구한다, 등등. 왜냐하면 이러한 추구들은 규정된 활동들이 아니기 때문이다. 이러한 추구들 속에서 우리는 필요, 목표, 수단, 그리고 심지어 장애들을 창출하지 않으면 안 된다. (Blanchot 87)[18]

두 대문에서 작품의 경험experience/실험experiment은, 작품 그 자체가 매시간 처음으로 생산되는 완전하게 자유로운 창조성의 장을 최초에 전제한다. 아무런 미리 주어진 범주들이 없고 아무런 규칙들이 없다. 모든 것의 가능성을 제외하고 아무것도 미리 주어지지 않는다. 각 작품은 규칙들을 그 자신 바깥에서 찾는 것 대신에 우리가 이러한 임의성의 구조 내에서 접근하는 한에서 우리에게 규칙들을 준다.[19] 따라서 블랑쇼는 아무런 외재적 규정이 없이 모양을 취할 수 있는 이 개방된 장을 발생적 장으로 기술한다. 이는 '[작품의] 끊임없는 발생, 팽창해서 전개되는 발생에 대한 경이감'을 나타낸다(207).

예술작품에 관한 블랑쇼의 기술과 마찬가지로, 들뢰즈가 생각하는 이념들의 생산 역시 규정된 활동이 아니다. 이념들의 생산은 개방되고 자유로운 장에서 일어난다. 이념들은 그 기원을 이념적 게임에 두며, 이 게임의 유일한 규칙은 아무것도 미리 주어지지 않는다는 점이다. 거기에는 아무런 규칙들이 없다. 들뢰즈는 이 유희하는 장을 정의할 때 블랑쇼를 직접적으로 언급한다.

> 만약 우리가 사유 이외에서 이 게임을 행하려고 한다면, 또 만약 예술작품 이외에서 결과를 생산하려고 한다면, 아무것도 생산되지 않는다. 그렇다면 이 게임은 사유와 예술을 위해 보류된다. (LS 60)

여기서, '예술작품'은 작품에 대한 블랑쇼의 매우 특유한 정의를 암시한다. 하지만 『차이와 반복』 문맥 내에서 이 예술작품은 이념이며, 사유의 작품은 이념들의 점진적 규정이다. 그렇다면, 이념적 게임에 관한 들뢰즈의 정의와 관련하여, 이념들의 기원은 이 순수 우연성과 규정 가능성의 장이다.

들뢰즈의 이념적 게임은 이념들의 기원의 문제에 접근하는 유일한 한 가지 방식이다. 하지만 우리는 또한 이념적 게임의 이미지를 뒤로 하고, 우리가 위에서 본 바와 같이 충족이유의 첫 번째 측면이 규정 가능성의 형식이란 점에 단순히 주목할 수 있다. 이념들은 '적극적 미규정성들positive indeterminacies' 혹은 '문제들'로서 시작된다.[20] 미분적 관계들이 설립되기 전에 이념은 규정을 요구하는 일단의 '이념적 요소들'일 뿐이다. '문제'는 바로 이념적 요소들의 규정이란 문제이다. 들뢰즈가 『의미의 논리』에서 말하는 바와 같이, 이념들은 "일어나는 것 혹은 나타나는 것의 지평에 처해 있는 마음의 객관적 평형"을 표현한다. 즉, 그 사람은 리차드인가 또는 윌리엄인가?(LS 57; cf. DR 169). 『차이와 반복』에서 이 '지평'은 규정 가능성의 형식이다. '일어나는 것' 혹은 '나타나는 것'은 이념적 요소들이다. 자유로운 순수 사유의 전반적 활동은 이 미규정성들을 규정적인 것으로 만드는 것이다. 이러한 활동은 문제를 규정하고 그런 다음 문제에 적합한 해解를 찾아낸다. 이 관점에서 보면 이념들의 기원은 단지 규정 가능성의 형식 혹은 시간의 빈 형식일 뿐이다(cf. DR 276, 86-88).

임의성의 이 구조 내에서, 이념들의 직접적 기원 혹은 원인은 우발점이다(DR 200). '문제들에 대한 계산을 수행하는 것, 구조를 구성하는 미분적 요소들 혹은 특이점들에 대한 규정을 수행하는' 것이 바로 이 우발점이다(198).[21] 우발점들은 "이념적 문제들에 생기를 불어넣어 주며, 그 관계들과 특이성을 규정한다"(283). 우발점은 규정의 현실적 행위자이다. 우발점은 미분적 관계들, 그리고 이 관계들에 상응하는 특이성들을 규정한다. 이념적 요소들의 규정 가능성의 조건인 시간의 빈 형식은 단지 이 규정을 가능하게 할 뿐이다. 그렇다면 이것이 이념들의 이중적 기원이다. 즉, 시간의 빈 형식에 의해 제공되는 임의성의 구조, 그리고 규정하는 행위자로서의 우발점. 이념들은 시간의 빈 형식을 그 조건으로서 가지며, 우발점을 그 발생적 원리로서 가진다. 그렇다면 생산된 후에는 이념들에게 무슨 일이 일어날까?

이념들의 도착지

점진적 규정의 과정이 경과한 후에 우리는 요소들, 관계들, 특이성들이라는 세 가지 차원들 속에서 잘 규정된 이념을 우리 앞에 가진다. 들뢰즈는 미분화differentiation와 분화differenciation라는 이제 잘 알려진 구별을 도입하기 위해 미분법의 어휘를 사용한다. 미분화는 잠재성 내의 이념의 점진적 규정을 가리킨다. 비록 이념이 완전하게 규정되었을지라도, 그것은 여전히 완전하게 잠재적이다. 우리가 위에서 본 바와 같이, 이 지점에서 특이성들은 잠재적 구조 내의 분배와 실존의 관점에서 규정되어 있지, 이념을 덮을 자신들의 '본성', 혹은 특유한 질과 연장의 관점에서 규정되어 있는 것은 아니다. 다른 한편, 분화는 이념의 현실화, 혹은 미분화된 이념이 현실적 실존을 띠고 자신의 순수하게 잠재적인 기원을 떠나는 과정이다. 즉, "완결된 규정이 결여한 것은 현실적 실존에 속하는 관계들의 전 집합이다 …. 따라서 현실화에 의해 규정되는 대상의 또 다른 부분이 존재한다"(209; 인용자 강조). 그러므로 현실화의 과정은 완전하게 규정된 잠재적 이념에서 현실적 '대상'으로 향하는 이동이다. 이념은 질과 연장으로 덮이게 되고 자신의 '본성'에 따라 규정되게 된다. 미분화와 분화는 모든 대상의 잠재적인 것과 현실적이라는 이 두 절반을 규정하는 두 과정이다. 즉, 대상의 완전성 혹은 완전무결성을 지시하기 위해 들뢰즈는 "미/분화"라는 복합개념을 제안한다(209; 인용자 강조).

현실화는 잠재적인 것에서 현실적인 것으로 향하는 운동이라는 점은 들뢰즈에 관한 현재의 문헌에 잘 확립되어 있지만, 현실화와 대상들의 관계는 별로 상세하게 설명되어 있지 않다. 실로, 이 운동이 '대상'— 이념 속의 대상과 현실적 대상 — 의 두 상태들 사이의 이동이라는 사실은 별로 강조되어 있지 않은데, 이는 들뢰즈가 이 과정을 기술하기 위하여 사용하는 — 매우 생물학적인 — 예들에 종종 주의를 기울이기 때문이다. 이념들 장 초두에서부터 들뢰즈는, 특히 그가 초감각적인 것으로부터 이념에 관한 칸트의 생각을 취할 때, 이념과 사물 간의 강력한 상호관계를 끌어내며, 『판단력비판』에 제시된 칸트의 선례를 따라서 이념을 적극적 미규정성 속에서 혹은 '지각 내의 초점 혹은 지평'으로서, 감성적인 것의 한복판에 놓는다.[22] 이러한 전환을 따라서 나는 들뢰즈의 이념이 우리가 대상이 무엇인지 충분히 인식하거나 알기 전에 이 모든 구체적 대상이 취하는 형식이라는 점을 여기서 제안하고 싶다. 이념 속에서 대상 그 자체는 사유를 위한 문제가 된다. 그렇다면 점진적 규정은 지각의 구체적 대상의 점진적 규정 이상의 것이 아닐 것이다.

만약 우리가 들뢰즈의 1968년도 논문인 「극화의 방식The Method of Drama-tization」으로 향한다면, 이념과 지각대상의 합체는 훨씬 더 분명해진다. 그의 논문이 (이념이 감성에 기능하는 데 적합하게 만드는) 두 주요한 기능 — (1) 이념을 비본질적인 것을 포함하도록 하기 위해 이념을 우유성偶有性; the accident에 관계시키는 기능, (2) 이념에 시-공간적 좌표를 부여하기 위한 기능 — 을 가지리라는 점을 입증하는 간략한 서론 후에 들뢰즈는 불현듯 "사물 일반의 특성 혹은 독특한 성격은 무엇인가?"라는 물음으로 나아간다(DI 96). 들뢰즈의 대답은 다음과 같다.

> 그런 특징은 이중적이다. 즉, 사물이 소유하는 질 혹은 질들, 사물이 점유하는 연장. […] 한 마디로, 각 사물은 이중적인 종합의 교차에 있다. 즉, 질화 혹은 종별화의 종합, 그리고 분할, 합성, 혹은 조직화의 종합. (96)[23]

따라서 질과 연장, 혹은 한 사물의 공간적 구조는 사물 일반의 두 좌표이다. 대상에 대한 이러한 분석에서 들뢰즈는 분명히 감각의 전통적 좌표를 암시하고 있다. 즉, 각 대상은 색깔, 촉감, 냄새 같은 이차적 성질들을 지니고, 실체적, 공간적, 기하학적 특성들을 통해서 연장을 채우는 방식인 일차적 성질을 지닌다.[24]

『차이와 반복』에서, '사물' 혹은 '개체'는 정확히 이와 동일한 방식으로 정의된다. 즉, 사물은 질과 연장의 종합이다. 또 나아가, 『차이와 반복』과 「극화의 방식」 둘 모두에서 모든 주어진 사물의 특유한 질과 연장은 이념 그 자체에 의해 정의된다. 질과 연장은 현실화 혹은 분화의 두 종착점이다. 질과 연장은 이념들의 도착지이다. 그러나 이 두 종착점은 미분화, 혹은 이념들의 점진적 규정의 두 측면을 소급해서 지시한다. 미분화는 '그 자신의 두 측면들을 가지는데, 한 측면은 관계들의 변이들에 상응하고, 또 한 측면은 각 변이의 가치들에 의존하는 특이점에 상응한다'(DR 210). 현실화의 두 측면들을 직접적으로 규정하는 것은 바로 이 미분화의 두 측면들이다. 즉, "이번에는 분화가 두 측면을 가지는데, 하나는 [미분적 관계들의] 변이들을 현실화하는 질들 혹은 다양한 종들에 관한 측면이고, 다른 하나는 특이점들을 현실화하는 수 혹은 구별된 부분들에 관한 측면이다"(210). 미분적 관계들은 질들로서 현실화된다. 특이성들은 연장들로서 현실화된다. 그러므로 잠재적 이념과 현실적 대상의 측면들 간에는 병렬적이고 직접적인 단순한 상응이 존재한다. 즉, 잠재적 관계들은 현실적 질들이 되고, 잠재적 특이성들은 현실적 부분들이 된다. 또 나아가, 이 두 측면들은 분리 불가능하다. 특이성에 의해 정의된 연장 혹은 형태가 없는 질과 같은 것은 없으며, 질을 지니지 않는 공간과 같은 것은 없다. "일반적으로 특이성들은 질 속에 육화된 미분적 관계들과 상응하며, 또 이러한 특이성들에 의해 정의되는 공간을 지시하지 않는 질은 결코 존재하지 않는다"(210).

이 지점에서 『차이와 반복』은 「극화의 방식」에서 말하는 대상, 그리고 이러한 대상의 기원인 초월론적 이념에 관한 들뢰즈의 기술을 확정하는 것으로 보인다. 각 개별적 대상은 공간의 점유와 특유한 질에 의해 정의되는데, 이 두 측면들은 대상의 이념에 의해 직접적으로 규정된다. 하지만 『차이와 반복』에서는 또한 사물의 시간이라는 세 번째 특성을 하나 더 추가함으로써, 「극화의 방식」에 나오는 사물에 관한 설명을 넘어서는 것으로 보인다. 대상은 점진적 규정의 시간으로부터 자신의 지속을 수용한다(DR 210-211과 216-219). 나는 곧, 현실화에서 강도가 행사하는 역할을 논할 때 더 상세하게 이 점으로 돌아갈 터이지만, 지금으로서는 우리는

'사물 일반'에 대한 완전한 정의는 사물이 (1) 공간, (2) 질, (3) 시간을 가진다는 점을 알 수 있고, 또 나아가 이 세 가지 특성들이 그 기원을 각각 (1) 특이성들, (2) 미분적 관계들, (3) 점진적 규정의 시간의 관점에서 초월론적 이념들에 두고 있다는 점을 알 수 있다. 사물들의 세 가지 특성은 그 직접적 기원을 이념들의 특성들에 두기 때문에, 극화에 관한 논문에서 내내 들뢰즈가 완전하게 잠재적인 혹은 미분화된 이념을 '이념 안의 사물'이라고 일관되게 언급하는 이유를 이해하는 일은 어렵지 않다 (DI 100). 잠재적 이념은, 사물이 연장되고, 질을 가지며, 시간 속에서 지나가는 한, 모든 주어진 '사물'의 충족이유이다.

우리는 또한 잠재적 이념을 후설을 따라 '감성적 도식' 혹은 사물의 '환영phantasm'이라고 더 정확히 부를 수 있겠다. 후설의 경우, 감성적 도식은 사물의 공간, 시간, 질의 순수하게 형식적인 조합이다. 만약 우리가 이념의 요소들이 시간(점진적 규정), 공간적 구조 혹은 형태(특이성들), 그리고 질(관계들)을 규정한다는 점을 고려한다면, 초월론적 이념은 이 감성적 도식 이상의 것이 아니라는 점이 분명하다.

그렇다면 현실화에서 분화되는 것은 감각의 대상이다. 이는 과학에 관한 들뢰즈의 언급에 관한 중요한 결론을 시사한다. 거의 오로지 현실화 과정을 기술하기 위해 들뢰즈가 생물학의 어휘나 알 속의 분화의 예를 사용했다는 사실에도 불구하고, 우리는 이 과정의 결과가 병아리가 아니라는 점에 주목할 필요가 있다. 생산되는 것은 질, 연장, 시간이라는 세 가지 상관적 측면들인 대상 일반이다. 이념 안의 미분적 관계들은 사물들의 현실적 성질을 규정하고, 잠재적 특이성들은 현실적 부분들 혹은 형태를 규정하고, 점진적 규정의 시간은 대상의 지속을 규정한다. 들뢰즈는 오직 예들로 사용하려고 그가 과학에 의존한다는 점을 일관되게 지적한다. 즉, "이념 전체는 미/분화라는 수학적-생물학적 체계에 휩쓸려 있다. 그러나 수학과 생물학은 여기서 잠재적인 것의 노출과 현실화의 과정들을 허용하는 오직 기법적 모델의 모습을 띠고 나타날 따름이다…"(DR 220-221).[25] 이 때문에 '다양체들의 예술'은 '사물들 속에 육화하는 이념들과 문제들을 파악하는 예술로서 이해되고, 또 사물들을 육화한 것들로, 이념들의 문제들에 대한 해解의 사례들로 파악하는 예술로서 이해된다.(DR 182; 인용자 강조) 점진적 규정을 충족이유로 기술하는 일은 특히 이 관점으로 보아 적절한 것으로 보인다. 모든 사물은 이념인 자신의 이유를 가진다.

이념들과 재현

그러나 이것은 극히 중요한 문제를 제기한다. 만약 우리가 이념이 대상에 현실화된다는 것을 규명했을지라도, 우리는 아직 이 현실성이, 숨김없이 말하자면, 인간 사유에 속한 어떤 것 — 재현들 — 인지 아닌지, 혹은 들뢰즈에 대한 많은 해석들, 특히 과학적 독해들이 제안하는 바와 같은, 사유로부터 독립한 어떤 것 — 사물들 그 자체 — 인지 아닌지 규명하지 않았다. 만약 이념이 사물의 충족이유라면, 이 사물은 어떤 종류의 '사물'을 가리키는가? 만약 우리가 『베르그손주의』에 의존한다면, 답은 매우 분명하다. 즉, "심리학적 의식을 구성하는 것은 현실화이다. (아니 현실화 뿐이다)"(BG 63; 인용자 강조).[26] 들뢰즈의 독해에 따르면, 베르그손의 현실화는 초월론적, 비인격적 무의식에서, 현실화가 현실적으로 창출하는 심리학적, 경험적 의식으로 향하는 운동이다. '현실적인 것'은 '심리학적 의식'을 말한다. 하지만 베르그손은 들뢰즈가 아니며, 들뢰즈의 베르그손 주의는 베르그손의 본래 모습을 갖추고 있는 것이 아니긴 하지만 그렇다고 반드시 곧이곧대로 들뢰즈의 모습을 갖추고 있는 것도 아니므로, 그래서 우리는 『차이와 반복』이, 현실적 대상이 경험적-심리학적-인간적 의식에 대한 대상의 재현이라는 이런 해석도 또한 보장하는지 어떤지 물어야 한다. 그러나 우리는 출발에서부터 이런 해석이 이미 「극화의 방식」에 의해 정당화되었다는 점을 주목해야 한다. 이 논문에서 들뢰즈는 그가 '사물 일반'이란 말로 의미하는 것은 구체적으로는 사물들 일반의 재현이라는 점을 다시 매우 분명하게 진술한다(DI 96; 인용자 강조). 그가 이 논문 뒤에서 다시 말하는 바와 같이, 분화는 '질들과 연장, 종과 부분들에서 이 관계들과 특이성들을 재현의 대상들로 현실화하는 것을 표현한다'(102; 인용자 강조). 사물의 이 두 특성들을 질과 연장으로 정의할 때, 들뢰즈는 이 특성들을 사물들의 재현들에 적용되는 것으로 분명히 이해하고 있다. 여기서, 내가 『안티-오이디푸스』에서 그렇다고 주장한 바와 같이, 대상들은 후설이 '수용성의 대상성들'이라 부른 것으로 볼 수 있을 것이다. 『차이와 반복』에서는 이 점에 관해서 말할 무엇을 가지고 있는가? 이념들은 심리학적 의식에 대한 재현에서 현실화되는가, 아니면 사물들 그 자체에서 현실화되는가?[27]

『차이와 반복』에서 이 점을 강조하려고 전력을 다하지 않는 데 반해, 들뢰즈는 질과 연장이 정적 발생의 종착점일 뿐만 아니라 또한 '재현의 요소들'을 구성한다고 적어도 두 차례나 말한다(DR 235). 이념들이 현실화되어 있는 질들과 연장들은 '지각적 세계의, 재현된 지각 세계의 전개된 질들과 연장들이다'(281). 그렇다면 「극화의 방식」에서처럼, 질과 연장은 의식으로부터 독립해 있는 물리적 대상들의 특성들이 아니라 재현된 대상들의 특성들이다. 역으로, '전반적으로 지식의 요소'[28]인 재현은 대상들과 동일한 형식을 가지며, 그래서 우리는 『베르그손주의』의 들뢰즈와 더불어 현실화는 심리학적 의식, 혹은 그가 『차이와 반복』에서 '지각적 세계'라 부르는 것을 생산한다고 말할 수 있다. 따라서 정적 발생은 —『의미의 논리』에서 그런 것처럼 — 구성된 지각 대상들로 끝난다.

이 점은 들뢰즈가 이념들 및 이념들의 현실화에 관해 이야기하기 위해 사용하는 많은 동의어들에 의해 더 지지를 받는다. 우리는 이미 이를 두 유형의 게임들에 대한 그의 기술과 더불어 본 바 있다. 즉, 이념적 게임, 잠재적인 것은 재현이 지배하는 '인간적' 게임을 조건짓는다(DR 283; LS 58ff). 게다가, 들뢰즈는 종종 이념들을 '문제들'로 기술하고, 현실화의 과정을 '해解들'의 규정으로 기술한다. 따라서 들뢰즈는 '미분화는 이념의 잠재적 내용을 문제로 규정하는 반면, 분화는 이 잠재적인 것의 현실화와 해들의 구성을 표현한다'(209; 인용자 강조). 첫째, 이 해의 사례들은 '현실적'이고, 둘째, 이 현실적 해들은 '명제들'의 형식을 취한다는 것이 분명하다. 즉, "문제들은 해답들 혹은 해의 사례들의 형식으로 자신들을 실행하는 명제들을 생겨나게 한다"(267). 나아가, 『의미의 논리』에서처럼 이 명제들은 바로 '의식의 명제들' 혹은 '의식적 명제들'이다(267). 달리 말해서, 문제-해 은유의 맥락 내에서 '문제'는 잠재적 이념에 상응하고, 이념이 현실화되는 '해'는 의식의 명제를 구성한다. 베르그손에서처럼 현실화, 혹은 해들의 규정은 의식을 구성하며, 의식에 거주하는 해들은 지식의 규정적 단편들이다.29 '현실적', '해', '재현', '질/연장', '지각적 세계'와 같은 표현은 모두 재현 세계의 거주자들, 인간적 게임에 의해 정의되는 규칙들과 규제들, 재현 세계의 거주자들을 정의한다. 현실적인 것은 경험적 *empirical*이자 인간적인 현실적인 것이다. 이에 대해서는 의문의 여지가 있을 수 없다. 현실화는 잠재적인 이념에서 경험적 의식 내 사물의 재현으로 나아가는 과정이다. 이제 우리는 앞에서 이념을 '현상들 그 자체의 구조(47; cf. 182; 인용자 강조)'30로 정의한 것이 올바르다는 점을 알 수 있다. 따라서 현실화의 이론은 현상들의 발생에 관한 이론이다.

재현의 적법한 사용

이제 우리는 『차이와 반복』의 주요한 기획, 즉 재현의 적법한 사용과 부적법한 사용의 결정을 이해할 수 있는 위치에 있다. 이 기획은 인식되는 것은 생산 과정으로부터 필증성을 취한다는 거의 (후기) 후설의 인식론과 진배없는 것을 다룬다.[31] 들뢰즈에 따르면, 방금 본 바와 같이, 우리가 무언가를 인식하기 위해서는 이 무언가는 의식 속에 재현되어야 한다('재현 전체는 지식의 요소이다'). 하지만 『의미의 논리』에서 들뢰즈는 죽은 곧 의미를 갖지 않는 재현과 살아 있는 재현이라는 두 종류의 재현을 구분한다. 죽은 재현들은 생산 과정과 떨어져 있다. 살아 있는 재현들은 재현이 봉인하는, 재현의 충족이유인 '표현', '문제', '의미', '이념(이 용어들은 동의어들이다)'에 힘입어 생산 과정과 붙어 있다. 들뢰즈는 『의미의 논리』에서 "두 유형의 지식이 종종 구분되어왔는데, 하나는 냉담하며 자신의 대상에 외적인 채 남아 있고, 다른 하나는 구체적이며 자신의 대상이 어디에 있든 이 대상을 찾고 있다"고 쓰고 있다(LS 146). 이 두 유형의 지식은 죽은 재현과 살아 있는 재현이라는 두 유형의 재현이다. 하나는 공허하고 자신의 대상에 외적이며, 다른 하나는 구체적이고 자신의 대상이 자신을 피할 때 아무것도 아닌 것이 되고 만다. "재현은 자신이 포함하는 숨겨진 표현에 의해서, 즉 자신이 봉인하는 사건에 의해서 이 전형적인 이상을 달성한다. 따라서 재현의 어떤 '사용'이 존재하는 데 이런 사용이 없다면 재현은 생명이 없고 의미를 갖지 않는 채로 있게 될 것이다"(LS 146; 인용자 강조). 이것이 재현의 적법한 사용이다. 재현은 '사건' 혹은 이념을 통해 구체적이고 생명을 부여하는 생산 조건들과 연결되어 있다. 우리가 위에서 본 바와 같이, 이념은 일종의 초월론적 대상으로서 작용함으로써 이 역할을 충족시키며, 또 실제로, 종종 단순히 '이념 안의 대상' 혹은 '대상의 잠재적 절반'이라 불린다.

들뢰즈가 반복해서 주장하듯이, 재현이 어떠한 진리든 진리를 가질 수 있는 것은 오직 이 조건 하에서뿐이다. 즉, '모든 면에서 진리는 생산의 문제이지 일치의 문제가 아니다'(DR 154). "의미는 참the true의 발생 혹은 생산이며, 진리^{truth}는 오직 의미의 경험적 결과일 뿐이다"(154). "문제 혹은 의미는 본원적 진리의 장소이자 파생된 진리가 발생하는 장소이다"(154).[32] 모든 예에서 진리는 생산의 문제이다. 필증성의 조건은 발생의 직접성이며, '의미' 혹은 이념에 의해 보장되는 직접성이다. 지식이 진리를 가지기 위해서, 혹은, 다른 방식으로 말하면, 적법한 사용을 가지기 위해서 재현은 사건의 형식 안에 자신의 원인을 봉인하는 지점에 도달해야 한다. "재현은, 이 지점에 도달하지 않을 때, 자신이 재현하는 것에 맞서는 죽은 문자로 남게 될 뿐이고, 어리석은 재현으로 남게 될 뿐이다"(LS 146).

재현의 적법한 사용과 부적법한 사용 간의 구분을 확립하고자 하는 시도는 『차이와 반복』 그리고 아마도 중간 시기 전반에 걸치는 들뢰즈 철학의 궁극적 목적인 것으로 보인다. 차이에 대한 우리의 경험은 서로 간에 외적인 재현들에 의존하지 않는다. 차이는 분별적 동일성들 간의 어떤 것이 아니라, 혹은 들뢰즈가 말하듯이, 차이가 재현 주변을 맴도는 것이 아니라, 재현이 차이에서 발생적 원리를 발견하는 한, 재현이 차이 주변을 맴도는 것이다. "이러한 역전은, 차이가 '동일한'과 '유사한'이란 단어들의 적법적 사용의 조건들을 정의하므로, 단지 사변적인 것에 그치는 것이 아니라 현저하게 실천적인 것이다…"(DR 301; cf. DR 40-41, 57, 116-117). 생산 과정에 묶여 있는 한, 재현은 적법하다. 재현의 생산에서 끝나는 생산 과정은 정적 발생, 사회적 생산, 현실화, 분화, 그리고 우리가 보게 되는 바와 같이, 개체화 등과 같은 많은 이름으로 통한다. 하지만 이 모든 경우들에서 우리는 차이와 재현을 연결하는 것은 발생의 관점이라는 점을 알고 있다. 이 발생은 (『안티-오이디푸스』와 『의미의 논리』의 동적 발생에서처럼) 운동 중인 물질적 대상의 분산 속에서 시작되는 것이 아니라, 시간의 빈 형식 속에서 시작되어 인간적 의식을 위한, 사물들 일반의 재현에서 끝난다. 따라서 동적 발생이 아니라 정적 발생인 것이다.

이념들의 기원과 도착지

나는 이 장의 첫 번째 부분에서 두 가지를 규명하고자 했다. 두 가지란 (1) 이념들의 도착지는 인간적 의식 안의 재현이라는 점, (2) 이념들은 그 기원을 규정 가능성의 형식에 두고 있다는 점이다. 이 기원과 이 도착지는 모두 다음의 인용문에 분명하게 표현되어 있다.

> 그러나 근거짓는 일 바로 그것에서 이 다중적multiple 이유[즉, 점진적 규정으로서의 충족이유]가 생겨나고 또 작동하길 멈춘다. 어떤 무이유 unreason 속에서 충족이유가 침몰하며, 어떤 새로운 유형의 게임 혹은 추첨으로부터 충족이유는 자신의 특이성들과 분배들을 끌어내는가 …? 요컨대, 충족이유 혹은 근거는 기묘하게 굽어 있다. 즉, 한편으로 충족이유는 자신이 근거짓는 것으로 향해, 재현의 형식들로 향해 기울고, 다른 한편으로 충족이유는 모든 형식들에 저항하며 재현될 수 없는 탈근거로 향하여 뛰어든다. (DR 274-275; 원문 강조)

이념들은 시간의 빈 형식의 탈근거와, 자신들이 생산하는 인간적 의식 안의 재현들 사이의 공간에 실존한다. 하지만 이 모든 것에도 불구하고, 대답될 필요가 있는 여전히 두 중요한 물음들이 존재한다. 우선 첫째로, 우리는 이념들이 어떤 메커니즘에 의해 현실화되게 되는지 알 필요가 있다. 우리는 무엇이 이념들을 잠재성 바깥으로 꺼내어 그것들이 적법한 재현들을 형성할 수 있는 현실성으로 놓아두는지 아직 말하지 않았다. 둘째로, 이념들이 잠겨 있는 이 시간의 빈 형식과 '무이유unreason'가 생산되는지 아닌지, 혹은 단지 그것이 주어질 뿐인지 알아낼 필요가 있다. 첫 번째 물음 — 이념들은 어떻게 현실화되는가? — 에 답하기 위해서 우리는 개체화의 과정에 눈을 돌려야 한다. 즉, "개체화는 잠재적인 것과 현실적인 것이라는, 대상 혹은 사물의 두 유사하지 않은 절반의 포매embedding를 보증한다"(DR 280). 두 번째 물음은 그 자체의 장을 요구한다.

개체화[33]

강도 곧 차이 그 자체와 잠재적인 것을 혼동하는 경향이 있다. 이는 잠재적인 것이 보다 떠들썩한 들뢰즈의 모든 개념들을 아우르는 모든 것을 잡아넣는 어구가 되었기 때문이다. 하지만 들뢰즈는 이 두 개념을 매우 명료하게 구분한다. 가령 강도는 미분적 관계와는 다른 유형의 관계이고, 잠재적인 것과는 완전히 다른 영역에 속하는 유형의 관계이다(DR 244). 이는 우리가 여기서 관심을 가지는 정적 발생과 관련하여 강도들과 이념들은 두 상이한 과정을 따르기 때문이다. 설사 이 과정들이 긴밀하게 관련되어 있다 할지라도 말이다. 강도과 이념은 둘 모두 자신들을 재현의 세계로 밀어붙임으로써 자신들을 자신들 바깥에 놓는 발생을 겪는다. 그러나 이것은 두 구분되는 과정들로 이루어지는 복합적 발생이다. 이념들은 '현실되고', '분화되고', '해결된다'.[34] 강도들은 '개체화되고', '펼쳐지고explicated', '취소된다'. 그래서 들뢰즈는 이 둘은 혼동될 수 없다는 점을, 그리고 어떠한 혼동도 '차이의 철학 전체를 위태롭게 한다'는 점을 강조한다(318).

이념과 강도가 서로 간에 다른 점은 복잡하지만, 내가 이 장의 나머지 부분에서 언급하고 싶은 것은, 최종적 분석에 의거할 때 이념과 강도 간의 거리는 이것들이 속하는 시간의 상이한 차원들로 되돌아간다는 점이다. 강도와 그 과정인 개체화는 현재에 속한다. 『안티-오이디푸스』에서와 마찬가지로 강도는 우리가 직접적 현재 속에서 촉발되는 정도를 표현한다. 이념들과 그 과정은 새로운 것이 점진적으로 규정되는 초월론적 요소로 이해된 미래 속에서 공존한다. 이것은 우리가 촉발물들에 대해 의미를 만드는, 『의미의 논리』에서 기술된 의미의 영역이었다. 강도와 개체화는 오직 직접적 현재에 관련되어 있는 것으로 보이는 반면, 현실화 과정은 미래와 현재의 경계선에 접하며 이념들이 미래에 집을 떠나 현재가 되는 방식을 나타낸다. 시간의 추이가 잠재적 미래에서 현실적 현재로 지나가는 것이라면(210-211, 216), 거기에는 반드시 잠재성이 강도의 현재를 만나는 지점이 존재하지 않으면 안 된다. 이러한 만남은 개체화 과정이 기술하는 그것이다.[35] 들뢰즈가 '감성적인 것의 비대칭적 종합'을 '이념의 상호적 종합'의 '연속'으로 기술하는 것은 바로 이러한 관점에서이 다. 즉, 감성적인 것의 비대칭적 종합은 이념을 현재로 연속하게 한다(244). 정적 발생에서 이 두 차원들은 통일된다. 우리는 이 점에 대해 다시 이야기하게 될 것이다.

강도는 환경적 현재를 표현한다. 현재를 표하는 것으로서 강도는 발생의 순서와 관련하여 많은 특정한 기능들을 맡고 있다. 강도의 주요한 기능은 '직관 속에서' 현실화될 이념들을 선정하는 것이다(231). 강도는 특정한 환경의 요구에 따라서 그렇게 한다. 하지만 이 직접적 현재의 환경은 이것에 대해 의미가 조금이라도 만들어지기 전에 그 자체 강도들의 장으로 이해되지 않으면 안 된다. 들뢰즈는 '살아 있는 존재는 유전학적으로', 말하자면 자신의 DNA 혹은 자신이 봉인하는 이념에 의해 정의될 뿐만 아니라, '또한 생태학적으로', 자신이 환경과 맺는 관계 혹은 외부와 맺는 관계에 의해 정의된다(216). 이 책 앞부분에서 들뢰즈는 많은 동일한 내용을 말한 바 있다.

그러므로 유기체들에 있어서 발달의 발생은 가속이나 방해와 더불어,

이유들에 따라서, 환경에 의해 규정되는 속도에 맞추어 한 본질을 현실화하는 것으로 이해되지 않으면 안 되지만, 그러나 이는 한 현실적인 항에서 다른 한 현실적인 항으로 가는 진화론자의 추이와는 무관하다. (DR 185; 인용자 강조)

만약 우리가 이 은유를 사유의 권역으로 다시 옮겨 놓는다면, 현실화되는 '본질'은 이념이다. 저 본질의 현실화를 제어하는 '이유'와 '속도'를 규정하는 환경은 사유에서 강도의 유동으로 표현된다. 두 인용문에서 이념들에 대한 강도의 특정한 역할은 이념이 현실화될 환경의 역동성에 따라 이념을 선택하는 것이다. 현실화는 당면한 환경에 의해 규정되는 '이유'에 따라 언제나 성취된다.

강도들은 현실화될 이념들을 능동적으로 선택하지 않는다. 자유의지 혹은 지성의 요소가 관여되지 않는 것으로 보인다. 선택은 수동적이다. 여기서 우리는 들뢰즈가 (1) 우리의 신체를 촉발하는 물체적 물질성의 감각 없는 유동으로서의 강도와 (2) 촉발의 양, 자아의 주의에 관여하고 자아 쪽의 개입을 유발하는 양의 표현으로서의 강도라는, 강도에 대한 두 전통적인 이해를 융합하는 방식에 신중을 기해야 한다. 둘 모두의 의미에서, 우리가 『안티-오이디푸스』에서 본 바와 같이, 강도 개념은 촉발과 구분될 수 없다. 첫 번째 의미에서, 강도는 환경 속에서 우리를 촉발하는 것을 표현한다. 궁극적으로 이 의미는 각 흥분이 자아가 쾌락원리라는 규칙 하에 살기 위하여 '묶여야만 하거나' 취소되어야만 하는 신경에너지의 유입이라는 형태를 취하는 프로이트의 메타심리학과 다시 관련된다.[36] 비록 프로이트가 '강도'라는 단어를 사용하지 않았다 하더라도, 그가 작업하고 있을 때 사용하는 에너지적인 은유는 이 관련을 분명히 한다.[37] 그러나 선택의 원리로서의 두 번째 의미에서 강도는, 능동적 자아에게 한 대상이 다른 대상을 누르도록 개입하게 하는 일을 고취한다는 후설의 정의를 받게 된다. 강도는 대상들이 행사하는 비교적인 영향, 그리고 한 대상의 '흥분의 양'이 우리의 주의를 위해 다른 수동적으로 생산된 대상들과 경합하는 방식을 표현한다. 비록 후설에서처럼 들뢰즈에서는 능동적 자아를 촉발하는 것은 아닐지라도, 강도는 참으로 (순수 사유의 능력을 나타내는) 이념들의 선택에 있어서 중대한 역할을 지닌다(DR 192).

'강도'라는 표현의 이 두 측면, 그리고 이념을 선택할 때 강도가 행하는 역할은, 생물학적 개체화에서 행하는 강도의 역할을 이야기할 때 들뢰즈가 드는 예에서 분명히 나타난다. 알의 '원형질'은 '강도적 환경' — 현재의 환경 — 을 제공하는데, 이념들이 이 환경에 따라 선택되고 이 환경 속에서 현실화된다. 이 환경은 전적으로 수동적인 방식으로, 그리고 전적으로 최대한의 강도의 법칙에 따라서 선택하는 것으로 보인다. 들뢰즈는 이렇게 적고 있다.

> 원형질 전체를 통해서 물결 같은 변이를 형성하는 강도는 자신의 차이를 축들을 따라 한 극에서 다른 한 극으로 분배한다. 최고조의 활동 영역이 최초로 작동하기 시작하고, 상응하는 부분들의 전개에 낮은 비율로 지배적 영향을 행사한다. 즉, 알 안의 개체는 가장 높은 곳에서 가장 낮은 곳으로 이동하며, 자신을 이루고 자신이 그 속에서 낙하하는 차이들을 긍정하는 진정한 하강이다. (DR 250; 인용자 강조)[38]

원형질 — 강도적 환경 — 내에 강도의 상이한 정도들이 존재한다. 최초로 작동하기 시작하는 것은 '최고조의 활동의 영역' 혹은 가장 큰 강도의 영역인 반면, 낮은 강도의 영역들은 후에 개체화된다. 들뢰즈가 『차이와 반복』 앞에서 말한 바와 같이 각 차이가 긍정되고 가장 높은 정도에서 시작되지만, 언제나 내내 가장 낮은 정도로까지 이동하는 강도의 '윤리학'이 존재한다(DR 234-235). 만약 우리가 이 생물학적 예를 인식의 영역으로 옮겨 놓는다면, 강도가 클수록 '영역'이 선택되고 현실화될 가능성이 높아진다는 것이 분명하다.

이 때문에 강도는 발생에서 가장 중요한 요인이고, 또 모든 중요한 역할과 특성을 지니는 것으로 보일 때가 종종 있다. 들뢰즈는, 강도는 ─ 개체화될 환경이기 때문에 ─ 이념이 분화시키고 의미를 부여하는 현실적 질과 연장을 창출하는 것일 뿐만 아니라, 또한 현실화될 이런저런 이념을 규정하는 것이라고 말한다. 우선 강도는 발생을 개시하는 것이고, 그리고 분화와 개체화 둘 모두의 과정을 제어하는 것이다. "개체화는, 강도가 분화의 선들을 따라서, 그리고 자신이 창출하는 질들과 연장들 내에서, 현실화될 미분적 관계들을 규정하는 작용이다"(DR 246, 인용자 강조). 이 점에서, 많은 다른 대문들에서 말하듯이, 강도는 지도적 역할을 갖는다는 것이 분명하다.[39] 여기서 우리는 베르그손의 영향을 찾아내고 싶은 마음이 생긴다. 즉, 베르그손에서처럼 들뢰즈에서도, 활동성activity이 야말로 '생의 법칙law of life'이라는 점이다. 모든 사유는 강도적 환경으로 정의된 현재로 향해 있다.[40]

들뢰즈는 심지어 '개체화가 원리상 분화에 선행한다'고 말하기까지 한다(DR 247). 하지만 이 대문이 말하지 않는 것은 강도가 또한 미분화에 선행하지는 않는다는 점이다. 실은 반대의 것이 맞는 말이다. '강도는 오직 미분적 관계들을 전제하고 이를 표현한다. 개체들은 오직 이념들을 전제할 뿐이다'(252; 인용자 강조; cf. 246, 277). 이는 당면한 문제(정적 발생에서 이념과 강도 간의 관계)와 관련하여 하나는 일반적이고 하나는 특정적인 두 중요한 결과를 가진다. 일반적으로 이는, '차이 그 자체'는 발생의 순서에서 첫 번째 것이 아니다라는 점을 의미한다. 차이 그 자체는 분명히 미분적 관계들 및 이미 완전하게 규정된 이념의 특이성들을 '전제하고' 표현한다. 들뢰즈는 강도는 개체에 속한 어떤 것인 반면, 잠재적인 것은 개체를 넘어, 앞서서 존재한다('전개체적 장은 잠재적-이념적 장이다'(246))라고 말함으로써 종종 이 점을 표현한다. 들뢰즈는 이 점을 강조한다. 오직 잠재적인 것만이 비인격적이며 전개체적이다.[41]

이것이 시사하는 것은 이념과 강도 사이에는 중요한 격차가 존재한다는 점이다. 이념은 발생의 DNA이다. 강도는 정적 발생을 고취하고 제어하지만, 이 정적 발생은 개체화될 것을 분화시키고 그것에게 의미를 부여하는 이념이 없다면 아무 데도 가지 못하거나 제자리에서 맴돌 것이다. 그러나 다른 한편 이념들은 순수하게 형식적이다. 즉, 일단 관계들과 특이성들이 규정되면, 이념적 요소들은 감성적 도식을 위하여 그 장면에서 떨어져 나온다. 규정된 이념들은 아무런 내용을 갖지 않고, 오직 내용을 위한 프로그램 혹은 도식을 가질 뿐이다. 이념들을 잠재성 바깥으로 데리고 가는 강도가 없다면, 이념들은 생기 없는 감성적 도식으로 남아 있게 된다. 그러므로 이 두 개념의 격차, 그리고 두 개념의 관계의 문제는 칸트가 논하는 개념들과 직관의 격차와 매우 유사한 형태를 띠고 있어서, 우리는 강도가 없다면 이념은 공허하지만, 이념이 없다면 강도는 맹목이라고 말할 수 있을 정도이다. 그러나 이 격차는 정적 형식주의의 결과라기보다는 강도와 이념들을 분리하는 시간의 두 차원에서 직접 따라 나오는 것이다.[42] 현재는 이념들이 없다면 감각 없는 유동의 강도로 남게 되지만, 미래는 강도와 '접속되지' 않는다면 (잠재성이라기보다는) 생기 없는 가능성으로 남게 된다.

이념과 강도가 서로를 전제하는 방식은 들뢰즈가 자신이 미분화-개체화-극화-분화라는 '이유들의 순서'라고 부르는 것을 제시할 때 더 분명해진다(251). 만약 우리가 이 순서를 따른다면, 정적 발생에서 사물들이 전개되는 방식은 다음과 같을 것이다. 첫째, 이념은 미래 속에서 완전하게 규정된다(①미분화). 이것은 ②현재의 개체화를 가능하게 하지만, 이념과 강도를 동시적으로 표현하는 '시-공간적 역동체들spatio-temporal dynamisms'이 직접적 현재 속에서 이념을 ③'극화하는dramatize' 한에서만 그렇게 한다.

이 극화의 과정을 통해서 이념은 현재의 대상을 ④분화시키고 의미를 부여하는데, 이때 이 대상은 재현된 개체(연장+질)의 형식을 취하게 된다. 이 일련의 관계들은 비교적 분명하며, 시-공간적 역동체와 이 역동체가 실연하는 극화를 제외하고는 모든 용어가 논의된 바 있다.

시-공간적 역동체와 극화의 개념들은 이론이 다소 간단명료한 편이다. 시-공간적 역동체들은 '분화시키는 행위자들'이다(214). 이는, 시-공간적 역동체들이 이념이 분화시키는 강도적 현재 속에서 이 이념을 현실화하는 특정한 기능을 가진다는 것을 의미한다. 시-공간적 역동체는, 한편으로 '이념적 관계들, 이념 안에 내재하는 특이성들과 점진성들을 직접적으로 육화하기' 때문에 이 과업을 성취할 수 있다(219). 다른 한편으로, 이 역동체는 강도의 다양한 정도들을 표현한다(118, 215).[43] 그러므로 이 역동체는 미래와 현재, 이념과 강도의 경계선에 거주하며, 그 둘 사이의 고리로 작용한다. 이런 이유 때문에 들뢰즈는 시-공간적 역동체를 칸트의 도식에 비유한다. 칸트의 경우, 도식들은 '인간 영혼의 심층에 숨겨진 기술에 의하여'[44] — 시간과 공간에 의해서 정의되는 — 직관을 개념의 형식에 따라서 규정할 수 있었다. 마찬가지로 들뢰즈의 경우도 시-공간적 역동체는 이 이름이 암시하는 바와 같이 공간과 시간의 역동체이다. 이 역동체는 공간과 시간을 '뒤흔든다'(DI 96). 하지만 개념에 따라 직관의 형식들을 뒤흔드는 것 대신에, 시-공간적 역동체는 관계들, 특이성들, 이념의 '점진성들'에 따라 개체화되지 않은 강도적 장을 뒤흔든다. 강도와 이념의 동시적 표현으로서의 특권적인 위치로부터, 이 역동체는 '현실화되는 것에 특정되어 있는 공간과 시간을 창출한다'(DR 214). 시-공간적 역동체가 이 강도적 장을 뒤흔드는 것은 임의적으로 뒤흔드는 것이 결코 아니다. 이 역동체는 이념의 도식에 따라 뒤흔든다. 공간과 시간, 연장과 지속은 '현실화되는 것에 혹은 이념에 언제나 특정되어 있는' 것이다.

그러므로 이 역동체들의 기능은 이념 안에 규정된 감성적 도식에 따라서

현재를 개체화하는 것이다. 그 자체로 현재는 의미를 결여한 강도의 유동이
지만, 이념의 세 차원들을 육화함으로써 이 역동체들은, 항상 현재의
활동으로 향해 있는 '경험적 감성'을 위해, 현재를 현실적 '사물'로 만드는
공간과 시간을 도려낸다. 이런 식으로 현재는 '분화하고', 의미를 취하게
된다. 현재는 재현의 시간 속을 지나가는, 규정적 질들 및 잘 정의된
한계들(연장)을 지니는 개체적 대상이 된다. 따라서 극화의 은유는 분명하
다. 즉, 시-공간적 역동체는 배우이고, 이념은 이 역동체가 맡은 역이다.
이 역동체는 개체화되지 않은 현재에서 이리저리 움직이지만, 항상 자신이
맡은 역에 따라서 그렇게 한다.

마지막으로, 이 잠재적 이념과 현실적 강도의 '비대칭적 종합'은 재현된
대상을 개체화할 뿐만 아니라, 또한 현재를 재현 내에서 지나가도록 하기도
한다. 이 현재를 개체화하기 위해서, 우리가 본 바와 같이, 강도들은
이념들을 표현해야 하고, 역으로 이념들은 현재에 형태를 부여한다. 하지
만 이념들을 '표현함'으로써, 강도는 또한 이념들을 현재적이 되게 만든다.
이념들이 강도들에 의해 표현될 때 이념들은 지나가는 개체화된 현재라는
시간의 새로운 차원으로 이전하게 된다.

> 강도 혹은 차이 그 자체는 [⋯] 미분적 관계들과 이에 상응하는
> 특이점들을 표현한다. 강도는 이 관계들에 새로운 유형의 구별을 도입하
> 고, 이념들 사이에 새로운 유형의 구별을 도입한다. 차후에 이념들,
> 관계들, 이 관계들 속의 변이들, 특이점들은 어떤 의미에서 분리된다.
> 즉, 공존하는 대신에 이것들은 동시성이나 계기성의 상태로 들어간다. (DR
> 252; 인용자 강조)

강도는 이념들을 분리하고 서로 계기하도록 혹은 시간 속에 지나가도록
만든다. 그렇다면 이것이 개체화 과정의 의미이다. 즉, 개체화되지 않은

현재는 이념에 의해 분화하게 되며, 이와 동시에 미규정적 미래는 그것을 둘러싸는 이념들과 분리되고 현재로 당겨진다. 이 과정에서 생산된 이 현재는 '주어진 것', 즉 규정적 질과 연장과 지속이 부여된 재현된 대상 이상의 것이 아니며, 이 대상은 경험적 감성 혹은 재현된 지각 세계 속을 지나가게 된다.[45] 그러므로 개체화와 현실화라는 두 과정 간의 차이는 개체화는 현재에 속하는 반면 현실화는 미래에서 현재로 간다고 말함으로써 정확히 진술될 수 있다.

결론

내가 이 장에서 보여주고 싶었던 것은 개체화-현실화의 전 과정이 일어나기 위해서는 구분되는 두 차원이 필요하다는 점이었다. 이 과정은 첫째로 사물들의 감성적 도식으로서의 이념들이 점진적으로 규정되는 잠재적인 것 혹은 공간space을 요구한다. 둘째로, 이 과정은 강도가 초월론적 이념의 미분적 관계와 특이성에 초점을 맞출 수 있는 강도적 공-간spatium을 요구한다. 하지만 발생의 관점에서 볼 때 우리는 불가피하게 다음의 것을 물을 수밖에 없다. 이 두 가지 요소들 그 자체는 어디에서 오는가? 강도의 관점에서 볼 때, 『안티-오이디푸스』에서 우리는 사유를 구성하는 강도들은 욕망적 생산의 세 번째 수동적 종합에서 생산된다는 점을 알게 되었다. 이념들의 관점에서 볼 때, 나는 『차이와 반복』의 잠재적인 것은 '의미'와 아이온을 이야기하는 또 다른 방식이라고 위에서 주장한 바 있다. 『의미의 논리』에서 우리는 의미의 본질적 특성은 그것이 동적 발생에서 생산된다는 점에 있다는 것을 알게 되었는데, 나는 이 점이 『안티-오이디푸스』에서 반복된다고 주장한 바 있다. 모든 것은, 들뢰즈가 『차이와 반복』 두 번째 장에서 기술하듯이, 잠재적인 것은 시간의 수동적 종합들을 통해 생산된다고 하는 해석을 가리킨다. 이제 우리가 향하는 것은 바로 이 수동적 종합들이다.

제7장

동적 발생: 시간의 생산

이 장은 거의 전적으로『차이와 반복』의 두 번째 장을 다룬다. 바로 앞 장 끝에서 나는『차이와 반복』의 정적 발생은 나란히 작동하는 두 별개의 발생, 즉 미래에서 현재로 이동하는 현실화, 그리고 현재에 존속하면서 덜 전개된 현재에서 더 전개된 현재로 이동하는 개체화로 이루어져 있다고 주장한 바 있다. 따라서 발생적으로 설명되어야 할 두 구분되는 요소들, 즉 (1) 강도들과 (2) 이념들이 있었다. 이 둘 모두 주어져 있지 않다. 둘 모두 발생을 겪는다. 이 책의 앞의 두 장에서 우리는『차이와 반복』직후에 간행된 이 두 저작이 어떻게 강도와 이념의 발생을 이론화했는지 보았다. (1)『안티-오이디푸스』에서 들뢰즈는, 강도는 초월론적 무의식의 세 가지 수동적 종합들을 가로질러 기관 없는 신체와 부분대상들 사이의 견인과 반발의 관계들의 표현으로 생산된다고 명백하게 주장한 바 있다. 소비의 세 번째 수동적 종합은 두 번째 종합의 견인과 비교하며 첫 번째 종합의 반발을 측정했으며, 강도들을 기관 없는 신체와 부분대상들 사이의 이 관계의 표현들로 규정했다. 이 장의 주요한 목적은 강도의 생산에 관한 이 이론이 『차이와 반복』에서도 기술된다는 점을 보여주는 것이다. (2) 『의미의 논리』에서 들뢰즈는, 동적 발생이 '의미' 혹은 규정 가능성의 잠재적 장과, 이 초월론적 장을 순회하는 '우발점'을 생산하는 방식을 기술했다. 『안티-오이디푸스』와 『의미의 논리』 둘 모두에서 강도들과 이념들은 수동적 종합의 체제의 효과로 생산된다. 시간의 빈 형식과 영원회귀의 생산 — 그러므로 잠재적인 것의 생산 — 으로 끝나는, 『차이와 반복』에 보이는 시간의 구성은 『의미의 논리』에서 말하는 동적 발생과, 『안티-오이디푸스』에서 말하는 욕망적 생산 과정과 상관관계에 있다는 점을 나는 아래에서 주장할 것이다.

들뢰즈는 『차이와 반복』의 두 번째 장에서 수동적 종합들에 관해 세 가지 상이한 설명을 제공하는데, 이 설명들 각각은 비록 모두 본질적으로 동일한 것을 말한다 할지라도, 애초부터 구별할 필요가 있는 상이한 기법적 어휘들을 사용하고 있다. 첫 번째 설명은 전통적인 철학 어휘를 사용하고 있다. 두 번째 설명은 정신분석학의 용어로 전개된다. 세 번째 설명은 물리학의 언어 안에 있다. 그렇기에 이 설명들을 구분하기 위해, 나는 이것들을 단순히 '철학적 설명(DR 70-96)', '정신분석학적 설명(96-116)', '물리학적 설명(116-126)'이라 부를 것이다.[1]

대체로 그리고 당초부터 우리는 이 장에서 기술되는 적어도 다섯 가지 종합들이 존재한다고 말할 수 있다. 그러나 오직 그중 세 가지 종합만이 고유하게 수동적이고 재현이하적sub-representative이며, 시간의 초월론적 생산에서 일정한 역할을 한다.[2] 세 가지 수동적 종합 중에서, '첫 번째' 종합은 '습관'이다. '두 번째' 종합은 '므네모시네'이다. 세 번째 종합은 '타나토스'이다.[3] 세 가지 종합은 함께 무의식을 구성한다. 하지만 『안티-오이디푸스』의 초월론적 무의식을 구성하는 수동적 종합과 달리, 들뢰즈는 이 세 가지 종합이 시간을 생산한다고 말한다. 첫 번째 종합은 현재를, 두 번째 종합은 과거를, 세 번째 종합은 미래를 생산한다. 이 종합들은 초월론적 종합들이기 때문에, 과거, 현재 미래의 순간들을 생산하는 것이 아니라, 시간 그 자체의 차원들을 생산한다. 이 종합들은, 모든 재현이 과거, 현재, 미래로서 경험적으로empirically 인식될 수 있는 바탕으로 이해되는 현재 일반, 과거 일반, 미래 일반을 생산한다.

그런데 세 가지 수동적 종합 외에 적어도 두 가지 능동적 종합이 있다. 지나간 현재past present를 재생산하는 기억과, 현재적 현재present present를 반성하는 지성이다(DR 80-81). 능동적 종합의 관점에서 '현재present'는 '재현representation'을 의미하고, 또 역으로 '재현'은 '지나가는 현재the present which passes'를 의미한다.4 경험적 기억 속에서 재생산되고, 경험적 지성 속에서 반성되는 이 현재들은 내가 앞 장에서 기술한 『차이와 반복』의 결론에서는 물론이고 『의미의 논리』와 『안티-오이디푸스』의 끝에서 우리가 마주치는 인간적 의식에 대해 있는 재현들이다. 그러나 이제 이 재현들은 시간성temporality의 관점에서 기술된다. (들뢰즈가 이 장에서 말하듯이, 능동적 종합들은 '우리에 대해for-us' 존재한다(DR 71, 76). 이 두 가지 능동적 종합들은 재현의 세계에서 작동하는 반면, 수동적 종합들은 전적으로 재현이하적이다.

이 장의 핵심적 문제들 중의 하나는 종합들이 작동하는 순서의 물음을 둘러싸고 전개된다. 『안티-오이디푸스』에 나오는 수동적 종합에 관한 설명과는 달리, 『차이와 반복』에서 들뢰즈는 발생의 선들을 따라가며 순차적인 설명을 언제나 제공하는 것은 아닌데, 어떤 지점에서 그는 심지어 세 번째 종합이 앞의 두 종합들의 근거이며, 이 종합들에 앞서 오고 차이를 분배한다고 언급하기도 한다.5 종합들에 대한 순차적인 설명을 제공하기보다, 그는 능동적이고 재현적인 종합들과 직접적인 관계를 맺게 하면서 수동적이고 재현이하적인 종합들을 논한다.6 이 때문에 이 장은, 제임스 윌리엄스James Williams가 지적한 바와 같이, 종종 초월론적 연역처럼 읽힌다.[7] 종합들에 대한 첫 번째의 철학적 설명에서 하는 주장의 구조는 다음과 같다. (1) 들뢰즈는 첫 번째 수동적 종합으로 시작하고, 이어서 이 종합 위에 정초된 능동적 종합으로 곧바로 진행한다. (2) 그런 다음 그는 이 능동적 종합은, 만약 두 번째 수동적 종합에 정초되지 않는다면, 가능하지 않을 것이라고 말한다. (3) 그런 다음 그는 이 두 번째 종합을 기술하지만, 언제나, 이 종합 위에 정초된 능동적 종합과 관련해서 그렇게 한다. (4) 그런 다음 그는 이 수동적 종합은, 첫 번째 종합과 더불어, 폐쇄된 순환성 속에 갇히게 되며, 따라서 원리상 재현을 계속해서 개방하고 '새로운 것'의 생산을 조건 지을 세 번째 종합을 요구한다고 말한다. 이 주장은 오직 각 수동적 종합을 이전 수동적 종합에 불완전하게 정초된 재현적 종합의 조건으로 설명함으로써 전진할 따름이다. 그러나『안티-오이디푸스』와『의미의 논리』에서 각 종합은 이전 종합에 의존하며, 재현에 의지함이 없이 다음 종합을 생겨나게 했다.『차이와 반복』의 첫 번째 설명에서 우리는 재현을 통해 우회함으로써 오직 첫 번째 종합에서 두 번째 종합으로 갈 수 있을 따름이다. 각 종합은 재현의 초월론적 조건으로 나타난다.

그러나 내가『차이와 반복』의 종합들을 순차적인 방식으로 읽어야 할 필요가 있다고 생각하는 두 가지 이유가 있다. 첫 번째 이유는 들뢰즈가 '능력들의 이론'을 간략하게 기술하며 이 체계를 전반적으로 개관하는 데에서 나온다. 모든 것은 내가 이전 장에서 기술한 초월론적 감성으로 시작된다. 이 감성은 '강도들(144)' 혹은 '흥분들(96)'의 형식 속에 있는 파편화된 대상들을 마주친다. 그런 다음 감성은 '자신의 제약을 상상력에게 전달하고', 상상력은 자신의 제약을 기억에게 전달하고, 마침내 기억은 자신의 제약을 사유에게 전달한다(144). 감성의 뒤를 바싹 따르는 이 세 가지 능력들 — 상상력, 기억, 사유 — 은 바로 각 수동적 종합에 포함된 능력들이다. 사실 우리는 수동적 종합을 각각 한 특정한 능력의 초월론적 실행으로 기술할 수 있을 것이다. 습관은 상상력의 초월론적 사용이고, 에로스는 기억의 초월론적 사용이며, 타나토스는 사유의 초월론적 사용이다. 그러나 여기서 중요한 것은, 들뢰즈가 이 모든 세 가지 종합들을 능동적 종합들의 재현의 레이더 아래에서 잘 작동하는 것으로 읽는다는 점이다. 수동적 종합들의 철학적 설명에서 재현에 대한 강조가 전적으로 이 수동적 종합의 현시의 기능이라고 생각될 정도이다. 그뿐만 아니라 들뢰즈는 이 소통이 특정한 순서를 지닌 한 계열로서 전개되고 있다는 것을 분명히 보고 있다는 점이다. '능력들 사이에는 실로 한 계열의 연접이 존재하고, 이 계열 내에는 순서가 존재한다'(145). 이 철학적 설명 외에, 들뢰즈는 『차이와 반복』의 두 번째 장에서 말하는 이 종합들에 관한 다른 두 설명에서도 또한 능력들의 이론에서 강조된 순서를 주장하고 있다. 그러므로 나는 이 순서를 따라서, 초월론적 감성에 주어진 파편화된 대상의 기술로 시작하고, 이어서 상상력, 기억, 사유에서 행해지는 종합을 보여주겠다.

불연속성의 규칙과 시원적 주체성

아마도 들뢰즈의 시간론의 가장 중요한 측면이기도 하지만 또한 『차이와 반복』만을 고수해서는 정의하기가 더욱 어려운 것 중의 하나는 시간의 시원일 것이다. 이 종합들에 관한 철학적 설명에서 들뢰즈는 이 시원을 '즉자적 반복'이라 부른다. 이 장에서 작동 중인 '반복'이란 단어에는 많은 상이하고 거의 아무런 관련이 없는 의미들이 존재한다. 특정한 표현에서 반복은, '불연속성의 규칙'에 지배되는 물질적 대상을 기술하는 무언가이다. "반복에 보이는 불연속성 혹은 순간성의 규칙은 한 순간은 다른 한 순간이 사라지지 않는다면 나타나지 않는다는 점을 우리에게 말해준다…"(70). 비록 들뢰즈는 이 불연속성의 순간으로서 즉자적 반복repetition in-itself과 같은 그러한 것은 존재하지 않는다 — 반복은 존재하기 위해서 순간들 사이의 연관을 요구한다 — 고 말하겠지만, 그럼에도 그는 이 개념을 중요하게 사용한다. 그러나 그는 종종 '물질적 반복'이라는 다른 이름으로 변장시켜서 이 개념을 사용한다.

'즉자적 반복'은, 불연속성의 규칙이 대상들과 관련되기 때문에 물질적이다. 즉자적 반복은 '대상 안의 반복'을 특징짓는다(71). 명목상, 물질적 혹은 '헐벗은' 반복이라는 이 개념은 통상적인 일상적 사용법에서 '반복'이란 단어로 우리가 이해하는 것을 표현하도록, 즉 시간 속에서 분리되어 있지만 여전히 동일한 것으로 확인되는 둘 이상의 사례들을 표현하도록 의도되어 있었던 첫 번째 장을 되돌아가 지시한다. 하지만 이 장에서 들뢰즈는 물질적 반복의 개념을 완전히 다른 권역대로 옮겨 놓고 있다. 여기서 물질적 반복은 더 이상 판단들에서 기능하는 재현된 동일성들을 지시하지 않는다. 오히려, 물질적 반복은 파편화된 대상이 초월론적 감성에 나타나는 방식을 기술한다.

몇 가지 것이 이러한 옮겨 놓음을 분명히 한다. 우선 첫째로, 『차이와 반복』 서론에서 물질적 반복은 재현의 형식에 의존하며, 동일성과 차이의 다소 전통적인 분배를 필요로 했다. 그러나 이 장에서 물질적 반복은 재현이하적이고, 재현 가능하지 않고, 사유 불가능하다.[8] 『차이와 반복』의 결론에서 들뢰즈는 심지어, 수동적 종합들의 체제가 사용되는 것은 이 사유 불가능한 반복을 나타내기 위해서라고 언급하기까지 한다(286). 그러므로 이 물질적 반복은 과학적 판단의 영역에 전적으로 선행하는 영역에서 기능한다. 둘째로, 만약 이 종합들에 관한 정신분석학적 설명으로 향한다면, 수동적 종합들과 관련하여 물질적 반복이 놓이는 위치가 이제 바로 초월론적 감성에 의해 포착되는, 강도 안의 저 차이들로 이해되는 '흥분들'에 의해 채워진다는 것을 알게 된다(96). 또, 여기서 물질적 반복은 신체적 촉발의 세계를 기술하는 것이지 경험적 재현의 세계를 기술하는 것이 아니다. 셋째로, 그리고 앞으로 행할 분석을 예상하면서 마지막으로, 우리는 여기서 『안티-오이디푸스』와 『의미의 논리』의 출발점을 인식할 수 있다. 『안티-오이디푸스』에서 모든 것은 다기다양한 '부분대상들'로 기술되는 미세지각들의 세계에서, 혹은 관계의 절대적 결여가 유일한 관계를 이루는 미세지각의 세계에서 시작되었다. 『차이와 반복』에서 '불연속성의 규칙들', '대상 안의 반복', 또는 '물질적 반복'과 같은 표현들은 모두 우리의 신체를 촉발하는 대상들의 파편들 사이의 관계들이 이와 같이 결여되어 있다는 것 이상의 것이 아니다. 물질적 반복, 그리고 정신분석학적 설명에서 이와 상관관계를 이루는 것 — 흥분들 — 은 이 종합들이 작동하는 질료적 자료들을 가리킨다. 물질적 반복은 초월론적 감성의 물질적 내용을 지시한다.

대상을 순간들의 계기繼起로 분할하는 이 불연속성은 무척 시간과 같은 것으로 보일지도 모르지만 — 순간들의 계기가 아니라면 시간은 무엇이란 말인가? —, 그것은 시간이 아니다. 시간은 종합을 요구한다.

순간들의 계기는 시간을 사라지게 하는 것이 아닌 것과 마찬가지로 시간을 구성하는 것도 아니다. 그것은 오직 끊임없이 유산되는 탄생의 순간을 가리킬 따름이다. 시간은 순간들의 반복에 대해 작동하는 시원적 종합originary synthesis 속에서만 구성된다. 이 종합은 계기하는 독립적인 순간들을 서로의 안으로 수축하고, 이렇게 하여 살아지는, 혹은 살아 있는 현재를 구성한다. 시간이 전개되는[se déploie] 것은 바로 이 현재에서이다. (70/97; 인용자 강조)

시간의 첫 번째 종합은 '순간들의 반복에 대해 작동하며', 따라서 들뢰즈가 후설을 따라서 '살아 있는 현재'라 부르는 것을 생산한다. 이 첫 번째 종합은 물질적 반복의 계기적 순간들을 회집함으로써, 혹은 '수축함으로써' 그렇게 한다. 이 살아 있는 현재는 시간 그 자체가 아니라, 시간 그 자체가 다른 두 수동적 종합들 및 이 종합들 위에 정초되는 정적 발생을 가로질러 전개되거나 펼쳐질 일반적 요소이다. 이 모든 것이 아래에서 논의된다. 시간은 종합을 요구하지 순간들의 계기일 수 없다는 이 주장을 이해하기 위해서 베르그손으로 향하는 것이 도움이 된다.

시간에 관한 많은 철학들은 순간들의 계기에서 시간을 발견하는 것이 불가능하다는 점 — 베르그손의 시간철학이 이 점에서 가장 정평이 나 있다 — 을 기술함으로써 시작한다.[9] 실로 들뢰즈는 여기서 거의 말 그대로 『지속과 동시성』에 나오는 베르그손의 주장의 일부를 반복하고 있다. 『지속과 동시성』에서, 베르그손은 『창조적 진화』에서처럼 시간이 기억 없이 존재할 수 없다는 점을 주장했다. 베르그손에게, 시간은 두 순간들 사이에 일어나는 것이기 때문에 시간을 분리된 순간들의 계기로 생각하는 것은 불가능하다. 시간을 생각한다는 것은 순간들의 스냅 사진들을 생각하는 것이 아니므로 두 순간들 사이의 '다리'를 요구한다. 그리고 이는 우리가 계기적 순간들 사이에 비인격적인, 혹은 '의인화되지 않은' 의식을 끼워 넣어야 하는 것을 요구한다.[10]

두 순간을 연결시키는 기초적인 기억이 없다면, 한 순간 또는 다른 한 순간, 따라서 오로지 단일한 순간이 있을 뿐이어서, 이전이 없고, 이후가 없고, 계기가 없고, 시간이 없게 될 것이다. 우리는 연결을 행하는 데 필요한 것을 이 기억에게 수여할 수 있다. 그것은, 만일 우리가 원한다면, 즉각적으로 앞서는 순간을 영속적으로 갱신하여 잊음으로써, 이전을 즉각적 이후로 단지 연속하게 하는 것, 바로 이러한 연결일 것이다. (*Duration and Simultaneity* 48)

분명히 들뢰즈는 그가 시간은 순간들의 계기에 의해서가 아니라 오직 시원적 종합에 의해서만 구성될 수 있다고 말할 때 베르그손의 주장에 동조하고 있다. 하지만 들뢰즈는 훨씬 더 베르그손을 따른다. 베르그손은 적어도 시간의 구성은 그 자체가 두 순간들의 수축 이상의 것이 아닌 비인격적 기억을 요구한다고 여기서 언급한다. 들뢰즈 또한 이 지점에서 이 종합을 현실적으로 수행하는 '시원적 주체성originary subjectivity'을 설정한다. 최초의 종합이 일어나기 위해서 종합하는 행위자로 활동하는 '시원적 주체성', '응시하는 영혼', 또는 '자발적 상상력'이 존재하지 않으면 안 된다(70; cf. 286). 이 응시하는 영혼들은, 베르그손의 의인화되지 않은 기억과 같이, 이 영혼들이 가져오는 연결, 혹은 이 영혼들이 수축하는 순간들 이상의 것이 아니다.[11] 종합은 우리를 파편화된 대상의 층위에서 주체의 층위로 이동하게 한다. '시간은 주체적이다. 하지만 수동적 주체의 주체성과 관련하여 그러하다'(71).[12]

감성에 주어진 대상, 즉 재현 불가능하고[13] 사유 불가능한 '시간성' 속에서 대상의 풀림unraveling으로 이해된 물질적 반복은 두 가지 특성을 가진다. (1) 이 대상은 물질적이며, (2) 이 대상은 비연속적이거나 또는 파편화되어 있다. 따라서 우리는 『안티-오이디푸스』에서 말하는 욕망적 생산의 출발점과 맺는 관계를 알 수 있는데, 거기에서 '무의식적인 것'의 궁극적 요소들은 물질적이고 서로 간에 어떤 관계도 결여하기 때문이다. 이 무의식적 요소들은 '절대적인 분산 속에서 분자적 다양체'를 형성했다. 나는 첫 번째 종합과, 이 종합이 함축하는 주체성에 대해 아래에서 더 상세하게 논할 터이지만, 이러한 본질적인 출발점을 주장하고 싶다. 즉, 들뢰즈에게, 시간은 대상의 경험과 더불어 시작된다. 시간은 순수하게 형식적인 종합과 더불어 시작되지도 않고, 그 자신을 시간화하는 '존재Being'와 더불어 시작되지도 않으며, 도식화를 기다리는 빈 형식과 더불어 시작되지도 않는다. 시간은 '불연속성의 규칙'을 받는 파편화된 물질성에 대한 직접적 경험과 더불어 시작된다.

상상력의 종합: 습관

주어진 것의 이 두 가지 특성들 — 물질성과 불연속성 — 은 '응시하는 영혼' 혹은 불연속적 파편들을 응시하고 종합하는 '자발적 상상력'의 두 가지 중대한 특성들과 직접적으로 관련된다. (1) 대상의 물질성과 관련하여, 응시하는 영혼은 시원적인 지향성으로 나타난다. 이 영혼은 파편화된 대상들을 '응시하며', 또 이 영혼은 자신이 응시하는 대상이다. (2) 서로 아무 관계를 맺지 않은 순간들의 계기 속에 있는 대상의 분산과 관련하여, 응시하는 자아는 자연적인 수축적 범위에 놓이게 된다. 응시하는 자아는 자신이 파악할 수 있는 한도 내에서만 붙잡을 수 있다. '수축하는 응시'라는 표현은 이 두 특성을 망라한다. 이 영혼은 물질적 반복을 응시하는 '마음'이다. 이 영혼은 자신의 대상을 지향한다. 그러나 대상을 응시할 때 이 영혼은 이 대상을 재빨리 훑어보며 물질적 반복의 계기적 순간들을 하나의 사유로 회집한다(DR 74).[14] 이 회집이 수축이다. 수축은 '응시하는 마음에 일어나는, 저 반복의 융합*fusion*'을 가리킨다(74; 인용자 강조).[15] 그러므로 들뢰즈가 발생의 이 단계에서 이 작용을 기술할 때 우리는 '종합'이란 단어의 세 가지 의미를 구분할 필요가 있다. (1) 종합은 응시이다. 종합은 어떤 것을 자신의 대상으로 취한다. (2) 종합은 수축이다. 종합은 자신이 응시하는 것이라면 무엇이든 재빨리 훑어보며 회집한다. (3) 하지만 종합은 또한, 이 점이 중요한데, 응시하고 수축하는 자아를 자신이 종합하는 어떤 것과 동일시한다. 자아는 자신이 응시하고 수축하는 어떤 것이다.

이 세 번째 측면은 이 초기 단계의 발생에서 가장 중요한 것들 중의 하나이다. 이 첫 번째 종합은 불연속성이 분할한 대상의 종합이다. 그러나 이 종합은 대상의 통일로 향하는 첫 번째 단계라기보다는 종합하는 주체를 불연속적 대상과 혼합하는 것이다. 첫 번째 종합에서 응시하는 자아는 자신의 대상을 소유하게 된다. 즉, "응시하는 자아는 우리를 [응시의 대상과] 분리시키는 모든 순간들을 한 살아 있는 현재로 수축한다"(77). 이 문장은 복합 문장이다. 첫째로, 이 문장은 이 종합이 순간들의 수축이라는 점을 반복한다. 하지만 둘째로, 이 문장은 또한 이 순간들과 관련하여 이 영혼을 위치시킨다. 종합 이전에 이 영혼은 다른 순간들 중의 한 순간에 불과하다. 하지만 종합 그 자체를 통하여 자아와 모든 순간들은 주관적인 만큼 객관적이기도 한 살아 있는 현재 안으로 결합된다. 마음이 한쪽에 있고 대상이 다른 한쪽에 있는 것이 아니다. 마음은 자신이 응시하는 것 이상의 것이 아니다. 이 때문에 들뢰즈는 마음은 자신이 가지는 것이라고, 존재함being은 소유함having이라고 말한다(79). 역으로, 마음 그 자체는 자신의 대상이 달아나는 즉시 '아무것도 아닌 것이 되고 만다'(79). 발생의 이 지점에서, 『안티-오이디푸스』의 언어로 말하면, 욕망과 사회적인 것은 분자적 다양체 속에서 완전하게 혼합되어 있다.

들뢰즈는 주체와 객체의 이러한 통일을 수동적 종합에 대한 이러한 각각의 정식적 표현들 속에서 여러 번 반복한다. 즉, 응시하는 마음은 자신이 응시하는 것과 분리될 수 없다. "눈은 빛을 묶고, 눈 그 자체가 묶인 빛이다"(DR 96).[16]

> 우리는 우리가 응시하는 어떤 것에 힘입어 언제나 악티온이다. 비록 우리가 그것에서 취하는 즐거움과 관련하여 나르시스일지라도 말이다. 응시한다는 것은 어떤 것을 이끌어낸다는 것이다. 우리 자신의 이미지로 채우기 위해서 우리는 항상 다른 어떤 것 — 물, 또는 다이애나, 또는 숲 — 을 먼저 응시해야만 한다. (DR 74-75)

다른 어떤 것을 응시할 때 마음은 그 자신의 이미지로 채워진다. 이런 이유 때문에, 정신분석학적 설명에서 들뢰즈는 이 응시하는 영혼들을 '나르시스적 자아들'이라고 부른다.

> 이 자아들이 직접적으로 나르시스적이어야 한다는 사실은, 만약 우리가 나르시시즘을 자기 자신을 응시하는 것이 아니라 다른 어떤 것을 응시함을 통하여 자기-이미지를 충족하는 것이라고 간주한다면, 쉽사리 설명된다. 즉, 눈, 보는 자아는 자신이 묶는 흥분을 응시할 때 그 자신의 이미지로 채워진다. 눈, 보는 자아는 자신이 응시하는 어떤 것으로부터 그 자신을 생산하거나 혹은 '그 자신을 이끌어낸다' […]. (DR 97/129; 번역 수정)

그렇다면 우리는 이 첫 번째 종합이 시원적 지향성이라고 과장 없이 말할 수 있다. 하지만 여기서 지향성은 대상들을 겨누며 유아론적 자아로부터 방사되는 '광선'을 가리키지 않는다. 즉, 자아는 자신이 지향하거나 혹은 응시하는 어떤 것이다. 자아는 '다른 어떤 것'이 자아와 구분될 수 없는 곳에서 이 다른 어떤 것에 대한 의식이다. 그러므로 이 지향성은 후설의 정적 현상학에서 말하는 내재성 내의 초월성으로서의 '지향성'이 아니다. 후설이 수동적 종합들에 시선을 돌려야 했던 것은 바로 지향성의 정적 의미를 정초하기 위해서였다. 그러나 여기서 들뢰즈의 지향성 개념은 전적으로 블랑쇼가 포착한 것인데, 그는 '마음'을 그 자신을 모든 것과 교환할 수 있는 저 '빈 능력'으로 기술한다(*The Space of Literature* 88).[17] 정확히 이 지향성은 응시하는 영혼의 작동이다. 즉, 응시하는 영혼은 그 자신을 모든 것과 교환한다.[18]

그러나 우리는 헤겔을 생각하지 않고는 블랑쇼를 생각할 수 없다.

마음에 관한 블랑쇼의 기술은, 그리고 실로, 응시하는 영혼이 물질성과 맺는 관계에 관한 들뢰즈의 기술은 감각 의식에 관한 (특히 이뽈리뜨가 해석한) 헤겔의 기술과 공명한다. 헤겔의 경우, 감각 경험은 대상들과 경험들의 불연속성에 의해 정의된다. 각 대상은 다른 대상들과 아무 관계도 맺고 있지 않은 '특이성singularity'이다.[19] 각 의식은 자신이 '겨냥하거나' 지향하는 특이성들과 분리될 수 없는 것으로 나타난다.[20] 감각-의식은 이 특이성들을 자신의 대상으로 취하며 이 특이성들과 엄격히 공외연적이다. ─ 이뽈리뜨가 헤겔을 기술하며 "감각적 영혼은 그 자신을 그 자신의 대상과 구분하지 않는다"(Hyppolite, *Genesis*, 84; 인용자 강조; cf. Hegel §§104)[21]고 말하듯이. 그리고 들뢰즈에게서와 마찬가지로 헤겔에게서도 이 감각-의식은 '대상이 달아나는 즉시 아무것도 아닌 것이 되고 만다'(DR 96; Hyppolite 94; Hegel §§93, 109). 나는 『안티-오이디푸스』에서 들뢰즈의 발생은 감각-확실성에 대한 헤겔의 분석과 매우 유사한 상황 속에서 시작된다고 이미 언급한 바 있다. 『안티-오이디푸스』에서 모든 것은 절대적 다양체 속에서 분산되어 있는 부분대상들과 더불어 시작되었다. 우리는 부분대상들을 미세지각들로, 따라서 감성적 대상의 파편들로 이해했다. 비록 우리가 감성적 대상의 총체성은 인정할 수 없다 할지라도 말이다. 이 부분대상들의 유일한 관계는 관계의 결여였기 때문에, 들뢰즈는 이 미세지각들을 헤겔을 따라 '특이성들'로 기술했다.[22] 나는 『차이와 반복』의 언어로 말하면 '분산 속의 절대적 다양체'는 불연속성의 규칙에 지배되는 대상이라고 위에서 주장한 바 있다. 『차이와 반복』 한 지점에서 들뢰즈는 심지어 헤겔 그 자신과 비교하기까지 하며, 물질적 반복을 자기의식이 없고 또 그 자신 바깥에 있는 '정신의 동일성', 달리 말해서 개념의 동일성, 그러나 소외된 개념의 형식 속에 있는 개념의 동일성으로 기술한다 (DR 286). 만약 세 가지 수동적 종합들이 그 자신의 바깥에 있는 개념으로서의 물질을 응시하는 데에서 시작한다는 것이 사실이라면, 또 만약 세 가지 수동적 종합들이, 이 최초의 물질로 되돌아가서 이 물질에게 의미를 부여하는 정적 발생을 정초할 잠재적인 것을 정초함으로써 끝난다면, 그렇다면 들뢰즈는 헤겔과 차이가 난다는 것에 관한 진부한 말들은 전혀 근거가 없는 것일 수 있다. 그러나 내가 이 지점에서 이런 비교를 하며 말하고자 하는 모든 것은, 대상과 동일한 수동적 자아를 생산하는, 불연속적인 대상에 대한 이러한 응시와, 블랑쇼-헤겔 식의 지향성 사이에는 아무런 의미심장한 차이가 없다는 점이다. 첫 번째 종합, 그리고 이와 관련된 의식의 모습은 그 자신을 모든 것과 교환할 수 있는 마음의 빈 능력을 나타낸다.

불연속적 대상의 물질성과 관련하여, 응시하는 영혼의 첫 번째 특성은 이 영혼이 시원적 지향성이라는 점이었다. 응시하는 영혼은 물질적 내용을 지향하며 그 물질적 내용이 된다. 그러나 대상이 계기적 순간들로 파편화되어 있음과 관련하여, 우리는 이 자아가 '수축적 범위'에 처해 있다는 것을 안다. 이 두 번째 측면은 우리에게 『차이와 반복』과, 『안티-오이디푸스』의 (따라서 강도의 생산을 위한 설명의) 견인-반발 모델 사이의 중요한 연결을 제공한다. 하지만 이 연결을 상술하기 위해서, 레비나스의 두 초기 저작, 『탈피에 대하여On Escape』와 『실존과 실존자들Existence and Existents』을 통해 가며 매우 간략하게 우회하는 일이 필요하다.

이 두 저작에서 레비나스는 순간의 종합과 관련하여 필요와 피로의 경험을 분석한다. 이 책들은 헤겔의 감각 의식과 그다지 다르지 않은 상황에 대한 기술로 시작한다. 이 책들은 모두 '실존'에 사로잡혀 있는 애벌레 자아의 상황을 기술하면서 시작한다. 레비나스의 분석은 부분대상들의 매개되지 않은 행위에 의해 두들겨 맞는, 물체적 심층 속에 있는 자아의 상황에 관한 들뢰즈의 기술과 매우 유사해 보인다. 즉, '존재Being는 본질적으로 소외되어 있고 우리를 가격한다. 우리는 밤과 같은 숨 막힐 듯한 포옹을 겪지만, 존재는 우리에게 응답하지 않는다. 존재에는 고통이 있다'(Levinas, *Existence*, 9).[23] 이런 질식과 폭력이 있다는 점에서, 레비나스의 독창적인 견해와 문제는 들뢰즈의 것과 동일하다. 즉, 우리는 어떻게 존재로부터 탈피할 수 있는가? 우리는 어떻게 주어진 것을 초월할 수 있는가? 우리는 어떻게 실존에서 실존자들로 가는가?

레비나스의 경우 이 탈피를 가능하게 하는 것은 바로 피로의 현상과 이 피로가 함축하는 거부이다. '익명적인 실존의 흐름의 한복판에는 정지 stoppage와 정립함positing이 있다'(Levinas, *Existence*, 23). 이 정지는 주체가 존재에 피곤함을 느낀 결과이다. 피로는 '존재하기를 거부함(11)', '자기 자신 안으로 웅크려 들어가는 방식(18)'을 나타낸다. 피로의 '전반적 현실은 그 거부로 이루어진다'(11). 피곤 혹은 피로는 계속하기를 거부함, 그리고 우리를 가격하는 저 소외된 존재의 거부를 수반한다. 실존과 더불어 흘러가는 것 대신에, 주체는 뒤로 처지기 시작한다. 하지만 뒤로 처지면서, 주체는 실존과 타협을 하고자 하는 또 다른 '노력'을 행한다. 이것이 레비나스에 있어서 살아 있는 현재가 구성되는 방식이다. 즉, 실존에 피곤함을 느끼는 주체는 순간적으로 흐름 바깥으로 나오지만, 그러나 그때 노력을 통하여 실존으로 되돌아온다. 현재는 익명적인 실존의 흐름 속에서 이 '뒤처짐'으로서 구성되며, 피로와 노력의 변증법 속에서 창출된다(23, 25).

우리는 첫 번째 종합에 관한 들뢰즈의 설명에서 이와 유사한 정식적 표현을 본다. 습관은 수축하지만, 자연적인 수축적 범위를 가지며, 이 범위는 주체의 구체적인 '유한성'을 나타낸다(79). 각 영혼은 오직 매우 많은 계기적 순간들을 수축할 수 있을 따름이며, 그 결과, '유기체의 현재의 지속'은 [⋯] 응시하는 영혼들의 자연적인 수축적 범위에 따라 변할 것이다(DR 77). 수축의 한계는 포화된 영혼에서 피로로 경험된다. '피로는 이 영혼이 자신이 응시하는 것을 더 이상 수축할 수 없는 지점을 표시한다⋯'(77). 하지만 여기서 들뢰즈는 거의 지나가는 말로 지극히 중요한 무언가를 말한다. '피로는 이 영혼이 자신이 응시하는 것을 더 이상 수축할 수 없는 지점, 응시와 수축이 분리되는 순간을 표시한다'(77). 피로는 응시와 수축이 분리되는 순간이다. 응시는 대상에서 분리되며, 종합은 외부와의 관계를 상실한다. 포화된 영혼은 자신의 대상을 거부하고 그 자신 안으로 웅크려 들어간다. 우리는 위에서 존재함은 소유함이라는 것을, 그리고 응시하는 영혼은 대상이 달아나는 즉시 아무것도 아닌 것이 되고 만다는 것을 보았다(DR 79). 이것은 완전히 다른 상황이다. 피로에서, 주체로부터 도주하는 것은 대상이 아니다. 오히려, 주체가 대상으로부터 도주한다. 여기에서 포화된 응시는 대상을 회피하거나 혹은 거부한다. 응시와 수축은 분리되지만, 영혼 곧 수축은 여전히 자신의 대상을 소유한 채로 있다. 영혼은 단지 지향성이기를 그칠 뿐이다. 영혼은 더 이상 현재를 응시하는 것이 아니라, 오직 그 자신을 있었던 현재로 응시할 뿐이다. 영혼은 그 자신을 그 자신 안에 보존하는 기억이 되었다.

이 순간은 『안티-오이디푸스』에서 말하는 부분대상들의 '선적 이항계열'로부터 기관 없는 신체가 탈피하는 일과 직접적으로 상응한다. 응시하는 영혼은 기관 없는 신체이다. 피로는, 기관 없는 신체가 내재면面의 외적 한계가 될 때 이 신체가 왜 부분대상들을 — 이 신체를 '편집증 기계'가 되게 만들고 부분대상들의 '선적 이항계열'로부터 완전히 벗어나게 만드는 — '전반적인 핍박의 메커니즘'으로 경험하는지를 설명한다. 기관 없는 신체는 부분대상들에 싫증을 느낀다. 기관 없는 신체는 더 이상 자신이 응시하는 것을 수축할 수 없으며, 그래서 응시이기를 멈춘다. 그러므로 현재로부터 이러한 분리, 혹은 불연속성의 규칙에 따라 지나가는 순간들에 대한 이러한 거부는 또한 시원적 자아, 응시하는 영혼, 자발적 상상력, 또는 기관 없는 신체가 내재면으로부터 분리되는 것이기도 하다. 이는 주어진 것에서 초월하는 일 혹은 존재로부터 탈피하는 일이 시작되었음을 나타낸다. 이 종합 및 이 종합이 조건짓는 두 번째 종합의 결과들을 논하기 전에, 첫 번째 종합에서 생산된 종류의 시간으로 잠깐 되돌아갈 만한 가치가 있다.

첫 번째 종합은 시간 안에서 현재를 생산한다. 이 현재는 결코 지나가는 현재가 아니다. 이 현재는 현재 일반의 차원이다. 이 현재는 '모든 현재의 일반적 가능성'을 제공한다(DR 81).[24] 그러므로 들뢰즈에 있어서 현재의 많은 개념들 중에서 두 가지를 구별하는 일이 필요하다. 지나가는 현재는 '우리에 대하여' 있는, 재현의 경험적 현재를 특징짓는다. 말하자면, 지나가는 현재는 개체화와 현실화의 교차에서 생산되는 저 재현들의 시간성을 특징짓는다. 이 점은 내가 이전 장에서 기술한 바 있는데, 거기서는 특히 능동적 종합들과 관련되어 있었다. 살아 있는 현재는 지나가는 현재와 엄격하게 구분될 필요가 있다. 살아 있는 현재는 '응시적이고 수축적이지, 재현하는 것이나 재현되는 것이 아니다'(DR 286; 인용자 강조; cf. 84). 첫 번째 종합은 결코 현재적 재현을 생산하는 것이 아니라, 재현의 수준 한참 아래의 공간에서 현재 일반, 혹은 모든 주어진 현재의 일반적 요소를 생산한다.

기억의 종합: 므네모시네

시간의 두 번째 종합은 '선험적^a ^{priori} 순수 과거, 과거 일반 혹은 과거 그 자체'를 생산한다(DR 81). 첫 번째 종합이 현재적 재현을 생산하는 것이 아니라 모든 현재의 일반적 가능성을 생산하듯이, 두 번째 종합은 현실적인 지나간 현재를 생산하는 것이 아니라 '우리로 하여금 [지나간 현재에] 초점을 맞출 수 있게 하는 요소'를 생산한다(80).[25] 이 종합은 위에서 개요를 서술한 두 종류의 현재 ― 살아 있는 현재와, 재현 속에서 지나가는 현재 ― 와 특정한 관계를 갖는다. 첫 번째 종합과 더불어, 원리상

이 두 번째 종합은 재현 혹은 지나가는 현재의 능동적 종합들을 근거짓기에 충분하다(80-81). 이 지나가는 현재와 관련하여, 순수 과거는 '근거의 역할'을 행한다(82). 지나가는 현재가 살아 있는 현재와 맺는 관계는 더 복잡하다.

그러나 재현된 현재를 지나가는 현재라고 말하는 것은, 살아 있는 현재 그 자체가 지나간다는 것을 의미하지 않는다. 살아 있는 현재는 지나가지만 재현된 현재가 지나가는 방식으로 그렇게 하는 것은 아니다. 살아 있는 현재가 지나갈 때 그것은 영원히 지나가 버린다. 즉 죽는다. 재현된 현재가 지나갈 때 그것은 기억이 된다. 지나가는 두 방식 간의 이러한 구별은, 종합들에 관한 철학적 설명에서 첫 번째 종합에서 두 번째 종합으로 들뢰즈 자신이 행한 이행을 분명히 하는 데 도움이 되어야 한다. 첫 번째 종합에서 두 번째 종합으로 논의를 이동하기 위해서, 들뢰즈는 역설의 형식으로 문제를 제시한다.

> 시간을 구성하는 것, 그러나 구성된 시간 속을 지나가는 것, 이는 시간의 역설이다. 우리는 첫 번째 종합이 일어날 수 있는 또 다른 시간이 존재해야만 한다는 필연적인 결론을 피할 수 없다. 이는 필연적으로 우리를 두 번째 종합으로 회부한다. 수축의 유한성을 주장함으로써, 우리는 그 결과를 보여주었다. 우리는 현재가 왜 지나가는지, 혹은 무엇이 현재가 시간과 동연적同延的이게 되는 걸 막는지 결코 보여준 바가 없다. (79/108; 원문 강조; 인용자 번역 수정)

이 대문은 현재는 지나가기 때문에 시간의 종합은 또 다른 시간 속에서 일어나지 않으면 안 된다는 다소 간단한 진술로 보일 것이다. 완전히 해명하지 않는다면, 사실 이 대문은 뜻이 전혀 통하지 않는데, 단지 무한소급 ― 그 자체가 종합에 의해 구성되는 이 과거는 자신의 종합이 일어날 수 있는 또 다른 시간을 발견할 필요가 있을 것이다, 등등 — 을 초래하기 때문이 아니다. 우리가 방금 본 바와 같이, 과거는 자아가 탈진하는 원인이 아니기 때문에 이 대문은 뜻이 통하지 않는다. 자아는 자연적인 수축적 범위를 가지기 때문에 피로를 겪는다. 즉, 자아는 너무나 많이 응시하기 때문에, 한 번의 파악에 너무나 많은 순간들을 소유하려 하기 때문에 그 자신을 탈진시킨다. 이 난점은 들뢰즈 사유 전반에 작동하는 '원인'이란 단어의 두 가지 의미, 즉 물질적 원인과 의사-원인에 주목함으로써 해결될 수 있다.

만약 과거가, 살아 있는 현재가 여기서 지나가는 일의 '원인'이라면, 이는 첫 번째 종합이 — 헤겔이 감각-확실성은 결코 확실성이 아니라고 말한 것과 동일한 이유 때문에(헤겔 §§109-110) — 시간을 구성하기에 충분하지 않기 때문이다. 즉, 현재에 사로잡힌 이 최초의 자아는 자신이 생산한 확장된 현재와 더불어 사라져버린다. 기억 속으로 지나가는 재현의 현재와 달리, 살아 있는 현재는 지나갈 때 영원히 지나가 버린다. 비록 베르그손이 지적한 문제에 대해 일시적 해결을 제공한다 할지라도, 피로의 현상은 우리에게 이 해결 그 자체가 지나가리라는 점을 말해준다. 그렇다면 베르그손의 최초의 문제는 또 다른 수준에서 다시 나타난다. 이제 우리는 포화된 응시들이 지나가고 있다는 것을 알기 위해서 이 응시들 사이의 가교를 필요로 한다.

이 가교는 시간의 두 번째 종합에 의해, 즉 이 국소적 자아들을 회집하는 특정한 기능을 가지는 에로스에 의해 제공된다. 종합들의 정신분석학적 설명에서 들뢰즈는 두 번째 종합은 '개별적인 나르시스적 만족을 회집해서 그것을 잠재적 대상의 응시와 관련을 맺게 하는 것이다' 적고 있다(DR 108-109). '개별적인 나르시스적 만족'이란 표현은 첫 번째 종합의 수동적 이고 나르시스적인 자아를 가리킨다. '잠재적 대상'은 종합 그 자체의 행위자이고(109), 나르시스적 자아들을 회집하는 '팔루스'이며, 그렇게 할 때 순수 과거 혹은 과거 일반을 '의미하거나signify' '상징하게stand for' 된다(103). 따라서 과거의 일반적 요소는 지나가는 현재들의 종합 속에서 구성된다. 이 관점에서 볼 때, 등록하는 표면으로서의 기관 없는 신체가 부분대상들의 원인이었던 것과 동일한 방식으로, 과거는 현재의 원인이다. 즉, 그것은 의사-원인, '기적화miraculation'이다. 말하자면, 과거는 포화된 자아들을 취하여 이 자아들을 새로운 자아 안의 새로운 종합과 새로운 조직화에 복속시킨다.[26]

이 때문에 들뢰즈는 두 번째 수동적 종합을 첫 번째 수동적 종합의 '확장'으로, 두 번째 수동적 자아를 응시하는 영혼, 자발적 상상력, 또는 기관 없는 신체의 '확장'으로 기술한다. 즉, 두 번째 종합은 '수동적 종합들 및 이 종합들에 상응하는 수동적 자아들의 확장이다'(100/133). 첫 번째 종합에서 두 번째 종합으로 이동할 때 '첫 번째 종합은 두 번째 수동적 종합의 형식 속에서 확장된다'(108/144). 이 확장은 '확장된 수동적 자아'의 상관자이다(100/132). 들뢰즈가 이 대문에서 사용하는 동사는 이 종합이 좌우의 확장이라기보다 깊게 하기deepening를 포함하는 것을 의미하는 'approfondir'이다. 당면한 물음은 이 깊이가 원리상 첫 번째 종합에 선재하느냐, 아니면 오히려 이 깊이가 자신을 차후에 깊게 하기 위해서 — '시간이 전개되는deployed 것'은, 들뢰즈가 앞에서 말했듯이, 실로 살아 있는 현재 내에서라고 할 정도로 — 첫 번째 종합을 전제하느냐 하는 것이다. 즉, 최초의 현재가 먼저 포만점에 도달하고 이어서 탈진 속에서 존재로부터 탈피를 시작해야 하느냐, 아니면 응시하기 위해서 심지어 최초의 현재가 존재 바깥에서 순수 과거 속에서 이미 존재해야 하느냐 하는 것이다. 들뢰즈는, 첫 번째 종합과 관련하여 두 번째 종합을 논하면서 "그렇다면 현재적 차이는, 깊이가 없다면 후자는 존재하지 않을 것이라고 하며 깊이를 소묘할 정도로, 더 이상 순간들의 피상적 반복에서 끌어낸, 위에서 말한 바의 차이가 아니다. 이제 그 자신을 그 자신을 위해 전개하는 것이 이 깊이이다"

라고 적을 때, 전자를 시사하고 있다(286-287; 인용자 강조). 여기서 첫 번째 종합의 깊이는 분명 두 번째 종합에서 그 자신을 위해 전개된 것 — '깊어진 것' — 이다.

첫 번째 종합이 첫 번째로 오고 두 번째 종합이 두 번째로 온다는 이러한 독해는 일단 우리가 두 번째 종합은 첫 번째 종합의 형식을 반복한다는 것 —『의미의 논리』와『안티-오이디푸스』에서 그러했던 것처럼 — 에 주목하기만 하면 훨씬 더 뜻이 잘 통한다. 첫 번째 종합에서 수동적 자아는 파편화된 대상의 상이한 순간들을 회집한다. 두 번째 종합에서, 습관의 최초의 수동적 자아들 그 자체가 이 종합의 대상이다. 이 수동적 자아들은 물질적 반복을 대신하며, 이제 '깊어진' 수동적 자아를 특징짓게 된 '잠재적 대상virtual object' 혹은 '부분적 대상partial object'의 이미지 안에 회집된다.[27] 이 관점에서 볼 때, 두 번째 종합이 어떻게 이 종합이 회집하는 대상들 앞에 오는가를 이해하기란 어렵다.

발생을 이런 방식으로 독해하는 데에서 오는 이점은, 그것이 기억이 주어지기보다는 어떻게 생산되는가를 설명할 수 있다는 점이다. 첫 번째 종합에서 수축과 응시가 분리되는 순간에 포화된 자아의 '깊이'가 '그 자신을 위해 전개된다'. 이는 포화된 자아가 그 자신을 응시의 대상으로 간주한다는 것을, 달리 말하면, 이 자아가 다른 어떤 것이 아니라 그 자신을 수축하기 시작한다는 것을 의미한다. 이 자아는 자신이 이미 소유하는 것을 한눈팔지 않고 계속해서 간직한다. 그렇기에, 그것은 더 이상 외부로 계속해서 개방되어 있었던 시원적 지향성이 아니라, 그 자신을 그 자신 안에서 보존하는 특정적이고 국소적인 기억이 된다. 이 국소적 기억은 살아 있는 현재가 지나갈 때처럼 대상과 더불어 사라져 죽거나, 아니면 또한 기억들이 된 저 다른 자아들과 더불어, 잠재적 대상과 관련하여 통합되어 보존되는 두 번째 종합에서 취택된다.

나르시스적 자아들의 이러한 전유appropriation와 통합coordination에서, 우리는 『안티-오이디푸스』에서 말하는 견인의 형식에 다시 마주친다. 『안티-오이디푸스』의 두 번째 종합에서 등록하는 표면으로서의 기관 없는 신체는 부분대상들을 그 자신 쪽으로 견인하고, 이어서 이 대상들을 '기적화'라고 부르는 과정 속의 새로운 유형의 조직화를 받게 한다. 기적화는 특히 기관 없는 신체가 부분대상들의 '원인'으로 보이는 방식을 표현한다. 비록 부분대상들이 실은 기관 없는 신체를 생산하는 조건일지라도 말이다. 『차이와 반복』에서 '견인'은 모든 국소적 자아들을 — 초월론적 기억 혹은 순수 과거 일반의 요소를 종합 속에서 창출하는 — 잠재적 대상의 이미지 주위에 통합하는 작용이다. 위에서 내가 기술한 바와 같이, 팔루스 혹은 이 종합 그 자체는 순수 과거이다.[28] '기적화'는 이 새롭게 창출된 과거가 그 자신을 자신이 종합한 대상들의 원인으로 제시하는 과정이다. 기적화는 두 번째 종합에 의해서 첫 번째 종합을 전유하는 기능이거나 혹은 첫 번째 종합을 두 번째 종합으로 확장하는 기능이다.

들뢰즈는 이 잠재적 대상을 팔루스로 정의하기 때문에, 또 그 기능이 국소적 자아들을 통합하는 것이기 때문에, 이 대상은 또한 우리에게 『차이와 반복』과 『의미의 논리』 간의 연계를 제공한다. 이 단계는 정확히 들뢰즈가 『의미의 논리』에서 '성기적 성애', 혹은 '육체적 표면의 통합'이라고 부른 것에 상응한다. 이 책에서 팔루스는 충만한 신체 혹은 완전한 육체적 표면을 생산하기 위해 부분대상들의 모든 국소적 자아들을 통합한다. 책들 사이에 기법적 어휘상의 괴리가 있음에도 불구하고, 발생의 이 초기 단계들에 관한 서로 다른 기술들에는 매우 강력한 일치가 존재한다.

그러나 설사 이러한 독해가 가능해 보인다 할지라도, 또 설사 우리가 지나가는 현재의 역설은 의사-인과성의 논리에 따르면 해결된다는 것을, 그러므로 『안티-오이디푸스』의 두 번째 종합에서 기관 없는 신체가 부분대상들의 원인인 방식으로 과거는 현재의 원인이라는 것을 얼마간 주저하면서 기꺼이 인정한다 할지라도, 들뢰즈가 베르그손에게서 직접 물려받은 것으로 보이는 과거 일반의 세 가지 역설은 어떠한가?(DR 81-82). 이 세 가지 모든 역설의 이름 — 공존성, 동시성, 선재성 — 만으로도 순수 과거는 첫 번째 종합 이전에 오거나 공존함으로써 이 종합을 근거짓는다는 점을 시사하며, 이 역설들은 종종 이런 방식으로 읽힌다. 그러나 이 세 가지 역설은 순수 과거 일반의 요소가 살아 있는 현재와 맺는 관계를 기술하는 것이 아니라, 첫 번째 종합이 조건짓지만 결코 동시적은 아닌, 오직 재현 속의 현재와 맺는 관계를 기술한다. 세 가지 모든 역설들은 초월론적 순수 과거와 경험적 현재 사이의 차이를 표현한다. 습관과 므네모시네 둘이 함께 조건짓는 것이 바로 이 경험적 현재이다. 사실, 이 역설들은 첫 번째 수동적 종합과 두 번째 종합 간의 관계를 표현하는 것이 결코 아니며, 오히려 다른 쪽으로 향해 간다. 즉, 이 역설들은 첫 번째 종합과 두 번째 종합이 이 종합들이 조건짓는 재현들과 양립 가능함을 강조함으로써 세 번째 종합의 필요성을 위한 주장을 형성한다.

하지만 세 번째 종합의 기술로 넘어가기 전에, 세 번째 종합은 두 번째 종합의 원인으로 읽고 두 번째 종합은 첫 번째 종합의 원인으로 읽도록 종합들의 순서를 거꾸로 읽을 필요가 있는 것은 이 장에서 행하는 종합들에 관한 세 가지 설명 중 첫 번째의 철학적 설명에 있어서일 뿐이라는 점은 여기서 지적할 만한 가치가 있다. 이는 첫 번째의 철학적 설명이 역으로 제시되기 때문이다. 각 종합은 이전 종합의 근거와 조건을 제공하는 것으로 제시된다. 이는 최종의 분석에서 우리가 순서를 거꾸로 해서, 세 번째 종합을 다른 두 종합의 근원으로 보아야 한다는 인상을 준다. 하지만 종합들에 관한 다른 두 설명은 이렇게 거꾸로 한다는 것이 별로 가능하지 않다는 것을 보여준다. 두 번째의 정신분석학적 설명은 미분화된 충동들을 지닌 미발달의 자아에 관한 기술로 시작해서, 잘 분화된 충동들을 지닌 발달된 성숙한 자아에 관한 기술로 진행한다. 이러한 발달은 『의미의 논리』에서 말하는 동적 발생에서, 자아의 발달에 관한 다소 간단명료한 프로이트식 설명처럼 — 표면상 그렇게 — 보이는 선들을 따라서, 더 발전된 방식으로 반복된다. 만약 우리가 최종의 독해에서 이 순서를 거꾸로 한다면, 우리는 충분히 발달되고 분화된 자아는 사실상 배아적 자아의 조건이며, 발생의 순서로 보아 배아적 자아에 선행한다고 말해야 할 것이다.[29] 이는 분명 뜻이 통하지 않는다.

동일한 문제가 들뢰즈가 세 가지 종합들을 기술하기 위해서 '물리학적 모델' 혹은 '진자적 구조(LS 239)'를 사용하는 종합들에 관한 세 번째의 물리적 설명에 나타난다. 여기에서 습관은 결합coupling으로, 에로스는 공명으로, 타나토스는 강요된 운동으로 불린다(DR 118).[30] 마누엘 데란다 Manuel DeLanda는 '주파수 동조의 현상'으로 이 종합들을 매우 명료하게 기술한다.

> 두 괘종 진자시계가 동조하려면, 약한 신호들이 두 시계를 **결합**하기 위해 한 시계에서 다른 한 시계로 **전달**되어야만 한다. (어떤 경우에 이 약한 신호들은 두 시계가 놓여 있는 나무 바닥의 약한 진동들이다). 만약 이 두 시계의 주파수가 서로 가까워지면, 그 주파수들은 **공명하고**, 두 시계는 단일한 주파수로 고정되게 될 것이다. 이 결과로 생기는 두 진동자의 동조는 최초에 그것들을 결합했던 약한 신호들보다 두 진동자 사이의 **훨씬 더 강력한 연계(강요된 운동)**를 나타낸다. (DeLanda 145n. 53; (고딕은 원문 강조, 굵은 명조는 인용자 강조)

여기서, 최초의 두 종합은 시간을 운동 — 진자들 — 의 기능으로서 측정하기 위한 기기로 제시되는 반면, 세 번째 종합은 최초의 두 종합의 공명 효과로 제시되어 최초의 두 종합을 넘어선다. 세 번째 종합은 최초의 두 종합의 종합으로 나타나며, 이 종합이 일어날 수 있기 전에 분명 진자들의 최초의 결합과 소통을 필요로 한다. 최종의 독해에서 순서를 거꾸로 하는 관점에서 보면 이는 절대로 뜻이 통하지 않는다. 우리는 강요된 운동 혹은 세 번째 종합으로 시작할 수 없으며, 이 종합을 두 번째 종합과 첫 번째 종합의 원인과 근거로 볼 수 없다. 왜냐하면 세 번째 종합은 분명 첫 번째 종합과 두 번째 종합을 전제하기 때문이다. 그러므로 종합들에 관한 장의 마지막 두 절을 읽으면 세 번째 종합을 다른 두 종합의 원인과 근거로 볼 수 없게 된다. 물론 만약 우리가 『안티-오이디푸스』에서 말하는 모든 수준의 발생에서 작동했고, 발생의 순서를 유지하는 특정한 기능을 가졌던 기적화와 의사-인과성의 논리의 선들을 따라가며 — 이때 어떻게 각 종합이 이전 단계에 포함된 요소들의 재생산을 통하여 이 요소들의 원인으로 간주될 수 있는가를 설명하면서 — 그렇게 하지 않는다면 말이다.

사유의 종합: 타나토스

『차이와 반복』에서 행하는, 시간의 생산에 관한 이 모든 탐구는 강도들이 이념의 관계들과 특이성들을 봉인하고 이렇게 해서 현재적 재현을 개체화한 정적 발생의 토대들을 설명하고자 하는 시도에 의해 동기가 부여되었다. 이런 이유 때문에 우리는 수동적 종합에 대해 두 가지 기대를 가졌다. 그것은 (1) 잠재적-이념적 장의 생산과 (2) 강도의 생산을 보여주어야만 한다. 그러나 습관도 므네모시네도 이 토대를 제공하지 않았다. 최초의 두 종합은 정적 발생을 위한 근거를 제공하지 않기 때문에, 우리는 이제 오직 세 번째 종합에 우리의 기대를 걸 수밖에 없다. 세 번째 종합에서 생산되어야 하는 것은 이념들이 전개되는 장과, 강도들이 이념들에 초점을 맞출 수 있는 장 이 둘이다. 나는 먼저 강도의 발생에 대해 기술할 것이고, 이어서 잠재적인 것에 대해 기술할 것이다.

강도의 발생

『안티-오이디푸스』에서, 강도는 분명 첫 번째 두 종합에 의해, 구체적으로 말하면 견인과 반발의 관계들의 종합으로서 생산되었다. 나는 이 관계들이 다시 『차이와 반복』에서 피로(반발)와, 국소적 자아들을 잠재적 대상 주위에 통합하는 작용(견인)이란 형태로 나타난다고 주장한 바 있다. 여기서 나는 차이 그 자체로서의 강도가 또한 『차이와 반복』의 세 번째 종합에서 최초의 두 종합들의 종합으로서 생산된다고 주장하고자 한다. 종합에 관한 세 번째의 물리학적 설명에서, 강도의 이러한 생산이 명시적으로 기술된다. 여기서, 세 번째 종합은 이전의 두 종합과 동일한 일반적 형식을 가진다. 첫 번째 종합은 물질적 순간들을 수축했다. 첫 번째 종합에 관한 한 정식적 표현에서 들뢰즈는 이 종합은 순간들 사이의 차이를 '덜어내며', 또 덜어내어진 이 차이이다라고 말한다(DR 78-79; 286). 순간들에서 빼내진 차이는 국소적 자아 혹은 응시하는 영혼들을 특징짓는다. 이어서 두 번째 종합이 첫 번째 종합의 국소적 자아들을 자신의 대상으로 취한다. 그러므로 두 번째 종합은 '차이를 포함한다'고 들뢰즈는 말한다. 만약 이 종합이 차이를 포함한다면, 그것은 다시 차이 — 이번에는 자아들 사이의 차이 — 를 덜어냄으로써 그렇게 한다. 이 종합은 그 자체가 물질적 파편들에서 덜어내어진 차이인 응시하는 영혼들의 종합이기 때문에 '차이를 포함한다'. 세 번째 종합은 두 번째 종합과 마찬가지로, 되돌아가서 이전 종합의 산물을 종합한다. 그러나 이 세 번째 종합은 두 번째 종합을 자신의 대상으로 취할 뿐만 아니라, 또한 첫 번째 종합의 국소적 자아들도 자신의 대상으로 취한다. 그러므로 이 종합은 두 종류의 차이 — 물질적 순간들의 차이와 자아들의 차이 — 를 덜어내며, 이 두 형식의 차이들 간의 관계를 표현한다.

이런 식으로 들뢰즈는 종합들에 관한 물리학적 설명에서 강도의 생산을 기술한다. 첫 번째 종합은 결합coupling으로, 두 번째 종합은 공명으로, 세 번째 종합은 강요된 운동으로 기술된다. 이때 우리는 이 설명에 포함된 세 종류의 차이에 유의해야 한다. 이것은 까다로운 부분이므로, 나는 그것을 『차이와 반복』117쪽의 물리학적 은유의 각 계기를 한 번에 하나씩 들면서 서서히 전개하겠다.

(1) "한 체계는 둘 이상의 계열을 기초로 하여 구성되어야만 하는데, 각 계열은 그것을 구성하는 항들 간의 차이들에 의해서 정의된다."

첫 번째 종합은 이 계열들을 생산한다. 종합들에 관한 철학적 설명에 의거한다면, 계열의 '항들'은 물질적 대상의 불연속적 순간들이다. 그러나 이 항들 간의 차이는 불연속성이 물질적 대상에 도입한 차이가 아니다. 얼핏 이렇게 독해하고 싶겠지만, 우리는 항들이 분열증적 혼합체에서 분산되어 있는 것이 아니라 '계열' 안에서 조직화되어 있다는 점에 주목해야 한다. 첫 번째 종합, 결합coupling은 항들을 계열 안으로 집어넣는 것이다. 그러므로 항들 간의 차이는 첫 번째 종합에서 '덜어내어진 바로 그 차이'이다. 물리학적 설명에 나오는 이 결합은 철학적 설명에 나오는 습관, 또 정신분석학적 설명에 나오는 흥분들의 묶음과 유사한 용어이다.

(2) "만약 우리가 계열들은 어떤 종류의 힘의 충격 하에 소통한다고 가정한다면, 이러한 소통은 차이를 다른 차이와 관계를 맺게 하면서, 체계 내에서 차이들 사이의 차이를 구성한다는 것이 명백하다."

이 '힘'은 국소적 자아들을 회집하는 두 번째 종합, 혹은 잠재적 대상이다. 이 국소적 자아들은 우리가 본 바와 같이, 계열의 항들 간의 차이들 이상의 것이 아니다. 그러므로 이 '힘'은 잠재적 대상의 이미지 속에서 자아들 그 자신들(덜어내어진 차이들)을 서로 간에 관계 맺게 함으로써, 차이의 '소통', 혹은 차이의 차이와의 관계를 실연한다. 들뢰즈는 차이들의 이런 소통을 '공명'이라고 부르는데, 물리학적 설명에 나오는 이 공명은 철학적 설명에 나오는 순수 과거의 생산, 정신분석학적 설명에 나오는 국소적 자아들의 종합과 유사한 용어이다.

(3) 마누엘 데란다가 매우 분명하게 기술한 바와 같이, 공명은 강요된 운동을 — 언제나 그런 것은 아니지만 — 초래할 수 있다(cf. LS 239-240). 공명으로부터 '진폭이 기초적 계열들 그 자체를 초과하는 강요된 운동이 파생된다'. (DR 117; 원문 강조)

이 강요된 운동은 새로운, 세 번째 종류의 차이로, 이것은 정확히 『차이와 반복』 마지막 장에 나오는, 그 자체를 위해 전개되는 강도 개념이다. 들뢰즈는 이를 여기서 다음과 같이 기술한다.

이 요소들의 본성은, 그 가치가 이 요소들이 속하는 계열 안의 차이[결합coupling]에 의해, 또 한 계열에서 다른 한 계열로 이동하는 차이의 차이[공명]에 의해 규정되기 때문에, 규정될 수 있다. 즉, 이것들은 강도들이며, 그 자체가 다른 차이들을 지시하는 차이에 의해 구성될 수 있는 강도들의 특유성이다(E-E'의 E는 e-e'를 지시하고, e-e'의 e는 ε-ε'를 지시하고 …). (DR 117; 인용자 강조)

이것은 세 번째 종합이다. 여기서, 강도는 명백히 '다른 차이들을 지시하는 차이'로서 '구성된다'. 강도가 지시하는 이 다른 차이들은 이전의 두 종합들에 포함된 것들, 즉 덜어내어진 차이(결합)와 함유된 차이(공명)이다. 사유 및 사유의 발생의 한복판에 있는 강도는 바로 시간의 두 최초의 종합들을 전제하는 이 차이이다. 강도에 관한 이러한 정의는 『안티-오이디푸스』에 나오는 강도의 생산에 관한 설명과 잘 공명한다.

이 점이 전 장에서 내가 강도에 관해 말한 것과 어떻게 관련이 있는지는 훨씬 덜 분명하다. 들뢰즈는 강도에 관해 두 모순되는 진술을 하는 것 같다. 한편으로, 강도는 애초에 초월론적 감성에 주어진 것이다. 강도는 초월론적 감성이 '외부'를 '마주치거나' 혹은 '경험하는' 형식을 기술한다 (DR 144). 그때 이 감성은 '자신의 제약을' 상상력(첫 번째 종합)에게 '전달하고', 상상력은 이 차이를 기억(두 번째 종합)에게 전하며, 기억은 이 차이를 사유(세 번째 종합)에게 전한다. 하지만 다른 한편으로, 우리는 방금 강도가 매우 분명하게 이 세 번째 종합에서 '구성된다'는 것을 알게 되었다. 강도는 동적 발생의 시초에 존재하고, 동시에 이 발생이 생산해야 하는 것으로 보인다.

그러므로 두 종류의 강도, 즉 최초에 주어진 것으로서의 강도와, 생산된 촉발의 양으로서의 강도를 구분하는 일이 필요하다. 나는 이미 이전 장에서 이 두 종류의 강도를 간략하게 구분한 바 있다.[31] 주어진 것을 강도로서 기술하는 일은 프로이트의 메타심리학에서 작용하고 있었다. 강도를 생산된 촉발의 양으로 기술하는 일은 후설의 촉발 이론에서 작용하고 있었다. 강도의 이 두 형식들은 또한 세 가지 종합들에 관한 들뢰즈의 다양한 설명에 모두 나타난다. 정신분석학적 설명의 서두에서 들뢰즈는 (『의미의 논리』에서처럼) 세 가지 종합의 출발점이자 그래서 모든 발생의 출발점인 이드Id를 강도의 차이들이 '여기저기 흥분들의 형태로 분포되어 있는 개체화의 장'으로 기술했다(DR 96). 그는 여기서 분명 강도들은 흥분들의 형태를 취한다는 프로이트의 강도 개념을 암시하고 있다. 강도들은 첫 번째 종합이 포착하는 것이고, 두 번째 종합이 등록하는 것이며, 세 번째 종합이 재인하는 데 실패하는 것이다. 다른 한편, 우리가 방금 본 바와 같이, 종합들에 관한 물리학적 설명에서 강도는 세 번째 종합에서 생산된다.[32] 더 이상 강도는 주어진 흥분이 아니라, 흥분의 양이다.

첫 번째 종합에서 강도는 흥분의 형태를 취한다. 강도는 초월론적 감성이 파편화된 대상을 경험하는 방식이다. 여기서 연구하는 세 책 모두에서 세 가지 수동적 종합들이 서로 다른 이름에도 불구하고 동일한 방식으로 작동한다. 즉, 첫 번째 종합은 감성에 주어진 것을 직접적으로 취택한다. 두 번째 종합은 초월론적 기억 속에서 그 포착을 등록한다. 그러나 세 번째 종합은 두 번째 종합과 비교하여 첫 번째 종합을 측정한다. 그때 이것이 의미하는 것은, 강도가 감성에서는 흥분의 형태를 취하는 반면 그 흥분의 양*quantity*은 결코 주어지지 않는다는 점이다. 포착하고, 등록하고, 이어서 하나를 다른 하나와 비교하여 측정함을 통해서 흥분의 양이 규정된다. 강도는 최초에 단순한 흥분이다. 세 가지 종합들이 작업을 수행한 후에 이 최초의 차이는 자아(기관 없는 신체, 자발적 상상력, 종합하는 행위자)가 촉발되는 정도에 관한 표현으로 변형되었다. 그것은 이제 다른 차이들을 지시하는 차이인데, 여기서 그 다른 차이들이란 첫 번째 종합(포착)에서 덜어내어진 차이이고 두 번째 종합(등록) 중에 함유된 차이이다.

흥분의 이 점진적 종합은 후설에서 또한 칸트에서 작동하는 강도 개념을 산출한다. 그것은 '의미에 미치는 영향의 정도(CPR B 208)', 혹은 주체가 순간적으로 촉발되는 정도이다('정도는 계기적으로가 아니라 순간적으로 포착되는 그 등급만을 가리킨다')(CPR A 168-169).[33] 이것은 내가 지난 장에서 강도에 관해 말한 것과 관련하여 극히 중요하다. 지난 장에서 나는 강도는 전반적인 정적 발생과 관련하여 두 가지 역할을 지닌다고 말한 바 있다. 첫째로, 강도는 현재를 나타낸다. 이제 우리는 그 이유를 안다. 그것은 신체가 순간적으로 촉발되는 강도에 관한 표현이다. 두 번째로, 강도는 이념들을 미래로부터 선택해야 한다. 우리는 이러한 선택이 '최고조의 활동의 영역들'이 가장 먼저 개체화되는 데 반해 보다 덜한 활동은 나중에 개체화되는, 강도의 '윤리학'에 따라 착수된다는 것을 보았다. 달리 말해서, 여기서 강도는 의미에 미치는 경합하는 영향들 혹은 수동성이 미래에 대해 자신의 유혹을 행사하는 방식을 가리키며, 이는 그것이 수동성들의 체제에서 취택되고 변형된 후에만 오로지 가능하다. 강도는 애초에 흥분의 형태로 주어지는데, 이 지점에서 흥분들의 양에는 아무런 의미심장한 차이가 없는 것으로 보인다. 사유를 촉발하고 이념을 선택하는, 촉발의 등급을 규정하는 데에는 수동적 종합들의 전 단계가 소요된다. 세 가지 종합들은 우리를 강도에 관한 프로이트의 개념에서 칸트/후설의 개념으로 이동하게 한다.

잠재적인 것의 발생

시간의 빈 형식이란 무엇인가? 『안티-오이디푸스』는 이상하게도 이 점에 관해 아무 말이 없으므로, 거기에 있는 텍스트에서 이 점을 뽑아낼 수 있었던 유일한 길은 칸트에 관한 일련의 복잡한 언급들과, 들뢰즈의 다른 텍스트들에 관한 간접적인 논급들을 통해서였다. 일반적으로, 『안티-오이디푸스』에 나오는 세 번째 종합에 관한 설명은 종합들에 관한 『차이와 반복』의 물리학적 설명을 넘어서는 법이 결코 없다. 하지만 『차이와 반복』에 나오는 이 종합에 관한 철학적 설명과 정신분석학적 설명은 세 번째 종합을 물리학적 설명과 겉보기에 상이한 방식으로 기술한다. 이 설명들에서 종합 그 자체는 시간의 빈 형식이라 불린다. 이 기술은 『안티-오이디푸스』에는 빠져 있는 데 반해, 『의미의 논리』에서는 실로 강력하고 복잡하게 나타나 있다.

『의미의 논리』에서 시간의 빈 형식은 아이온이라 불린다. 아이온은 사건을 무한정한 과거와 미래로 무한하게 세분하는, 현재 없는 시간이다.

크로노스가 순환성 및 순환성의 우연적 사건들accidents과 분리될 수 없는 데 반해[…], 아이온은 양방향으로 한계 없는 직선으로 펼쳐진다. 언제나 이미 지나갔으며 영원히 아직 오지 않기에, 아이온은 시간의 영원한 진리이다. 즉, 아이온은, 현재의 물체적 내용으로부터 해방되었으며, 이리하여 그 자신의 원환 속에 감기지 않고 그 자신을 직선으로 펼치는, 시간의 빈 형식이다. (LS 165)

아이온은 의미의 시간이다. 이 의미 속에서 시간은 현재적인 물체적 내용으로부터 '해방되어', 이 내용을 세분하고, 따라서 '고려 중인 영역(아이온)의 점진적인 규정과 완결된 규정을 보증한다'(LS 121). 『의미의 논리』에서 '시간의 빈 형식' 혹은 아이온이란 표현은 분명 의미 단독의 초월론적 장을 기술한다. 시간은 비물체적이란 의미에서 '비어 있다'. 시간은, 우리가 위에서 본 바와 같이, 신체들의 능동과 수동으로부터 완전히 벗어나서, '이념적 요소들'이 점진적으로 규정되어 경험적 의식으로 현실화될 수 있는 공간이 되었다. 아이온은 동일한 이유에서 일종의 '형식'이다. 즉, 아이온은 아무 내용도 가지지 않는다. 들뢰즈가 『차이와 반복』에서 말하는 바와 같이, 아이온은 내용에 구애받지 않는, 시간의 순수하게 형식적인 분배이다.

몇 가지 점에서 아이온에 관한 이러한 기술은 『차이와 반복』에 나오는 시간의 빈 형식 개념에도 적용된다. 시간의 빈 형식은 또 이념들이 점진적으로 규정될 수 있는 공간이다. 내가 지난 장에서 기술한 이념들의 점진적 규정을 조건짓는 것은 바로 연속성과 규정 가능성의 이 형식이다. 『차이와 반복』의 두 번째 장에서 들뢰즈는 또한 비물체적이고 비물질적인 것이 되어 있기 때문에 이 형식은 비어 있다고 강조한다. 철학적 설명에서 이는 그것이 '경험적 내용을 내버린다'고 말함으로써 표현된다. 정신분석학적 설명에서 이 형식은 자아가 '모든 가능한 기억 내용을 폐기한다'고 말함으로써 표현된다(DR 111). 물리학적 설명에서 이 형식은 강요된 운동이 두 진자들의 기초적 계열을 초과한다고 말함으로써 표현된다(진자는 운동에 따라 시간을 측정하는 기기라는 점을 기억하라).

하지만 『차이와 반복』에 제시된 바의 시간의 빈 형식이란 개념은 『의미의 논리』에서 강조하는 규정 가능성의 비물질적 장에 관한 기술보다 훨씬 더 복잡하다. 아이온이 오이디푸스 성애 단계가 거세로 끝난 후에 오직 형이상학적 표면에서 일어난 데 반해, 『차이와 반복』에서 나오는 빈 형식은 연속성과 규정 가능성의 형식으로서의 잠재적인 것을 생겨나게 하는 종합 전체로 제시된다(DR 110, 294).

『차이와 반복』에서 이 종합은 세 가지 구분되는 측면들로 이루어진다. 세 구분되는 측면은 (1) 순수하게 형식적인, 시간의 순서, (2) 상징으로 표현되는, 시간의 **총체성**, (3) 순서와 총체성 간의 상호작용의 결과인, 시간의 **계열**이다(많은 의미가 이 표현들에 부가되어서는 안 된다. 내가 아래에서 논할 이 표현들의 기능이 중요할 뿐이다). 우리는, 『차이와 반복』의 첫 번째 종합은 『의미의 논리』의 국소적 자아들 및 이 자아들의 부분대상들에 상응하고, 또 두 번째 종합은 육체적 표면 전체를 팔루스의 이미지 안에 통합하는 작용에 상응한다는 것을 보았다. 세 구분되는 단계들로 이루어지는 종합으로서의 시간의 빈 형식은 오이디푸스적 성애 단계와 직접적으로 상응한다. 술어 상의 차이에도 불구하고, 대응이 정확히 이루어진다. 세 번째 종합의 이 세 측면들 — 순서, 총체성, 계열 — 은 모두 이 종합을 현실적으로 가져오는 과정의 구분되는 단계들을 특징짓는다. 다음에서 나는 세 번째 종합의 이 세 계기들, 즉 (1) 순서, (2) 총체성, (3) 계열을 간략하게 기술하고자 한다.

들뢰즈는 시간의 순서를 '중간 휴지caesura의 기능 속에서' 이전, 동안, 이후의 분배로서 기술한다(DR 89). 무엇이 이 순서를 이 세 부분들로 분할하는가? 정신분석학적 설명에서, 그것은 '나르시스적 자아'이다(DR

110). 들뢰즈가 여기서 나르시스적 자아를 말할 때, 그는 우리가 지난 두 종합을 가로질러 따라왔던 이 자아의 세 번째 형식을 특정적으로 의미한다. 첫 번째 종합에서 이 자아는 시원적 지향성의 형식으로 감각성의 특이성을 살며, 만약 존재의 불연속성으로부터 탈피를 착수하지 않았다면 자신의 대상과 함께 죽는 심층의 자아였다. 두 번째 종합에서 이 자아는 이 조금 포화된 자아들을 '잠재적' 혹은 '부분적 대상'의 이미지 안에 통합한 자아였다. 세 번째 종합에서 이 자아는 이 형식적 순서가 분할하는 두 번째 종합의 이 자아이다. 이 형식적 순서가 분할할 때 두 번째 종합의 이 자아는 분열된 자기^{dissolved self} 혹은 '애벌레 주체^{larval subject}'로서 정의되게 된다.

시간의 순서가 실연하는 분배는 이 종합 속에서 결합될 수 있는 두 대상의 규정에 지나지 않는다. 만약 이 종합을 기술하기 위해 판단의 구조를 사용하길 원한다면, 우리는 시간의 '순서'는 판단(혹은 재인작용) 속에서 결합될 수 있는 전건과 후건을 규정한다고 말할 수 있을 것이다. 빈 시간의 순서가 자아를 분할할 때, 자아의 역사를 형성하는 두 이전 종합들에 따라 자아를 분할한다. 들뢰즈는 결코 명시적으로 이 점을 말하지 않지만, 그럼에도 이러한 독해는 세 구분되는 관점에서 보아 가능하다. 첫째로, (내가 아래에서 기술하는) 빈 형식의 계열과 관련하여, 그것은 결합되는 최초의 두 종합들이다. 둘째로, 내가 위에서 기술한 종합들에 관한 물리학적 설명은 세 번째 종합을 최초의 두 종합들의 종합으로 기술한다. 마지막 셋째로, 『의미의 논리』에 나오는 오이디푸스적 성애 단계는, (여기서 자아의 수동적 종합 전체의 총체성을 상징하는) '좋은 대상'을 (부분대상들 혹은 첫 번째 종합의 대상들을 나타내는) 어머니 이미지와 (부분표면의 팔루스적 조직화 혹은 두 번째 종합을 나타내는) 아버지 이미지로 분할함으로써 시작되는 이 종합과 상관관계를 이루는 단계이다. 이 세 가지 관점 모두는, 설사 전적으로 사변적이라 할지라도,

이 종합의 이 단계에서 일어나는 것은 자아가 자신의 구성적 부분들, 즉 자신의 과거와 자신의 현재로 — 자신의 실패한 종합은 미래를 규정할 것이다 — 분할된다는 점을 시사한다.

빈 시간의 총체성은 순서가 자아 안에 생산한 분할이 한 이미지 안에서 종합되는 방식이다. 이 이미지는 '행위 일반' 혹은 '가공할 행위formidable action'의 이미지이다. 들뢰즈는 행위는 경험적으로empirically 어떤 것일 수도 있다고 말하지만(294), 수동적 종합들의 수준에서 행위는 특정적으로 최초의 두 종합을 결합하는 행위이다. 시간의 순서는 결합될 대상들을 규정한 데 반해, 시간의 총체성은 시간 순서의 정적이고 거의 예비적인 종합을 표현한다(294, 288). 논리적 은유를 계속하자면, '순서'는 전건과 후건을 제자리에 놓은 데 반해, 총체성은 전건과 후건의 관계인 코풀라copula 그 자체로 기능한다. 『차이와 반복』에서 행위의 이 이미지의 기능과 필연성은 완전히 분명한 것은 아니다. 오이디푸스적 성애의 상관관계적 단계에서 이 이미지는 의도 혹은 의지의 도래로 나타난다(LS 207).[34] 이 이미지는 '실질적으로 성취된 행위'와 대립하는 것으로서 '의도된 행위'이다. 이 맥락에서 이 이미지는 부상 입은 어머니(국소적 자아들)와 부재하는 아버지(통합하는 팔루스/자아)를 치유하려는 아이 쪽의 의향을 표현한다(LS 203-207). 달리 말해서, 이 이미지는 첫 번째와 두 번째 종합을 재인하려는, 종합하려는 의도이다.

아이가 이 의도를 실현하고자 시도할 때 현실적으로 일어나는 것 — 거세 — 은, 『차이와 반복』에서 이 종합의 다음 국면, 곧 시간의 계열로 약술된다. 『의미의 논리』에서 그것은 또 다른 표면에 관한 것이다. 시간의 순서가 결합될 두 요소를 설립했다면, 총체성은 들뢰즈가 『의미의 논리』에서 말하듯이 그렇게 하려는 의도 혹은 모델을 표현한다. '가공할 행위'는 분할된 자기를 한 통일체로 결합하고자 하는 욕망이다.

시간의 빈 형식의 세 번째 국면은 시간 계열이다. '시간 계열은 분할된 나르시스적 자아가 시간의 전체 혹은 행위의 이미지'에 직면하는 것을 가리킨다(DR 110). 달리 말해서, (자아를 분할한) 시간의 순서와 (종합의 이념이었던) 시간의 총체성의 이미지가 시간 계열을 창출하기 위해 결합된다. 이는 순서와 총체성의 종합이라는 종합의 현실적 순간이다. 이는 이전 두 종합을 시간의 총체성의 이미지와 관계를 맺게 하는 것을 의미한다(94, 296). 시간 계열의 세 가지 시간 — 선험적인 과거, 현재, 미래 — 은 결과로서 생겨나는 상이한 관계들을 표현한다. 여기서 상황은 극히 복잡한데, 확실한 설명을 들뢰즈가 제공하지 않기 때문에 그것들은 매우 불분명해서, 이 세 번째 종합에서 일어나는 혼란이 들뢰즈가 설명하려고 노력하는 과정의 결과인지, 아니면 그것이 단순히 이 과정에 관한 설명이 짧고 모호하고 관련 없는 텍스트의 많은 절들을 가로질러 흩어져 있기 때문인지 우리는 결코 알 수 없다(이 과정에 관한 주요한 기술들은 89-94, 110-116, 294-301에 나온다).[35] 이 세 가지 설명들 사이에서 상황은 다음과 같이 전개되는 것으로 보인다. 각 종합 — 습관과 므네모시네 — 은 일련의 변형을 겪으며 역할 및 영향 영역을 다른 종합과 교환한다. 두 번째 종합은 이드 및 이드의 흥분들로 향하게 된다. 첫 번째 종합은 기억의 통합된 자아로 향한다. 기억은 현재적인 것이 되지 않을 수 없다. 습관은 과거적인 것이 된다. 기억은 자동적으로 '조건'이 된다. 즉, 기억은 더 이상 재현을 근거짓지 않으며, 자신의 형식과 내용들은 대수롭지 않은 것이 된다. 기억은 그것이 단지 거기에 존재하기 때문에 조건이지만, 다른 어떠한 소재라도 족할 것이다. 첫 번째 종합은 '변용metamorphosis'의 현재가 된다. 하지만 변화는 습관의 본성과는 완전히 상반된다(92; cf. 295-296).[36] 기능들의 이러한 교환에서 두 종합은 전적으로 양립 불가능하고, 하나의 이미지 내에 놓일 수 없는 것으로 보인다.[37] 하지만 능동적 종합에서 재현이 의존하지 않는다고 생각되는 것은 바로 첫 번째와 두 번째 종합의 양립 불가능성이었다. 비록 원리상 재현이 요구한다고 생각되는 모든 것은 이전 두 종합이었다 할지라도, 사실, 이 두 종합의 통합은 결코 간단한 과정이 아니며, 능동적 종합이 재현 속에서 지나가는 현재를 생산할 수 있도록 이 통합은 엄격하게 규제되어야 하는 것으로 보인다. 이러한 일은 수동성 안에서는 일어날 수 없다. 그렇다면 논리적 은유에 결론을 내린다면, 세 번째 종합은 재인의 불가능성, 혹은 판단의 불가능성을 나타낸다. 전건과 후건 사이에 존재할 수 있는 오로지 하나의 가능한 관계, 즉 포괄적 이접(그것은 A, 또는 B, 또는 둘 다이다)만이 존재한다.

판단의 불가능성은 '미래가 나타나는 …'(89) 세 번째 시간을 초래한다. '궁극의 종합은 오직 미래에 관한 것이다'(115). 살아 있는 현재가 재현 속을 지나가는 특정한 현재가 아니라 모든 현재 일반의 조건이었듯이, 그리고 순수 과거 일반의 요소가 지나간 순간의 재생산이 아니라 지나간 순간들이 조사照射될 수 있는 일반적 요소이었듯이, 달리 말해서, 다른 두 수동적 종합들이 특정한 시간 양상들 속에서 재현들을 생산하는 것이 아니라 이 양상들 그 자체의 초월론적 가능성이었듯이, 이 세 번째 종합은 규정적 미래를 생산하는 것이 아니라 미래 일반의 초월론적 요소를 생산한다. 미래 일반은 우리가 그 안에서 '새로운 것'에 마주치는 요소이다. 이 미래는 영원회귀에 의해 정의되는데, 들뢰즈가 말하듯이, 영원회귀는 현재적인 것, 혹은 현재적이었던 것에 관련된 것이 아니다. 영원회귀는 오직 '새로운 것the new'에 관련된다. 즉, '영원회귀 그 자체는 새로운 것, 완전한 새로움novelty이다'(90).[38] 그러나 새로움은 (인간적 게임에서처럼) 정해진 규칙에 따라 미리 규정되지 않는다. 대신에 새로움은 우발적이다. 새로움은 이미 규정된 순간이 아니라 한 순간이 점진적으로 규정되어 가는 지평이다. 들뢰즈에게 미래란, 우리는 결코 우리에게 다가오고 있는 것이 무엇인지 알지 못하기 때문에, 우연의 긍정일 수밖에 없다. '영원회귀는 긍정의 힘이되, 그것은 모든 다양한 것, 모든 상이한 것, 모든 우연적인 것을 긍정한다…'(115). 이 때문에 '영원회귀는 적절하게도 미래에 관한 믿음, 미래에 대한 믿음'이라 불린다(90). '만약 미래와 맺는 본질적 관계가 존재한다면, 그것은 미래가 다양한 것, 상이한 것, 우발적인 것을 전개하는 것deployment이고 펼쳐놓는 것explication이기 때문이다…'(115; 인용자 강조).

'다양한multiple'이란 단어는 여기서 두 가지 의미를 가진다. 한편으로 그것은 일자 혹은 동일성의 형식에 대립되는 일반적인 철학적 의미를 가진다. 재현 속을 지나가는 현재들을 정의하는 것은 바로 이 동일성의 형식이다. 하지만 이 현재들은, 우리가 지난 장에서 본 바와 같이, 미래에서 현재로 시간이 지나갈 때 생산된다. 이는 여기에서 '다양체multiplicity'란 단어의 두 번째 특수한 전문적 의미를 두드러지게 한다. 영원회귀 혹은 미래는 다양체들 혹은 이념들의 '전개deployment'를 가능하게 한다. 영원회귀는 '다양체'를 '탄생하게' 한다(90). 이 때문에 들뢰즈는 종합들에 관한 정신분석학적 설명의 결론에서 "미래의 체계는 […] 신적 게임이라고 불려야만 한다. 왜냐하면, 어떠한 선재하는 규칙도 없기 때문이고, 게임이 그 자신의 규칙들과 이미 관련되기 때문이며, 게임하는 아이는 모든 우연성이 매번 영원히 긍정되기에 이길 수밖에 없기 때문이다"고 말한다(DR 116). 이는 이념들의 기원에 있었던 것과 동일한 신적 게임이다. 미래가 탄생시키는 다양체들은 초월론적 이념들 그 자체이다. 잠재적인 것은 세 번째 종합에서 생산된다.

하지만 잠재적인 것의 발생과 강도의 발생을 보여주는 것 이외에 우리는 또한 이것들이 어떻게 두 상이한 시간을 점유하게 되었는지 알아야 했다. 이념들은 미래에서 점진적으로 규정되었고 이것들이 분화시키는 현재로 현실화되었다. 이 현재는 강도들의 장으로 정의되었다. 차원들 안의 차이는 영원회귀의 결과이며, 아마도 이는 『의미의 논리』에 더 잘 표현되어 있는 것 같다. 『차이와 반복』에서, 계열의 세 번째 시간으로의 영원회귀는 시간의 빈 형식의 다른 요소들과 완전히 결별한다. 즉, 시간의 빈 형식의 순서, 이 순서가 분열시키는 애벌레 주체, 상징적 총체성, 계열의 최초의 두 시간들과 완전히 결별한다. 들뢰즈는 영원회귀는 오직 미래에만 관련된다고 계속해서 강조한다.[39] 영원회귀는 '조건이나 행위자를 돌아오게 하는 것이 아니다. 이와 달리 영원회귀는 이것들을 거부하고 모든 원심력을 가지고 추방한다'(DR 90; 원문 강조). 영원회귀가 생산하는 미래는 완전히 자율적이며, 이 미래의 생산을 이끈 모든 것으로부터 독립해 있다. 『의미의 논리』에서, 두 시간의 이런 차이는 두 표면 간의 차이로 정식적으로 표현된다. 오이디푸스적 성애의 전前 단계는 육체적 표면과 관련된다. 오이디푸스적 종합은 이 표면의 해체를 야기하고, 아이온이 문제설정적 사건들 혹은 초월론적 이념들을 점진적으로 규정하는 새로운 표면 — 순수 사유 — 의 생산을 야기한다. 그러나 발생 일반의 관점에서 우리는, 영원회귀는 이 지점에서 이념들의 점진적 규정을 규정하기 때문에, 그리고 개체화와 현실화의 과정은 이념들을 다시 현재로 데려오고 이 이념들을 영원회귀가 뒤에 남기고 떠났던 바로 그 애벌레 주체들의 살 안에 자리 잡게 하기 때문에, 이 자율성은 오로지 순간적일 뿐이라고 말할 수 있다. 달리 말해서, 영원회귀는 이 자율성을 발견하지만 결국 자신이 뒤에 남기고 떠났던 것으로 되돌아간다. 『니체와 철학』에서 이념적 게임에 관한 기술을 할 때 들뢰즈는 발생의 전 궤적을 완벽하게 기술하는 한 인용문을 사용한다. "우리는 일시적으로 생을 포기한다. 그때 일시적으로 우리의 시선을 생에 고정시키기 위해서"(NP 25). 두 책은 모두 동일한 것을 상이한 방식으로 말한다. (이런 이유 때문에 우리는 또한 『의미의 논리』에 나오는 영원회귀에 관한 매우 분명한 기술이 『차이와 반복』에도 잘 통한다고 말할 수 있다.)

타자

모든 발생의 마지막 단계는 들뢰즈가 '타자'라고 부르는 것의 도래이다.

전통적으로, 현상학에서 타자란 항상 나의 자아에 초월적인 또 다른 자아이다. 그때 타자의 문제는 어떻게 내가 또 다른 자아를 대상으로서가 아니라, 우리를 분리하는 간격을 횡단하는 살아 있는 주체로 인식할 수 있는가이다. 그러나 우리는 들뢰즈의 주체성 이론은 다층적이고 극히 복잡하다는 점에 주목해야 한다. 들뢰즈의 '타자'는 나에 맞서 놓여 있는 또 다른 '나'가 아니라, 나 안에서 사유하는 '타자'이다. 『의미의 논리』에서 우리는 전통적인 나 개념은 정적 발생에서의 공통감의 형식으로 구성된다는 점을 보았다. 이 점에서 들뢰즈는 『자아의 초월성』 말미에 나오는, 전통적인 자기와 나 개념은 초월적 대상들 — 이 자체가 비인격적인 초월론적 장에 의해 구성되어야만 한다 — 로서 기술된다는 사르트르의 주장을 따르고 있다 (Sartre, *Transcendence*, 60ff). 그러나 우리는 이 정적 발생의 산물에서 들뢰즈가 말하는 주체성의 또 다른 형식으로 향해 소급해 갈 수 있다. 들뢰즈의 경우, 초월론적 장 그 자체는 '균열된 나fractured I'라고 불린다. 그리고 이 '균열된 나' 아래에 '분열된 자기dissolved self', 혹은 수동적 종합의 자아들이라는 훨씬 더 깊은 주체성의 형식이 있다.(DR 256ff., 284)

들뢰즈의 경우, 공통감의 심리학적 주체가 마주치는 타자는 특히 초월론적 장의 균열된-나를 지시한다. 그러므로 '타자-구조the other-structure'는 경험적 주체와 초월론적 주체 간의 관계를 지시한다. 이 관점에서 보면, 타자-구조는 세 가지 본질적 기능을 가지는데, 이 기능들은 모두 발생이 끝을 맺을 수 있도록 해준다. (1) 타자-구조는 잠재적인 것을 재현의 한계들 내에서 에워싼다. (2) 동시에 타자-구조는 산물인 재현이 그 기원들을 비인격적 사유 안에서 표현하도록 해주는 수단을 제공한다. (3) 타자-구조는 살아 있는 현재의 형식을 재현의 수준에서 재생산하고, 이렇게 해서 심리학적 주체가 예기 및 단기 기억과 같은 어떤 것에 의해 보호받는 현재 속에서 살아가도록 해준다.

타자-구조의 첫 번째 기능은 상대적으로 안정적인 주체와 객체의 한계들 내에서 '지각들에게 제공되는' 재현들을 에워싸는 것이다. 따라서 들뢰즈는 "모든 것은, 개체화하는 요인들과 전개체적인 특이성들을 대상과 주체의 한계 내에 타자가 통합하는 듯이 일어나는데, 이때 주체와 대상은 지각하는 자나 지각되는 것으로서 재현에게 제공된다"고 적고 있다(DR 281-282; 원문 강조). 여기서 '재현' 혹은 '지각'에게 제공된다는 것은 위에서 논한 경험적 감성에 주어진다는 것을 의미한다. 이 관점에서 보면, 타자는 초월론적 장과 강도적 장이 두 형식의 공통감 하에, 즉 객관적 형식인 초월적 대상과 주관적 형식인 통각의 통일성 하에 놓이게 되는 방식을 나타낸다. 그리하여 개방적인 유목적 분배는 억제되어 정착적인 것이 된다. 물질성과 잠재성이란 두 생성들은 재현의 안정된 형식들에 적합하게 된다.[40] 이 지점에서 계속해서, 능동적 종합들이 인수하여 들뢰즈의 초월론적 감성의 산물들을 연합과 판단의 형식들을 따라 조작할 수 있다.

이는 타자-구조의 두 번째 기능과 밀접하게 관련되어 있다. 타자는 지각의 재현들이 그 강도적이고 잠재적인 기원들을 표현하는 수단을 제공하지 않고는 초월론적인 것을 영토화할 수 없다. 완전히 구성된 개체는 들뢰즈가 '봉인envelopment의 중심들'이라 부르는 것에 의해서 여전히 그 강도적 기원들을 증명한다(DR 258ff). 우리는 이미 위에서 재현의 적법한 사용과 부적법한 사용과 관련하여 이 국면의 중요성을 마주친 바 있다. 봉인의 중심들은 재현이 자신을 생산한 발생과 연관되어 계속해서 남아 있는 방식이다. 이 관점에서 들뢰즈는 '한 체계 안에서 (최종적으로) 펼쳐지는explicated 순간, 미분적이거나 강도적이거나 또는 개체화하는 요인들은 함축 안에서 자신들의 지속을 증명한다'고 적고 있다(256). '함축implication'은 차이가 모든 질과 연장 아래에서 지속하고 그 자체 내에서 서로 소통하는 방식을 가리킨다(228). 타자에 의해서 재현 안에 표현되고 재현을 적법화하거나, 혹은 '죽은 것'으로서가 아니라 '살아 있는 것'으로 규정하는 것은 함축의 이러한 층위이다(260; cf. 259).

의식적 주체의 관점에서 보면, 분화한 개체들의 강도적 기원은 주어진 재현 주위의 '일군의 잠재태들potentials'로 나타난다. "모든 심적 체계에서 한 실재 주위에는 일군의 가능성들possibilities이 존재하는데, 우리의 가능태들possibles은 언제나 타자들이다"(DR 260; cf. 259). 들뢰즈는 여기서 후설이 『데카르트적 성찰』에서 세계의 이념이라 부른 것을 직접적으로 언급하고 있다.[41] 후설에게 모든 현실적 체험은 그 현실적 경험에 특유한 '가능성들' 혹은 '잠재성들potentialities'의 지평 내에 놓여 있다. 즉, "모든 현실성은 자신의 잠재성을 수반하는데, 이러한 잠재성들은 공허한 가능성들이 아니라 내용과 관련하여 지향적으로 미리 묘출되고 […] 또 게다가 자아에 의해 실현될 수 있는 현실성들의 성격을 가지는 가능성들이다"(CTM 44; 원문 강조).[42] 후설에게 모든 재현은 다음에 올지도 모르는 것을 위한 잠재성들 혹은 가능성들에 의해 둘러싸여 있다. 일군의 가능성들은 들뢰즈가 『안티-오이디푸스』에서 '무한한 주관적 표상' — 칸트의 의미에서 이념 — 이라 부른 것의 형태를 취한다. 후설은 "여기서 그것은 무한한 규제적 이념(54; 원문 강조), 구체적으로 말해 세계 이념의 문제이다. 즉, 세계 그 자체는 무한한 이념인데, 이는 조화롭게 결합될 수 있는 경험들과 관계를 맺고 있다"(62; 원문 강조).[43]

이것이 구체적으로 의미하는 것은 우리는 언제나 기대의 지평, 예지와 파지의 지평 내에서 살고 있다는 점이다. 거기에는 언제나 우리가 현재의 경험으로부터 따라 나오길 기대하는 정해진 수의 잠재성들이 있다. 예를 들어, 농담은 이 점을 활용한다. 좋은 농담의 급소를 찌르는 구절은 어떤 문장이든 그 문장의 일군의 가능성들을 넘어선다. 그러므로 후설은 (개방적이지만 체계적인 총체성의 이념을 넘어서는) 세계 이념의 두 측면을 강조한다. (1) 그는 그것의 시간적 본성, 즉 각 재현이 살아 있는 현재 내에 놓여 있는 방식을 강조한다. 각 재현에는 직전의 과거인 '파지retention', 그리고 직후의 미래인 '예지protention'가 접해 있다. (2) 그러나 예료anticipation

와 파지는 현재와 관련하여 규정되고, 잠재성들로서 정의된다. 그것은
공허하고 형식적인 과거와 미래가 아니라, 현재와 관련하여 규정된 것이
다. 이는 바로 들뢰즈가 1968년의 논문 「미셸 투르니에와 타자들 없는
세계」에서 타자를 기술하는 방식이다(LS 301-321).

타자들이 없는 세계는 『의미의 논리』에서 말하는 첫 번째 층위인 분열증
적 심층의 세계이자, 『차이와 반복』에서 말하는 초월론적 감성의 세계인
데, 여기서 모든 마주침은 '뺨을 때림'이란 형태를 취한다(LS 306). 이
세계는 '잠재성들 혹은 가능성들이 없는 꺼칠하고 캄캄한 세계'이다(LS
306). 발생, 혹은 존재로부터의 탈피를 필요하게 만들었던 것은 바로
이 상황이다. 그러나 발생의 끝 무렵에 우리는 타자들과 함께하는 세계에서
산다. 이 논문에 나오는 타자에 관한 들뢰즈의 기술은 『차이와 반복』에
나오는 그의 기술과 밀접하게 닮아 있다.

> 내가 지각하는 각 대상이나 혹은 내가 사유하는 각 이념 주위에는
> 주변 세계, 피질, 배경의 조직이 존재하는데, 여기서 다른 대상들과 다른
> 이념들이, 한 대상에서 다른 한 대상으로 가거나 혹은 한 이념에서 다른
> 한 이념으로 가는 추이를 규제하는 이행의 규칙들을 따라서 튀어나올
> 수도 있다. (LS 304)

들뢰즈는 분명 후설을 암시하면서 이 '타자-구조'는 '세계의 구조'라고
말한다(306). 이 말에 의거하여 우리는 두 가지 중요한 주장을 할 수
있다. 첫째로, 우리는 여기서 『안티-오이디푸스』에 나오는 역사의 결론을
재발견하게 되었다. 왜냐하면 들뢰즈와 후설에게 있어서, 재현들 사이의
이행들은 임의적인 것이 아니기 때문이다. 각 잠재성potentiality은 현재적
재현과 관련하여 규정된다. 이 때문에 들뢰즈는 "다른 대상들이, 한 대상에
서 다른 한 대상으로 가는 추이를 규제하는 이행의 규칙들을 따라 튀어나온

다"고 말한다. 후설도 같은 것을 말한다. 즉, "어떠한 대상[들뢰즈가 위 대문에서 '이념들'이라 부르는 겟도(심지어 내재적인 것조차도), 초월론적 자아 내에서, 규칙에 의해 지배되는 구조를 가리킨다"(CTM, 53). 이 규칙의 현존은 후설로 하여금 이 구조를 규제적 이념, 그리고 무한한 표상으로 정의하도록 이끄는 바로 그것이다(CTM, 55). 이는 또한 들뢰즈가 『안 티-오이디푸스』에서 자본주의에 나타나는 표상들의 공리화 — 여기서 '자본주의'는 이념들의 능력, 이성을 의미한다 — 를 말할 때 이 말이 의미하는 바로 그것이라고 나는 말하고 싶다. 자본주의적 공리는 이행들을 지배하는 규칙이다. 그것은 세계 이념이다.

여기서 강조하고 싶은 두 번째 것은, 세계 이념은 본질적인 시간적 구조를 가진다는 점이다. 시간은 칸트, 베르그손, 후설, 하이데거에게 그런 것만큼이 나 들뢰즈에게도 모든 사유의 보편적 특성이다. 타자가 제공하는 이 이행들과 주변부들이 바로 시간적 이행들이다. 이것들은 온전하게 형성된 코기토가 과거와 미래의 잠재성들potentialities과 맺는 관계를 표현한다. 들뢰즈의 타자 Other는 살아 있는 현재의 몰적 형식molar form, 정신Spirit이 그 자신을 집어삼키지 않고 그 자신으로 되돌아갈 수 있는 방식일 따름이다.

결론

『차이와 반복』은 전체적으로 들뢰즈의 초월론적 감성론이다. 발생은 사유 불가능하고 재현 불가능한 물질성, 불연속적 휠레에 관한 설명과 더불어 초월론적 감성에서 시작된다. 발생은 세 가지 수동적 종합들을 거치며 잠재적인 것, — 사유가 자유롭게 자신의 촉발물들을 탐사하고 감성적 도식을 추출하는 — 초월론적 공간으로 이동한다. 이어서 발생은 감성의 고전적 좌표들에 따라 정의되는 경험적 감성 — 여기서 감성적 도식들이 현실화된다 — 으로 되돌아간다. '지각'에 주어지는 각 대상은 질, 지속, 연장의 집적체이다. 그러나 발생에 관한 이러한 설명 중 아마도 가장 중요한 측면이라 생각되는 것은 『차이와 반복』에서 들뢰즈가 세 가지 수동적 종합 동안 생산되는 시간의 상이한 양태들과 관련하여 생산의 전 과정을 기술한다는 점일 터인데, 나는 이 점을 내 독해 내내 강조해왔다. 초월론적 감성론은 시간의 세 가지 차원들의 '일반적 요소'의 생산과 더불어 시작된다. 즉, 세 가지 종합들은 모든 현재, 과거, 미래의 재현을 위한 일반적 가능성을 생산한다. 그러나 세 번째 종합에서 시간은 초월론적이길 그친다. 이념들의 점진적 규정과 현실화에 의해서 시간은 경험적 의식의 현재 속에서 지나가는 재현이 된다. 따라서 들뢰즈는 전 발생의 시간적 변곡을, 그리고 발생이 초월론적 현재에서 경험적 현재로 이동하는 방식을 보여준다. 이러한 이동은 도식적으로 다음과 같이 표현될 수 있다.

물질

(1) 현재: 첫 번째 종합   분자적 경험적   수동성
(2) 과거: 두 번째 종합
(3) 미래: 세 번째 종합   잠재적/초월론적
(4) 미래: 점진적 규정
(5) 현재: 현실화/개체화   몰적 경험적   능동성
(6) 과거: 경험적 기억

세계(타자) 속의 지각

결론

장 자끄 르세르클은 전체적으로 보아 들뢰즈의 철학은 니체나 키르케고르의 철학과 마찬가지로 일관적이긴 하지만 체계적이지는 못하다고 주장해왔다(Lecercle 16). 이 결론에서 나는 —적어도 내가 여기서 고찰해온 들뢰즈 중기의 주요한 텍스트들 내에서는— 사실은 정반대라고 제언하고 싶다. 들뢰즈의 철학은 체계적이긴 하지만 일관적이지는 않다.

들뢰즈의 철학은, 비교적 안정된 구조가 세 책 모두에서 내내 지속되는 동안 술어들이 이 구조 변화를 기술하기 위해 사용되기 때문에, 일관적이지 않다. 더군다나 이 동일한 술어들이 상이한 책들에서 완전히 상이한 의미들을 가지고 다시 나타난다. 본서 전체를 통해서 나는 이러한 변형들의 많은 사례들을 서술해왔다. 아마도 가장 분명한 예는 '다양체multiplicity'와 '특이성singularity' 같은 표현들을 상이하게 사용하는 데에서 발견될 수 있을 것이다. 『안티-오이디푸스』와 『차이와 반복』에서 들뢰즈는 일단의 '특이성들'로 이루어진 '다양체들'을 기술하지만, 이 개념들의 의미와 기능은 두 책에서 완전히 상이하다. 『안티-오이디푸스』에서, 신체가 그 물질성 속에서 다른 모든 신체들과 소통하는 분열증적 심층의 세계는 '특이성들'의 '다양체'로 기술된다. 특이성들은 부분대상들, 즉 감각의 물질을 형성하는 개체화되지 않은 파편화된 신체들이다. 그러나 『차이와 반복』에서 들뢰즈는 이 물체성의 세계를 '즉자적 반복repetition in-itself'으로, ― 파편화된 대상의 부분들 간의 유일한 관계는 관계의 결여라는 비연속성의 규칙에 지배되는 ― 물질적 대상으로 기술한다. 여기에서는 특이성들이나 다양체들에 관한 언급이 전혀 없다. 특이성이나 다양체에 관한 언급은, '다양체'가 초월론적 이념, 그리고 이 이념의 미분적 요소들, 관계들, 특이성들을 가리키는 잠재적인 것의 수준에서만 나타난다. 여기서 '특이성'은 표면 혹은 선의 형식을 규정하는 것으로서 수학적 의미를 가진다. 의미가 이렇게 뒤틀리는 예를 더 많이 든다는 것은 어렵지 않을 것이다. 이것이 들뢰즈 철학이 일관적이지 않다고 하는 이유이다.

들뢰즈 철학이 체계적이라면, 이는 의미가 변하고 이름이 변함에도 불구하고 여전히 거기에는 비교적 안정된 구조가 존재하기 때문이다. 들뢰즈가 『안티-오이디푸스』에서 특이성들의 다양체라 부르는 것은 『차이와 반복』에서 '즉자적 반복'이라 부르는 것과 동일한 것임을 알 수 있는 유일한 방식은, 그것들이 모두 유사한 방식들(물질적, 관계의 결여)으로 기술된다는 점을 주목함으로써이지만, 또한 무엇보다도 그것들이 모두 세 가지 수동적 종합들로 이루어지는 동적 발생의 토대에 있다는 점을 주목함으로써이다. 특이성들의 다양체와 즉자적 반복은 둘 모두 이 종합들에서 취택되는 물질적인 것이다. 달리 말해서, 개념에게 의미를 제공하고 또 우리에게 방위를 제공하는 것은, 바로 개념을 발생의 구조와 관련하여 자리매김할 때이다. 기관 없는 신체가 이것의 가장 좋은 예이다. 기관 없는 신체가 파편화된 물질성을 취택하고 이를 일련의 수동적 종합들에 처하게 하는 저 종합의 힘인 한, (1) 기관 없는 신체란 표현은 『안티-오이디푸스』와 『의미의 논리』에

258

서는 일정하지만, (2) 『차이와 반복』에서는 '자발적 상상력'으로 불리고
또 다수의 다른 이름들로 불린다는 점을 안다는 것은 어려운 일이 아니다.
이 점은 또한 우리에게 기관 없는 신체의 의미를 제공한다. 들뢰즈 비판의
역사에서 정의하기가 악명 높게 어려웠던 한 용어가 실제로는 지극히 단순하
고 명쾌한 정의를 가진다. 여러분이 선택하는 철학자에 따라 여러분은
기관 없는 신체를 기억, 상상력, 수용적 표면 등등으로 부를 수 있을 것이다.
기관 없는 신체의 기능과 의미는 이 신체가, 촉발물들이 등록되고 조직되는
표면으로 역할을 한다는 점에 있을 따름이다. 기관 없는 신체는 종합의
원리이고, 따라서 그것은 수동적 종합을 기술하는 한 방식이다.

내가 본서에서 제공하길 희망해온 것은 단지 이 체계에 대한 기술의
기초 단계일 뿐이다. 나는 세 가지 전적으로 상이한 텍스트들을 가로질러,
관련 개념들에 의미를 제공하는 안정된 구조가 실제로 존재한다는 것을
보여주고 싶었다. 각 책은 이 구조가 물질성의 장으로부터 생산되는 방식을
기술한다. 다음 일람표는 그 체계의 대체적인 윤곽이며, 이는 내가 아래에
서 개요를 서술하는 세 책 사이의 가장 일반적인 일치들을 보여준다.

『차이와 반복』		『의미의 논리』		『안티-오이디푸스』	
불연속적 물질 (감각)		부분대상들의 일차적 층위		분산 속 부분대상들의 다양체	
시간의 생산	첫 번째 수동적 종합	동적 발생	첫 번째 수동적 종합	욕망적 생산	첫 번째 수동적 종합
	두 번째 수동적 종합		두 번째 수동적 종합		두 번째 수동적 종합
	세 번째 수동적 종합		세 번째 수동적 종합		세 번째 수동적 종합
잠재적인 것+강도		의미		강도	
개체화	양식	정적 발생	양식	사회적 생산	영토화
	공통감		공통감		전제주의
재현(의식)		명제적 의식		몰적 대상체들	

이 세 책들은 제각기 그 자신의 언어로 재현의 발생에 관한 설명을 전개한다. 의심의 여지 없이, 각 단계를 지시하는 데 사용되는 표현은 책마다 다르고, 각 책은 구조에 대한 상이한 관점을 택하지만, 세 책들은 제각기 이 특정한 순서로 이 여덟 단계를 통과한다.

1. 개체화되지 않은 물질성
2. 첫 번째 수동적 종합
3. 두 번째 수동적 종합
4. 세 번째 수동적 종합
5. 초월론적 장
6. 양식
7. 공통감
8. 재현

하지만 이를 인정하면 대답만큼 많은 물음이 일어나게 된다. 이 구조적 유사성은 얼마만큼 상세한 것인가? 이 여덟 단계는 매우 일반적이다. 이는 들뢰즈가 전개하는 바로 그 이론인가? 들뢰즈는 자신이 사용하는 언어를 왜 끊임없이 바꾸는가? 내가 강조해온 것은 책들 간의 유사성이다. 책들 사이에는 어떤 변화가 있는가? 이 변화는 들뢰즈에게 술어를 제공하는 주제와 관련이 있는가?

가장 긴급한 것들 중의 하나는 이 구조가 후기 저서들에도 유효한가, 아니면 그것은 단지 구조주의적 중기의 현상에 지나지 않는가이다. 결론의 공간에서 엄밀한 대답을 제공할 길은 없는데, 왜냐하면 주장은 문제가 되는 저작의 구조 전체에 관한 설명에 기반을 두어야 하기 때문이다. 들뢰즈를 일시에 한 개념으로 파악한다는 것은 가능하지 않은 일이다.

그는 총체화하는 체계적인 사상가이다. 그러나 들뢰즈의 마지막 주저인 『철학이란 무엇인가?』를 대충 훑어보기만 해도, 실로 이 일반적 구조가 끝까지 내내 지속한다는 점을 알게 될 것이다. '예술'은 동적 발생, 즉 감각 곧 '조성면plane of composition'에서 잠재성virtuality으로 옮겨가는 이동을 궁구한다. '철학'은 '개념들' 혹은 '비물체적 사건들'이 '우발점'(WP 152), '탐사 상태에 있는 점'(32)에 의해 구성되는, 잠재적인 것the virtual 그 자체, 여기 '내재면plane of immanence'1을 연구한다.2 과학은 개념들이 규정적 대상들로 현실화되는 '지시면plane of reference'을 궁구한다(133). 우리는 이 기술을 확장해서, 세 가지 종합들이 예술에서 철학으로 가는 이행의 수단으로 다시 나타난다는 것을(168), 그리고 양식과 공통감은 철학에서 과학으로 옮겨가는 이동을 규정한다는 것을 보여줄 수 있을 터이지만, 내가 생각하는 논점은 이미 충분히 이루어졌다. 즉, 새로운 술어에도 불구하고, 들뢰즈가 그의 중기에서 전개한 개념적 구조는 그의 마지막 주저의 형식적 중추를 제공한다. 예술의 조성면은 위에서 개요가 서술된 세 가지 발생들 각각의 토대에서 우리가 본 물질적 장을 다시 정식화한 표현이다. 철학의 내재면은 잠재적인 것을 다시 정식화한 표현이다. 과학의 지시면은 재현의 개체화된 세계를 다시 정식화한 표현이다.

하지만 들뢰즈는 왜 이 모든 다시 정식화한 표현을 행하는가? 다시 정식화한 표현들은 어떤 목적에 이바지하는가? 들뢰즈가 채택하는 상이한 어휘들은 생산 과정에 특유한 무언가에 기여하는가? 아니면 이 어휘들은 들뢰즈가 그것들을 자신의 철학적 체계의 등고선들에 사상寫像하게 하기 위해서 한 언어게임 안에서 능란하게 재정돈할 수 있는 일단의 용어들로 이바지하는가? 그는 다른 철학자들을 하나로 읽기 위한 방법을 기술한 일로 유명한데, 이 방법으로 그는 후대의 사상가들을 '모든 종류의 변이, 미끄러짐, 어긋남, 숨겨진 방출들'의 산물인 괴물 같은 자손을 생산하도록 데리고 간다(NG 6). 우리는 이 모든 미끄러짐들과 어긋남들이 한 방향으로 미끄러져서, 이념적 한계들로서의 이 여덟 부분 구조들로 향한다고 이해해야 하는가? 이 물음들은 이 책의 범위를 넘어서 있다. 이 물음들은 모두 상이한 방향으로 움직이고, 들뢰즈 저작들 사이의 유사점보다는 차이점을 강조한다. 이 물음들에 대답하는 것 대신에 나는 이를 미해결 상태로 두고 싶다. 각 책이 현실화하는 일반적 구조에 대해서 각 책은 어떤 특유한 기여를 하는가? 내가 여기에서 보여주길 희망해온 것은 그저 들뢰즈의 세 중심적 텍스트들 배후에는 매우 일반적이면서도 일관된 개념적 구조가 존재하고, 또 이 구조는 재현의 발생의 일관된 이론을 그려낸다는 점이다.

참고문헌

질 들뢰즈의 저서

Deleuze, Gilles. *Empiricism and Subjectivity: An Essay on Hume's Theory of Human Nature*, Trans. Constantin Boundas. New York: Columbia University Press, 1991 [1953].

—. *Nietzsche and Philosophy*. Trans. Hugh Tomlinson. New York: Columbia University Press, 1986 [1962].

—. *Nietzsche et la Philosophie*. Paris: Quadrige/ PUF, 1999.

—. *Kant's Critical Philosophy: The Doctrine of the Faculties*. Trans. Hugh Tomlinson and Barbara Habberjam. Minneapolis: University of Minnesota Press, 1984 [1963].

—. *Proust and Signs*. Trans. Richard Howard. Minneapolis : University of Minnesota Press, 2000 [1964].

—. *Bergsonism*, Trans. Hugh Tomlinson and Barbara Habberjam. New York: Zone Books, 1991 [1996].

—. *Masochism: Coldness and Cruelty.* Trans. Jean McNeil. New York: Zone Books, 1991 [1967].

—. *Expressionism in Philosophy: Spinoza.* Trans. Martin Joughin. New York: Zone Books, 1990 [1968].

—. *Difference and Repetition.* Trans. Paul Patton. New York: Columbia University Press, 1994 [1968].

—. *Différence et repetition.* Paris: PUF, 2003.

—. *The Logic of Sense.* Trans. Mark Lester with Charles Stivale. Ed. Constantin V. Boundas. New York: Columbia University Press, 1990 [1969].

—. *Logique du sens.* Paris: Les Éditions de Minuit, 1969.

—. *Spinoza: Practical Philosophy.* Trans. Robert Hurley. San Francisco: City Lights Books, 1988 [1970].

—. *Francis Bacon: The Logic of Sensation.* Trans. Dan Smith. London: Continuum, 2003.

—. *Cinema 1: The Movement-Image.* Trans. Hugh Tomlinson and Barbara Habberjam. Minneapolis: University of Minnesota Press, 1986 [1983].

—. *Cinema 2: The Time-Image.* Trans. Hugh Tomlinson and Robert Galeta. Minneapolis: University of Minnesota Press, 1989 [1985].

—. *Foucault.* Trans. Seán Hand. Minneapolis: University of Minnesota Press, 2000 [1986].

—. *Périclès et Verdi: La philosophie de François Châtelet.* Paris: Les Éditions de Minuit, 1988.

—. *The Fold: Leibniz and the Baroque.* Trans. Tom Conley. Minneapolis: University of Minnesota Press, 1933 [1988].

—. *Negotiations.* Trans. Martin Joughin. New York: Columbia University Press, 1995 [1990].

—. *Essays Critical and Clinical.* Trans. Daniel W. Smith and Michael A. Greco. London: Verso, 1998 [1993].

—. *Desert Islands and Other Texts 1953-1974*. Trans. Michael Taormina. Ed. David Lapoujade. New York: Semiotext(e), 2004 [2002].

—. *Two Regimes of Madness: Texts and Interviews: 1975-1995*. Ed. David Lapoujade. Trans. Ames Hodges and Mike Taorima. New York: Semiotext(e), 2006 [2003].

—. *Seminars* http://www.webdeleuze.com/php/sommaire.html (last accessed: 5/ 25/07).

질 들뢰즈와 페릭스 과타리의 공저

Deleuze, G. and Guattari, F. *Anti-Oedipus: Capitalism and Schizophrenia*. Trans. Robert Hurley, Mark Seem, and Helen R. Lane. Minneapolis: University of Minnesota Press, 1983 [1972].

—. *Kafka: Toward a Minor Literature*. Trans. Dana Polan. Minneapolis: University of Minnesota Press, 1986 [1975].

—. *A Thousand Plateaus: Capitalism and Schizophrenia*. Trans. Brian Massumi. Minneapolis: University of Minnesota Press, 1987 [1980].

—. *What is Philosophy?* Trans. Hugh Tomlinson and Graham Burchell. New York: Columbia University Press, 1994 [1991].

질 들뢰즈와 끌레르 빠르네의 공저

Deleuze, G. and Claire Parnet. *Dialogues II*. Trans. Hugh Tomlinson, Barbara Habberjam, and Eliot Ross Albert. New York: Columbia University Press, 2002 [1977].

페릭스 과타리의 저서

Guattari, Félix. *Anti-Oedipus Papers*. Ed. Stéphane Nadaud. Trans. Kélina Gotman. New York: Semiotext(e), 2006.

—. *Chaosophy*. Ed. Sylvère Lotringer. New York: Semiotext(e), 1995.

질 들뢰즈와 과타리에 관한 이차문헌

Alliez, Eric. *The Signature of the World, Or, What is Deleuze and Guattari's Philosophy?* Trans. Eliot Ross Albert and Alberto Toscano. London: Continuum, 2004.

Arnott, Stephen, J. 'Solipsism and the Possibility of Community in Deleuze's Ethics'. Contretemps May 2 (2001) 109-123.

Baugh, Bruce. 'How Deleuze Can Help Us Make Literature Work'. *Deleuze and Literature*. Ed. Ian Buchanan and John Marks. Edinburgh: Edinburgh University Press, 2000.

Beaulieu, Alain. 'Gilles Deleuze et la litterature: Le langage, la vie, et la doctrine du jugement.' Analecta Husserliana LXXXIV. Ed. Anna-Teresa Tymieniecka. Dordrecht: Springer, 2005.

Beistegui, Miguel de. 'Toward a Phenomenology of Difference?' *Research in Phenomenology*. 30.1. (2000) 54-70.

—. Truth and Genesis. Bloomington, IN: Indiana University Press, 2004.

Bell, Jeffery A. *Philosophy at the Edge of Chaos: Gilles Deleuze and the Philosophy of Difference*. Toronto: University of Toronto Press, 2006.

—. *The Problem of Difference: Phenomenology and Poststructuralism*, Toronto: University of Toronto Press, 1998.

Benoist, Jean-Marie. *The Structural Revolution*. New York: St. Martin's Press,

1978.

Bogue, Ronald. *Deleuze and Guattari*. New York: Routledge, 1989.

—. *Deleuze on Music, Painting, and the Arts*. New York, Routledge, 2003.

—. 'Minor Writing and Minor Literature'. *Symploke* 5.1 (1997) 99-118.

Boundas, Constantin. 'Introduction'. *Empiricism and Subjectivity: An Essay on Hume's Theory of Human Nature*. By Gilles Deleuze. Trans. Constantin Boundas. New York: Columbia University Press, 1991.

Buchanan, Ian. *Deleuzism: A Metacommentary*. Edinburgh: Edinburgh University Press, 2000.

Brassier, Ray. *Alien Theory: The Decline of Materialism in the Name of Matter*. Diss. University of Warwick, 2001.

Colebrook, Claire. *Deleuze: A Guide for the Perplexed*. New York: Continuum, 2006.

—. 'Deleuze and the Meaning of Life'. *Deleuze and Philosophy*. Ed. Constantin V. Boundas. Edinburgh: Edinburgh University press, 2006.

—. *Gilles Deleuze*. New York: Routledge, 2002.

—. 'Incorporeality: The Ghostly Body of Metaphysics'. *Body and Society*. 6.2 (2000) 25-42.

—. *Philosophy and Post-Structuralist Theory: From Kant to Deleuze*. Edinburgh: Edinburgh University Press, 2005.

—. 'The Politics and Potential of Everyday Live: On the Very Concept of Everyday Life'. *New Literary History*. 33.4 (2002) 687-706.

—. 'Questioning Representation'. *SubStance*. Issue 92, 29.2 (2000) 47-67.

—. 'The Sense of Space: On the Specificity of Affect in Deleuze and Guattari'. *Postmodern Culture* 15.1 (2004).

—. *Understanding Deleuze*. Crows Nest, Australia: Allen & Unwin, 2002. Colombat, André Pierre. 'Deleuze and Signs'. *Deleuze and Literature*. Ed. Ian Buchanan and John Marks. Edinburgh: Edinburgh University Press, 2000.

Conley, Tom. 'I and My Deleuze'. *Deleuze and Literature*. Ed. Ian Buchanan and John Marks. Edinburgh: Edinburgh University Press, 2000.

DeLanda, Manuel. *Intensive Science and Virtual Philosophy*. London: Continuum, 2002.

—. 'Immanence and Transcendence in the Genesis of Form'. *A Deleuzian Century?* Ed. Ian Buchanan. Durham: Duke University Press, 1999.

Duffy, Simon. 'Schizo-Math: The Logic of Different/ ciation and the Philosophy of Difference'. *Angelaki* 9.3 (2004) 199–215.

Foucault, Michel. 'Theatrum Philosophicum'. Trans. Donald F. Bouchard and Sherry Simon. *Language, Counter-Memory, Practice: Selected Essays and Interviews*. Ed. Donald F. Bouchard.

Genosko, Gary. *Félix Guattari: An Aberrant Introduction*. New York: Continuum, 2002.

Hallward, Peter. *Out of this World: Delueze and the Philosophy of Creation*. New York: Verso, 2006.

Hansen, Mark 'Becoming as Creative Involution?: Contextualizing Deleuze and Guattari's Biophilosophy'. *Postmodern Culture* 11.1 (2000).

Hardt, Michael. *Gilles Deleuze: An Apprenticeship in Philosophy*. Minneapolis: University of Minnesota Press, 2002.

Heffernan, Nick. 'Oedipus Wrecks? Or, Whatever Happened to Deleuze and Guattari: Rereading Capitalism and Schizophrenia'. *Redirections in Critical Theory: Truth, Self, Action, History*. Ed. Bernard McGuirk. London: Routledge, 1994.

Howie, Gillian. *Deleuze and Spinoza: Aura of Expressionism*. Basingstoke: Palgrave, 2002.

Hughes, John. *Lines of Flight: Reading Deleuze with Hardy, Gissing, Conrad, Woolf*. Sheffield: Sheffield Academic Press, 1997.

Kennedy, Barbara M. *Deleuze and Cinema: The Aesthetics of Sensation*. Edinburgh: Edinburgh University Press, 2000.

Kerslake, Christian. 'The Vertigo of Philosophy: Deleuze and the Problem of Immanence'. *Radical Philosophy*, 113, (2002).

Laerke, Mogens. 'The Voice and the Name: Spinoza in the Badioudian Critique of Deleuze'. *Pli* 8 (1999), 86–99.

Lampert, Jay. *Deleuze and Guattari's Philosophy of History*. New York: Continuum, 2006.

Laporte, Yann. *Gilles Deleuze, l'épreuve du temps*. Paris: L'Harmattan, 2005.

Ma, Ming-Qian. 'Becoming Phenomenology: Style, Poetic Texture, and the Pragmatic. Turn in Gilles Deleuze and Michel Serres'. *Analecta Husserliana* 84 (2005) 97–116.

McMahon, Melissa. 'Deleuze and Kant's Critical Philosophy'. Diss. The University of Sydney, 2006. (Available at http://hdl.handle.net/2123/618 (last checked 0814–06)).

Martin, Jean-Clet. *La Philosophie de Gilles Deleuze*. Paris: Éditions Payot & Rivages, 2005.

Miller, J. Hillis. *Fiction and Repetition: Seven English Novels*. Oxford: Blackwell, 1982.

Mullarkey, John. 'Deleuze and Materialism: One or Several Matters?' *A Deleu zian-Century?* Ed. Ian Buchanan. Durham: Duke University press, 1999.

Murphy, Timothy S. 'Quantum Ontology: A Virtual Mechanics of Becoming'. *Deleuze and Guattari: New Mappings in Politics, Philosophy, and Culture*. Ed. Eleanor Kaufman and Kevin Jon Heller. Minneapolis: University of Minnesota Press, 1998.

Patton, Paul. *Deleuze and the Political*, London: Routledge, 2000.

—. 'The World Seen From Within: Deleuze and the Philosophy of Events'. *Theory and Event* 1:1 (1997).

Pisters, Patricia. *The Matrix of Visual Culture: Working with Deleuze in Film Theory*. Stanford: Stanford University Press, 2003.

Polan, Dana. *Translator's Introduction. Kafka: Toward a Minor Literature.* Trans. Dana Polan. Minneapolis: University of Minnesota Press, 1986.

Rajchman, John. *The Deleuze Connections.* London: The MIT Press, 2000.

Smith, Daniel W. 'Axiomatics and Problematics as Two Modes of Formalization: Deleuze's Epistemology of Mathematics'. *Virtual Mathematics.* Ed. Simon Duffy. Manchester: Clinamen Press, 2006.

—. 'Deleuze on Bacon: Three Conceptual Trajectories in The Logic of Sensation'. *Introduction to Francis Bacon: The Logic of Sensation.* By Gilles Deleuze. Trans. Daniel W. Smith. Minneapolis: University of Minnesota Press, 2005.

—. 'Deleuze and the Liberal tradition: Normativity, Freedom and Judgment'. *Economy and Society* 32.2 (2003): 299–324.

—. 'Deleuze, Kant and the Theory of Immanent Ideas'. *Deleuze and Philosophy.* Ed. Constantin V. Boundas. Edinburgh: Edinburgh University Press, 2006.

—. 'Deleuze's Theory of Sensation: Overcoming the Kantian Duality'. *Deleuze: A Critical Reader.* Ed. Paul Patton. Oxford: Blackwell Publishers, 1996.

—. 'Gilles Deleuze and the Philosophy of Difference: Toward a Transcendental Empiricism'. Diss. University of Chicago, 1997.

—. 'The Inverse Side of the Structure: Žižek on Deleuze on Lacan'. *Criticism* 46.4 (2004): 635–650.

—. 'A life of Pure Immanence: Deleuze's "Critique et Clinique" Project.' *Introduction. Essays Critical and Clinical.* By Gilles Deleuze. Trans. Daniel W. Smith and Michael A. Greco. London: Verso, 1998.

Toscano, Alberto. *The Theatre of Production: Philosophy and Individuation between Kant and Deleuze,* New York: Palgrave Macmillan, 2006.

Turetzky, Philip. *Time,* New York: Routledge, 1998.

Williams, James. *Gilles Deleuze's Difference and Repetition: A Critical Introduction and Guide.* Edinburgh: Edinburgh University Press, 2005.

—. *The Transversal Thought of Gilles Deleuze: Encounters and Influences.*

Manchester: Clinamen Press, 2005.

Žižek, Slavoj. *Organs Without Bodies: Deleuze and Consequences*. London: Routledge, 2004.

——. 'The Ongoing "Soft Revolution"'. *Critical Inquiry* 30.2 (2003).

기타 이차문헌

Alexos, Kostas. 'Planetary Interlude'. Trans. Sally Hess. *Yale French Studies*, NO. 41 Game, Play, Literature (1968), 6-18.

Bachelard, Suzanne. *A Study of Husserl's Formal and Transcendental Logic*. Trans. Lester E. Embree. Evanston: Northwestern University Press, 1968.

Badiou, Alain. Deleuze: *The Clamor of Being*. Trans. Louise Burchill. Minnesota, University of Minnesota Press, 1999.

——. *Ethics: An Essay on the Understanding of Evil*. Trans. Peter Hallward. New York: Verso, 2002.

——. *Theoretical Writings*. Trans. Ed. Ray Brassier and Alberto Toscano. New York: Continuum, 2004.

Bergson, Henri. *Creative Evolution*. Trans. Arthur Mitchell. Mineola, NY: Dover Publications, 1998.

——. *Duration and Simultaneity: With Reference to Einstein's Theory*. Trans. Leon Jacobson. New York: The Bobbs-Merrill Company. Inc, 1965.

——. *Matter and Memory*. Trans. N. M. Paul and W. S Palmer. New York: Zone Books, 1991.

——. *Time and Free Will: An Essay on the Immediate Data of Consciousness*. Trans. F. L. Pogson. Mineola, NY: Dover Publications, 2001.

Blanchot, Maurice. *The Book to Come*. Trans. Charlotte Mandell. Stanford: Stanford University Press, 2003.

—. *Le livre à venire*. Paris: Gallimard, 1959.

—. *The Space of Literature*. Trans. Ann Smock. Lincoln: University of Nebraska Press, 1982.

Churchland, Paul and Patricia. *On the Contrary: Critical Essays, 1987–1997*. Cambridge, MA: The MIT Press, 1998.

Dastur, Françoise. *Telling Time: Sketch of a Phenomenological Chronology*. Trans. Edward Bullard. New Brunswick, NJ: The Athlone Press, 2000.

Derrida, Jacques. *Edmund Husserl's Origin of Geometry: An Introduction*. Trans. John P. Leavey Jr. Lincoln, Nebraska: University of Nebraska Press, 1989.

—. *Margins of Philosophy*. Trans. Alan Bass. Chicago: University of Chicago, 1982.

—. *Of Grammatology*. Trans. Gayatri Chakravorty Spivak. Baltimore: Johns Hopkins University Press, 1997.

—. *The Problem of Genesis in Husserl's Philosophy*. Trans. Marian Hobson. Chicago: The University of Chicago Press, 2003.

—. 'Signature Event Context'. *Limited Inc*. Evanston: Northwestern university Press, 1988.

—. *Writing and Difference*. Trans. Alan Bass. London: Routledge, 1997.

Fink, Eugen. 'L'analyse intentionnelle et le problème de la pensée speculative'. *Problèmes actuels de la phénoménologie*. Ed. H. L. van Breda O. F. M. Paris: Desclée de Brouwer, 1952.

—. 'The Phenomenological Philosophy of Edmund Husserl and Contemporary Criticism'. Trans. R. O. Elveton. *The Phenomenology of Husserl: Selected Critical Readings*. Ed. R. O. Elveton. Chicago: Quadrangle Books, 1970.

—. 'The Oasis of Happiness: Toward an Ontology of Play'. Trans. Ute and Thomas Saine. *Yale French Studies*, No. 41 Game, Play, Literature (1968), 19–30.

Frege, Gottlob. 'On Sense and Reference'. *In Translations from the Philosophical Writings of Gottlob Frege*. Eds. Peter Geach and Max Black. Oxford: Blackwell, 1980.

Freud, Sigmund. *Beyond the Pleasure Principle.* Trans. James Strachey. New York: W. W. Norton & Company, 1961.

Guéroult, Martial. *L'évolution et la structure de la doctrine de la science chez Fichte.* Hildesheim: Olms, 1982.

Gurwitsch, Aron. 'A Non-Ecological Conception of Consciousness'. *Philosophy and Phenomenological Research* 1.3 (1941) 325-338.

—. *The Field of Consciousness.* Pittsburgh, Duquesne University Press, 1964.

Hegel, G. W. F. *Phenomenology of Spirit.* Trans. A. V. Miller. New York: Oxford University Press, 1977.

Heidegger, Martin. *Basic Writings.* Ed. David Farrell Krell. New York: Routledge, 1999.

—. *Being and Time.* Trans. Joan Stambaugh. Albany, NY: SUNY Press, 1996.

—. *Hegel's Phenomenology of Spirit.* Trans. Parvis Emad and Kenneth Maly. Bloomington: Indiana University Press, 1994.

—. *History of the Concept of Time: Prolegomena.* Trans. Theodore Kisiel. Bloomington: Indiana University Press, 1985.

—. *On Time and Being.* Trans. Joan Stambaugh. Chicago: The University of Chicago Press, 2002.

Husserl, Edmund. *Analyses Concerning Passive and Active Syntheses: Lectures on Transcendental Logic,* Trans. Anthony Steinbock. Dordrecht: Kluwer Academic Publishers, 2001.

—. *Cartesian Meditations: An Introduction to Phenomenology.* Trans. Dorion Cairns. The Hague: Martinus Nijhoff, 1977.

—. *The Crisis of European Sciences and Transcendental Phenomenology: An Introduction to Phenomenological Philosophy.* Trans. David Carr. Evanston: Northwestern University Press, 1970.

—. *Experience and Judgment: Investigations in a Genealogy of Logic.* Ed. Ludwig Landgrebe. Trans. James E. Churchill and Karl Ameriks. Evanston: Northwestern

University Press, 1973.

—. *Formal and Transcendental Logic*. Trans. Dorion Cairns. The Hague: Martinus Nijhoff, 1969.

—. *On The Phenomenology of the Consciousness of Internal Time* (1893–1817). Trans. John Barnett Brough. Dordrecht: Kluwer Academic Publishers, 1991.

—. *Ideas I*. Trans. F. Kersten. Dordrecht: Kluwer Academic Publishers, 1998.

—. *Ideas II*. Trans. R. Rojcewicz and A. Schuwer. Dordrecht: Kluwer Academic Publishers, 1989.

Hyppolite, Jean. *Genesis and Structure of Hegel's Phenomenology of Spirit*. Trans. Samuel Cherniak and John Heckman. Evanston: Northwestern University Press, 1974.

—. *Logic and Existence*. Trans. Leonard Lawlor and Amit Sen. Albany: SUNY Press, 1997.

Iser, Wolfgang. *The Act of Reading. A Theory of Aesthetic Response*. Baltimore: The Johns Hopkins University Press, 1978.

Jameson, Frederic. *The Political Unconscious: Narrative as a Socially Symbolic Act*. Ithaca: Cornell University Press, 1981.

Janicaud, Dominique. 'The Theological Turn of French Phenomenology'. In *Phenomenology and the 'Theological Turn'*. Trans. Bernard G. Prusak. New York: Fordham University Press, 2000.

Kant, Immanuel. *Critique of Pure Reason*. Trans. Norman Kemp Smith. New York: St. Martin's Press, 1965.

Klossowski, Pierre. *Nietzsche and the Vicious Circle*. Trans. Daniel W. Smith. London: Continuum, 2005.

Kojève, Alexandre. *Introduction to the Reading of Hegel: Lectures on The Phenomenology of Spirit*. Trans. James H. Nichols, Jr. Ithaca: Cornell University Press, 1980.

Labio, Catherine. *Origins and the Enlightenment: Aesthetic Epistemology from*

Descartes to Kant. Ithaca: Cornell University Press, 2004.

Lacan, Jacques. *The Seminar of Jacques Lacan Book II: The Ego in Freud's Theory and in the Technique of Psychoanalysis 1954-1955.* Trans. Sylvana Tomaselli. New York: W. W. Norton & Company, 1991.

—. *Écrits: A Selection.* Trans. Alan Sheridan. New York: W. W. Norton & Company, 1977.

Lawlor, Leonard. *Derrida and Husserl: The Basic Problem of Phenomenology.* Indianapolis: Indiana University Press, 2002.

—. *Thinking through French Philosophy: The Being of the Question.* Indianapolis: Indiana University Press, 2003.

Lecercle, J. J. *Deleuze and Language.* Basingstoke: Palgrave Macmillan, 2002.

—. *Interpretation as Pragmatics.* New York: St. Martin's Press, 1999.

Leibniz, G. W. *The Labyrinth of the Continuum: Writings on the Continuum Problem, 1672-1686.* Trans. and Ed. Richard T. W. Arthur. London: Yale University Press, 2001.

—. *New Essays Concerning Human Understanding.* Trans. Peter Remnant and Jonathan Bennett. New York: Cambridge University Press, 1996.

—. *Philosophical Papers and Letters.* Trans. Ed. Leroy E. Loemker. Dordrect, Holland: D. Reidel Publishing Company, 1969.

Levinas, Emmanuel. *Existence and Existents.* Trans. Alphonso Lingis. Pittsburgh, Duquesne University Press, 2001.

—. *On Escape.* Trans. Bettina Bergo. Stanford: Stanford University Press, 2003.

—. *God, Death, and Time.* Trans. Bettina Bergo. Stanford: Stanford University Press, 2000.

—. *Proper Names.* Trans. Michael B. Smith. Stanford: Stanford University Press, 1996.

—. *The Theory of Intuition in Husserl's Phenomenology.* Trans. André Orianne. Evanston, II: Northwestern University Press, 1995.

Longuenesse, Béatrice. *Kant and the Capacity to Judge: Sensibility and Discursivity in the Transcendental Analytic of the Critique of Pure Reason.* Trans. Charles T. Wolff. Princeton: Princeton University Press, 1998.

Lyotard, Jean-François. *Phenomenology.* Trans. Brian Beakley. Albany: SUNY Press, 1991.

Makkreel, Rudolph A. *Imagination and Interpretation in Kant: The Hermeneutic Import of the Critique of Judgment.* Chicago: The University of Chicago Press, 1990.

Merleau-Ponty, Maurice. *Phenomenology of Perception.* Trans. Colin Smith. London: Routledge, 2005.

—. *Sense and Non-Sense.* Trans. Hubert L. Dreyfus and Patricia A. Dreyfus. Evanston: Northwestern University Press, 1964.

—. *The Structure of Behavior.* Trans. Alden L. Fisher. Pittsburgh: Duquesne University Press, 2006.

—. *The Visible and The Invisible.* Trans. Alphonso Lingis. Evanston: Northwestern University Press, 1968.

—. *The World of Perception.* Trans. Oliver Davis. New York: Routledge, 2004.

Miller, Alexander. *Philosophy of Language.* London: Routledge, 2003.

Mohanty, J. N. *Husserl and Frege.* Bloomington: Indiana University Press, 1982.

Moran, Dermot. *Introduction to Phenomenology.* New York: Routledge, 2000.

Mullarkey, John. *Bergson and Philosophy.* Edinburgh: Edinburgh University Press, 1999.

Muralt, André de. *The Idea of Phenomenology: Husserlian Exemplarism.* Trans. Garry Breckon. Evanston: Northwestern University Press, 1974.

Newman, James R. (ed.). *Volume Three of The World of Mathematics.* Ed. James R. Newman. New York: Simon and Schuster, 1956.

Nietzsche, Friedrich. 'On Truth and Lying in a Non-Moral Sense'. In *The Birth of Tragedy and Other Writings.* Trans. Ronald Speirs. Cambridge: Cambridge

University Press, 1999.

Ortiz-Hill, Claire. *Word and Object in Husserl, Frege, and Russell: The Roots of Twentieth-Century Philosophy.* Athens, OH: Ohio University Press, 1991.

Patton, Lydia. *Hermann Cohen's History and Philosophy of Science.* Diss. McGill University, 2004.

Poulet, Georges. *Studies in human Time.* Trans. Elliott Coleman. New York: Harper Torchbooks, 1956.

—. *The Interior Distance.* Trans. Elliott Coleman. Baltimore: The Johns Hopkins Press, 1959.

Priest, Stephen. *The Subject in Question: Sartre's Critique of Husserl in The Transcendence of the Ego.* London: Routledge, 2000.

Ricoeur, Paul. *Freud and Philosophy: An Essay on Interpretation.* Trans. Denis Savage. New Haven, CT: Yale University Press, 1970.

—. *Husserl: An Analysis of His Phenomenology.* Trans. Edward G. Ballard and Lester E. Embree. Evanston: Northwestern University Press, 1967.

—. *A Key to Edmund Husserl's Ideas Ⅰ.* Trans. Bond Harris and J. B. Spurlock. Milwaukee: Marquette University Press, 1996.

Ross, J. F. *Portraying Analogy.* Cambridge: Cambridge University Press, 1981.

Sartre, Jean-Paul. *The Transcendence of the Ego: An Existentialist Theory of Consciousness.* Trans. Forrest Williams and Robert Kirkpatrick. New York: Hill and Wang, 1960.

Serres, Michel. *Genesis.* Trans. Geneviève James and James Nielson. Ann Arbor: The University of Michigan Press, 1995.

Serres, Michel and Bruno Latour. *Conversations on Science, Culture, and Time.* Trans. Roxanne Lapidus. Ann Arbor: The University of Michigan Press, 1995.

Smith, A. D. *Husserl and the Cartesian Meditations.* New York: Routledge, 2003.

Sokolowski, Robert. *The Formation of Husserl's Concept of Constitution.* The Hague: Martinus Nijhoff, 1970.

Sontag, Susan. 'Against Interpretation'. *Against Interpretation and Other Essays*. London: Eyre & Spottiswoode, 1966.

Steinbock, Anthony J. 'Introduction'. *Analyses Concerning Passive and Active Syntheses: Lectures on Transcendental Logic*. By Edmund Husserl. Trans. Anthony Steinbock. Dordrecht: Kluwer Academic Publishers, 2001.

Thao, Trân Duc. *Phenomenology and Dialectical Materialism*. Trans. Daniel J. Herman and Donald V. Morano. Dordrecht: D. Reidel Publishing Company, 1986.

Welton, Donn. *The Origins of Meaning: A Critical Study of the Thresholds of Husserlian-Phenomenology*. The Hague: Martinus Nijhoff, 1983.

미주

서문

1. 제프 벨Jeff Bell's의 『차이의 문제*The Problem of Difference*』; 레오날드 롤러Leonard Lawlor의 『프랑스 철학을 통해 사유하기*Thinking Through French Philosophy*』; 도로테아 올코프스키 Dorothea Olkowski의 『질 들뢰즈와 재현의 몰락*Gilles Deleuze and the Ruin of Representation*』; 잭 레이놀즈Jack Reynolds와 존 로프John Roffe의 「들뢰즈와 메를로-퐁티: 내재성, 일의성, 그리고 현상학Deleuze and Merleau-Ponty: Immanence, Univocity, and Phenomenology」을 보라.

2. 들뢰즈와 하이데거의 관계에 관한 몇 가지 간략한 논평에 대해서는, 미구엘 드 바이스테구이 Miguel de Beistegui의 『진리와 발생*Truth and Genesis*』을 보라. 더 상세한 탁월한 독해에 대해서는, 제프 벨Jeff Bell의 『혼돈 가의 철학*Philosophy at the Edge of Chaos*』을 보라.

3. 클레어 콜브룩Claire Colebrook의 『들뢰즈: 당황한 이들을 위한 안내서*Deleuze; A Guide for the Perplexed*』는 여기에 속하지 않는 주목할 만한 예외이다. 또한 알베르토 토스카노Alberto Toscano's의 『생산 극장*The Theatre of Production*』; 장 끌레 마르땡Jean-Clet Martin의 『질 들뢰즈의 철학*La philosphie de Gilles Deleuze*』을 보라.

제1장

1. 예를 들어, 바디우-Badiou, 『이론적 저술들*Theoretical Writings*』 pg. 246n4와 세르Serre, 『과학, 문화, 시간에 관한 대화들*Conversations on Science, Culture, and Time*』 pg. 39-40. Cf. NG 86, 88을 보라.

2. 마누엘 데란다Manuel DeLanda(「내재성과 초월성Immanence and Transcendence」132)와 티모시 멀피Timothy Murphy(「양자 존재론Quantum Ontology」211-13)는 둘 모두 들뢰즈 사상의 맥락은 현대물리학이라고 주장한다. 『강도적 과학과 잠재적 철학*Intensive Science and Virtual Philosophy*』에서 데란다는 물리학을 포함할 뿐만 아니라 어느 정도 수학적이거나 과학적인 것도 포괄할 수 있도록 이 맥락을 넓힌다.

3. 푸코는 들뢰즈에게 『지각의 현상학*Phenomenology of Perception*』만큼 낯선 책은 없을 것이라고 주장한다.(Foucault, 『반-기억*Counter-Memory*』170)

4. 『현대 프랑스 철학*Modern French Philosophy*』에서 빈센트 데스콤스Vincent Descombes는 들뢰즈와 메를로-퐁티 사이의 몇 중요한 유사성이 간과되고 있다고 지적한다(70-71). 레오날드 롤러는 『프랑스 철학을 통해 사유하기』에서 들뢰즈와 메를로-퐁티 간의 유사점과 차이점에 관한 더 간결한 요약을 제공하고 있다. 또한 제프 벨의 『차이의 문제』, 도로테아 올코프스키의 『질 들뢰즈와 재현의 몰락』; 잭 레이놀즈와 존 로프의 「들뢰즈와 메를로-퐁티: 내재성, 일의성, 그리고 현상학」을 보라.

5. Colebrook, *Gilles Deleuze* pg. 6을 보라.

6. Boundas, ES 「서론」 pg. 4-5. 정확히 왜 이 독해가 만족스럽지 못한지는 분명하지 않다. 분다스가 비현상학적이라고 간주하는 것은, 후대의 사상가들에 의해 '철저화'가 이루어진 것이 아니라 하더라도 후설 사상의 체재에 속하는 것이기 때문이다.

7. AO 10.

8. DR 52.

9. 이는 리오타르Lyotard의 기술이다. 리오타르, 『현상학*Phenomenology*』53을 보라. 또한 레오날드 롤러의 『데리다와 후설*Derrida and Husserl*』 pg. 11ff와 pg. 236n1에 나오는 이 형용사를 수호하는 내용을 보라. 롤러의 논평 외에 우리는 이 논문의 인기와 영향의 많은 부분은 리쾨르Ricoeur가 『이념들 1』에 관한 서론과 주해에서 이 논문에 부여한 관심으로부터 나왔다고 추가할 수도 있겠다. 이 주해는 『에드문트 후설의 「이념들 1」을 푸는 열쇠*A Key to Edmund Husserl's Ideas 1*』라는 제목으로 영역되어 있다.

10. 핑크는 '환원이론과 구성이론'을 '현상학'의 두 핵심적인 체계적 이념들로 기술한다(Fink 102; cf. 131). 이 두 핵심적 측면들은 현상학에 관한 프랑스 주석들 전체를 통해서 거듭해서 나타난다.

11. CTM §§11-16을 보라.

12. 두 사례를 보려면, 리쾨르의 *An Analysis* 107ff.와 바슐라르Bachelard 156을 보라.

13. 초월론적 장에 대한 들뢰즈와 메를로-퐁티의 이해에 관한 논의에 대해서는, 레오날드 롤러의 *Thinking* pg. 80-94에 실려 있는 롤러의 논문 「존재론의 종말The End of Ontology」을 보라. 롤러는 메를로-퐁티의 이해는 메를로-퐁티가 이 장을 일반성으로 기술한다는 점에서 들뢰즈의 이해와 다르다고 주장한다. 명목상, 이것은 강력한 대립일 것 같지만, 메를로-퐁티는 일반성을 '적극적 미규정성'이란 의미에서 이해하는 것으로 보인다. 이는

들뢰즈가 초월론적 장에 거주하는 사건들을 이해하는 것과 동일한 방식이다(DR 169).

14. 후설이 말하는 의미와 중성의 관계에 관한 적합한 논의에 대해서는, 데리다의 *Genesis* 70ff. 특히 pg. 71을 보라.

15. 브라시어Brassier의 Alien Theory pg. 61ff.와 롤러의 Thinking pg. 83을 보라. 또한 알리에즈 Alliez pg. 9를 보라. 들뢰즈의 환원을 보다 일반적인 현상학적 환원과 구분하고자 하는 시도는 몇 가지 모호함에 부대끼는데, 그중 가장 중요한 것은 들뢰즈가 초월론적 장을 비인격적인 것으로 기술하는 결코 유일한 사상가는 아니었다는 점이다. 하이데거(cf. 『휴머니즘에 관한 서한*the Letter on Humanism*』과 『시간과 존재에 관하여*On Time and Being*』), 사르트르(cf. 『자아의 초월성*The Transcendence of the Ego*』), 메를로-퐁티(『지각의 현상학 *Phenomenology of Perception*』과 『보이는 것과 보이지 않는 것*The Visible and Invisible*』), 블랑쇼 (『문학의 공간*The Space of Literature*』과 『도래할 책*The Book to Come*』), 레비나스(『실존과 실존자들*Existence and Existents*』), 데리다(『기하학의 기원에 관한 서설*Introduction to the Origin of Geometry*』) 등 모두가 동일한 것을 행할 뿐만 아니라, 심지어 후설도 후기 저작에서 초월론적 구성의 원초적 심층을 '익명적이고' 끊임없이 종별화되는 것으로 기술했는데, 내가 후에 더 자세히 논할 터이지만, 이 종합들을 '수동적인 것'으로 한정하는 것은 이 종합들이 자아 **바깥**에서 일어났다는 것을 지시하기 위해서였다. 비인격적인 초월론적 장 개념은 당초부터 현상학의 영원한 장비였다. 리쾨르는 이를 '초월론적 현상학의 가장 어려운 측면들 중의 하나'라고 언급한다(Ricoeur, A Key 110). 후설의 비인격성에 관한 탁월한 설명에 대해서는, 굴비치Gurwitsch의 『의식에 대한 비자아적 이해*A Non-Egological Conception of Consciousness*』를 보라. 굴비치는 『이념들 1』을 예외로 한다면 후설의 경우 자아는 다른 모든 대상들과 마찬가지로 현상학적 환원을 받는다고 설득력 있게 주장한다 (330). 굴비치에 따르면 이 점은 경험적 자아—이 자아는 심지어 『이념들 1』에서조차 괄호 안에 넣어졌다—에게 적용될 뿐만 아니라 초월론적 자아에게도 적용된다. 레비나스 는 TI 전체에 걸쳐서 이 논점으로 거듭해서 되돌아간다(cf. 29, 42, 48, 50).

16. 영어 번역은 'the *meaning* of signs'으로 되어 있다. 들뢰즈는 'meaning' 대신에 프랑스어 '*sens*'를 사용한다. 『프루스트와 기호들*Proust et les signes*』 36ff를 보라.

17. 들뢰즈는 그의 모든 저작들을 통해서 의미와 본질의 이 동일성을 주장한다. 가령 LS 105와 DR 191을 보라.

18. 그는 NP에서 동일한 주장을 한다. 주로 제3장에서, 특히 이 장의 9절에서. 여기서 들뢰즈는 진정한 비판은 창조(발생)와 동등하다고 주장한다. 니체는, 칸트와 달리, 내적 발생의 원리를 발견했으며, 이 때문에 니체는 진정한 비판을 실현할 수 있었다(NP 91).

19. 후기에 이르기까지 충분히 표명되지 않은 환원과 달리, 구성 이론은 후설의 최초의 저작 『산술의 철학*Philosophy of Arithmetic*』에 이미 동기를 부여하고 있었다. Sokolowski, *Constitution* pg. 6; cf. Moran 146; Fink, 「The Phenomenological Philosophy」 76을 보라. 데리다와 소콜로프스키 둘 모두 구성이야말로 후설이 전 생애 동안 전념했던 일차적

문제였다고 주장한다. Derrida, *Genesis* 70를 보라. Cf. Husserl E&J 50-51, APS 270-271.

20. 기술적 심리학과 설명적 심리학이라는 딜타이의 구분을 후설이 그 자신의 정적 현상학과 발생적 현상학에 채택했다는 점에 대해서는, APS 624ff를 보라.

21. 더못 모란Dermot Moran은 『현상학 입문*Introduction to Phenomenology*』에서, '구성'은 감각적 직관들과 (규칙들에 따라 적용되는) 다양한 범주들의 종합에 의해 대상들이 의식에 대하여 '건립되는built up' 방식을 가리키는데, 이는 후설이 계속해서 견지한 의미라고 설명한다(164). 모란은 구성이란 단어를 이렇게 사용하는 것을 — 그가 '현상학'이란 단어를 가지고 그렇게 하듯이 — 칸트에까지 거슬러 올라가며 추적한다(6-7). (들뢰즈 또한 그의 강의들에서 칸트를 최초의 현상학자라고 간주한다.) 칸트의 구성과 현상학적 구성 간의 관계에 대해 더 많은 것을 읽고 싶으면, Fink 135ff와 Sokolowski 214ff를 보라.

22. Sokolowski pg. 189. 소콜로프스키는 빈번히 후설 후기의 '생 철학'과 니체의 생 철학을 비교한다(cf. 184).

23. E&J §56, 216, APS 296ff를 보라. Cf. Sokolowski pg. 170-172.

24. Welton pg. 175-179를 보라. 또한 A. D. Smith 117을 보라.

25. APS pg. 624-645를 보라.

26. FTL 65를 보라. 물론 '논리학자들'이란 말로 나는 후설의 동시대인들을 의미한다.

27. 이는 E&J와 FTL에서 특히 분명하다.

28. 핑크는 후설의 철학을 '단자론'으로 기술했다(Fink 128).

29. 후설은 한 단계의 발생에서 다음 단계의 발생으로 이동한다는 이 전제를 빈번히 사용한다. Cf. E&J 112: "… 자아는 그저 단순한 관찰과 파악으로 오래 머물러 있을 수 없다. 오히려 대상의 관찰에 내재하는 경향은 자아를 이것 너머로 밀어붙인다."

30. 내가 논하는 각 종합 — 시간적 종합, 연합적 종합, 해명적 종합, 술어적 종합 — 은 실제로는 다양한 종합들을 포함하는 일반적인 이름이다.

31. 종합들 일반을 넓게 개관하려면, 루돌프 마크렐Rudolph Makkreel의 저서 『칸트에서 상상력과 해석*Imagination and Interpretation in Kant*』을 보라.

32. Makkreel pg. 27-29, Steinbock xl.

33. Cf. Steinbock : "지성은 규칙들에 따라 감각적 잡다를 결합하고 연결하는 **능동적 종합들**이라는 자발적 성격을 가지는 반면, 감성은, 내감과 외감이 단지 감각 자료들을 수용할 뿐이므로 **수동성**의 성격을 가진다"(xl; 원문 강조). Husserl E&J 60, 110, 123, 179를 보라. A. D. Smith pg. 98, 111를 보라. '전-나pre-I'에 대해서는 pg. 122-23.

34. 후설의 발생은 신체에 확고하게 근거하고 있으며, 연합이 조직할 이 감각 질료는 감관들로부터 직접적으로 유래한다. 감각 자료들은 의미부여가 아직 일어나지 않았기 때문에 '의미화되어 있지 않거나asignifying' 혹은 의미를 결여해 있다meaningless(E&J 72). 발생적 현상학에서 감각 자료들의 지위에 관한 명쾌한 설명에 대해서는 Sokolowski, *Constitution*

pg. 210-12를 보라.

35. 휠레적 자료들이 시간과 맺는 관계 — 시간적 휠레 — 에 관한 기술에 대해서는, E&J §64ff를 보라.

36. "우리는 연합의 현상학이, 말하자면, 본원적 시간-구성 이론을 더 높은 수준에서 이어받고 있다는 것을 금세 알아차린다"(APS 163; cf. E&J 74, 177).

37. '판단을 넘어서는 것'에 관한 후설과 들뢰즈의 견해를 비교하는 것에 대해서는, 알랭 보리외Alain Beaulieu의 논문 「질 들뢰즈와 문학Gilles Deleuze et la litterature」 pg. 428을 보라.

38. 후설은, "수동성과 능동성의 구분이 변경될 수 없는 것은 아니며, 항상 명확하게 확립될 수 있는 용어들의 문제가 아니다…"라고 조심스럽게 표명한다(E&J 108). 우리가 곧 보겠지만, 후설은 이 점에서 매우 들뢰즈와 가깝다.

39. 후설은 이 점에 관해 칸트를 인용한다. "칸트와 더불어 말한다면, 다른 아무것도 일어나지 않는 한, 대상은 실로 오직 '경험적 직관의 미규정적 대상'일 뿐이다"(APS 291).

40. 들뢰즈의 '복합 주제' 개념(PS, DR, LS를 보라)은 후설이 말하는 발생의 이 단계에 뿌리를 두고 있다. 자아가 특정한 대상에서 이 대상의 특이성들로 주의를 전환할 때, 대상은 '주제'라는 형식으로 (주의가 전환되는 동안 내내) 지속하기 때문에, 자아는 특이성들을 그 대상의 규정들로 인식할 수 있다.

41. 후기 후설에서 '명제' 혹은 '판단적 명제'는 능동적 판단을 말한다. 그는 정확성을 기하기 위해 — 명제로까지 이르는 과정으로서의 판단을, 판단적 명제 그 자체나 해명적 종합의 '시원적 판단들'과 명료하게 구분하기 위해 — 이 능동적 판단이란 단어를 사용한다(APS 299).

42. 나는 들뢰즈와 칸트의 관계를 발생의 관점에서 논할 따름이다. 더 전반적인 설명을 읽으려면, 크리스찬 커스레이크Christian Kerslake의 논문 「철학의 현기증Vertigo of Philosophy」, 대니엘 스미스Daniel Smith의 저작 일반, 특히 『프란시스 베이컨Francis Bacon』의 US 판의 탁월한 서론, 학위논문 『질 들뢰즈와 차이의 철학Gilles Deleuze and the Philosophy of Difference』, 논문 「들뢰즈, 칸트, 그리고 내재적 이념들의 이론Deleuze, Kant, and the Theory of Immanent Ideas」; 멜리사 맥마혼Melissa McMahon의 학위논문 『들뢰즈와 칸트의 비판철학Deleuze and Kant's Critical Philosophy』, 제임스 윌리엄스James Williams의 『질 들뢰즈의 차이와 반복Gilles Deleuze's Difference and Repetition』, 또한 『질 들뢰즈의 횡단적 사유The Transversal Thought of Gilles Deleuze』의 제1장을 보라.

43. 칸트에 관한 들뢰즈의 강의들 중, 강의 1(1978년 3월 14일), 강의 3(1978년 3월 28일)을 보라.

44. "철학은 존재론이어야만 한다. 다른 어떤 것일 수 없다. 하지만 본질의 존재론은 없고, 오로지 의미의 존재론이 있을 뿐이다"(DI 15). Cf. NP 2; BG 34, 56-57; PS 13-14, 38-41, 47; DR 187, 191-199; LS 53, 71, 105.

45. Cf. DR 170: "칸트는 발생의 관점을 달성함이 없이 조건짓기의 관점만을 고수했다"(cf.

154, 173, 232). 또한 NP 49-51, 89-91; PS 16, 95; TF 89를 보라. 댄 스미스는 그의 학위논문 『질 들뢰즈와 차이의 철학』에서 이에 대해 매우 명쾌한 독해를 제공한다. 104-106를 보라.

46. Hyppolite, 『발생과 구조Genesis and Structure』, 5-11.

47. 구에루Guéroult의 『피히테 지식론의 진화와 구조L'évolution et la structure de la doctrine de la science chez Fichte』의 서론을 보라.

48. Husserl(APS 171, 211), Merleau-Ponty(PP 44, 71, 256, 335, 340). 데리다는 후설이 칸트에 '반대해서 표명한 견해'에 대해서 썼다. "만약 초월론적인 것이 그것의 경험적 내용과 본래적으로 융합되어 있지 않다면, 만약 경험 그 자체와 병행되는 것으로 제시되어 있지 않다면, 초월론적인 것은 경험 바깥에서 주제화되어 논리적이고 형식적인 것이 된다. 그것은 더 이상 구성하는 원천이 아니라 구성된 경험의 산물이다. […] 후설은 칸트의 형식주의를 철저하게 거부하면서 시작한다"(Derrida, Genesis 10). 이 때문에 레비나스는 후설의 의식 개념을, '의식의 존재 한복판에서 세계와 접촉하는(43)' '현저하게 구체적인 현상(TI 71)'으로서 기술한다.

49. 나아가 리오타르는 초월론적인 것에 대한 칸트의 이해는 경험적인 것으로부터 미리 만들어진 것으로 간주되었다 — 칸트는 환원의 방법을 가지지 않았다 — 고 주장한다. Cf. *Phenomenology*, pg. 32.

50. 들뢰즈는 같은 해에 간행된 KP 3장에서 동일한 주장을 편다.

51. 초월론적 경험론과 초월론적 관념론의 관계에 관한 더 상세한 기술을 보려면, 클레어 콜브룩의 『철학과 후기구조주의 이론Philosophy and Post-Structuralist Theory』 pg. 202ff를 보라.

제2장

1. LS xiv.

2. 이 세 수준들은 『의미의 논리』 pp. 239-49 마지막 계열에서 들뢰즈에 의해 매우 명료하게 기술된다. 장-자끄 르세르클 또한 그의 탁월한 저서 『들뢰즈와 언어Deleuze and Language』에서 이 세 수준들을 아주 명료하게 기술했다. 또한 스테펀 J. 아르노트Stephen J. Arnott의 논문 「들뢰즈의 윤리학에서 유아론 및 공동체의 가능성Solipsism and the Possibility of Community in Deleuze's Ethics」을 보라.

3. 특히 E&J pg. 103, 197-198을 보라. 이 또한 수동적 종합에 관한 후설 강의들의 변함없는 주제이기도 하다. 가령 APS pg. 95를 보라.

4. 하이데거가 『논리 연구』를 염두에 두고 있었던 반면, 이 특징들은 『경험과 판단』에서 훨씬 더 명료하게 나타난다. 특히 이 저작에 담긴 후설의 긴 서론을 보라.

5. 미셸 세르는 발생의 종점 곧 지식을 판단, 재현, 형식과 동일시하는 또 다른 사상가이다. *Genesis* pg. 14, 15, 18을 보라.

6. 나는 아래에서 '잠재적인 것'과 '의미'를 동의어로 다루는 간략한 주장을 펼 것이다. 직접적 증거에 대해서는, DR pg. 191, C2 pg. 99, BG pg. 57을 보라.

7. LS 185에서 들뢰즈는 의미를 '시 그 자체'라고 정의한다.

8. 그러나 들뢰즈는 인용문 바로 앞의 페이지들에서 이 주장을 자주 반복한다: cf. LS 70, 72, 81, 86.

9. C1 pg. 58ff, Bergson, MM pg. 17을 보라.

10. LS 119-20.

11. DR 89, EC pg. 28-29, KP 서론을 보라. Cf. 칸트 CPR pg. A182-184/B224-228.

12. 이 두 시간과 아래에 나오는 많은 주제들에 관한 탁월한 논의를 읽으려면, 제프 벨Jeff Bell의 『차이의 문제*The Problem of Difference*』, pg. 187ff를 보라. 들뢰즈가 언급하는 스토아 전통의 관점에서 본 이 두 시간에 관한 명료한 기술은 필립 투레츠키Philip Turetzky의 『시간*Time*』, pg. 41ff에서 발견할 수 있다.

13. 들뢰즈에게 영향을 미친 블랑쇼의 텍스트들 중에서 가장 중요한 것은 블랑쇼가 1953년에서 1958년 사이에 작성한, 『도래할 책』에 집성된 일련의 논문들과, 레비나스의 말로 하자면 이 논문들의 '정점'을 보여주는 블랑쇼의 저서 『문학의 공간』이다(Levinas, Proper Names 129).

14. 그러나 이 두 시간은 특별히 블랑쇼에게만 보이는 것이 아니다. 이 시간들은 풀레Poulet의 저작 도처에서도, 후기 리쾨르와 후기 바따이유Bataille에서도 나타난다.

15. Levinas, *Existence* 101.

16. 들뢰즈는 종종 아이온을 '사건-효과들의 시간(LS 62)' 혹은 '비물체적 사건들의 장소(LS 165)'로 기술한다.

17. 들뢰즈로 하여금 『의미의 논리』란 제목을 취하게 한 저작에서 이뽈리뜨는 헤겔에 나타나는 유사한 과정에 대해 인상적인 기술을 제공한다. "시가 언어의 반사적 마력을 반사적으로 재발견하는 경향이 있는 반면, 지성은 구체적 표상을 깨부수어 고정적이고 규정적인 요소들로 만든다"(*Logic and Existence* 40). 이뽈리뜨의 저서가 들뢰즈에게 미친 중요성에 관한 간략한 논의를 읽으려면, 레오나르드 롤러의 서론을 보라.

18. 이 아이온의 현재는 가령 '이유의 존재'로서의 현재, 가령 순간을 과거와 미래로 무한하게 세분하는, 연장 없는 수학적 점으로서의 현재이다(LS A61ff).

19. 개체화되지 않은 사태와 개체화된 사태 사이의 이 변증법에 대해서는, LS 124를 보라.

20. 들뢰즈는 『의미의 논리』에서 '수동적 종합'이란 표현을 사용하지 않지만, 『차이와 반복』(1968), 『안티-오이디푸스』(1972)에서는 이 표현을 사용한다. 이 세 책 전체에 걸쳐 행하는 종합들에 관한 그의 설명의 유사성 때문에, 또 이 종합들은 능동적 의식에 의해 지배되지 않기 때문에, 우리는 이 종합들을 수동적인 것으로서 정확히 기술할 수 있다.

21. 이 주제는 들뢰즈의 첫 번째 저서 『경험론과 주체성』에 이미 나타나 있다. 거기서 그는

레비나스가 던진 바로 그 물음, '주어진 것'이 어떻게 그 자신을 초월하여 주체가 될 수 있는가를 묻는다. 주어진 것은 심층 속에 분산되어 있는 부분대상들과 매우 유사한 방식으로 정의되었다. 주어진 것은 '나타나는바 대로의 사물들의 수집 — 앨범 없는 수집, 무대 없는 연극, **지각들의 유동** — '이다(ES 23; 인용자 강조). 주어진 것은 감성에 의해 상상력에게 주어지는, 조직되지 않은 '**섬망**delirium(ES 23; 인용자 강조)'이다.

22. 이 때문에 들뢰즈는, 상상력을 종합의 능력으로 보는 칸트의 정의를 암시하면서, 『차이와 반복』에서 기관 없는 신체에 '자발적 상상력'이란 이름을 부여한다(DR 70ff).

23. 『발생Genesis』에서 미셸 세르 또한 — 그가 이 두 혼합체를 '다자'와 '일자'라 부르는 것을 제외한다면 — 이 두 혼합체와 더불어 시작되는 발생을 기술한다. 세르와 들뢰즈의 중요한 차이는, 우리가 다음 몇 장에서 보겠지만, 들뢰즈의 기관 없는 신체는 생산되는 데 반해, 세르의 '일자'는 전제되는 것으로 보인다.

24. 언어가 가능하기 위해서는 '물체적 능동들과 수동들의 단순한 상태에서 음들을 덜어내는 일'이 필요하다(LS 166).

25. Cf. LS 207, 218, 220, 241.

26. 후설의 수동적 종합들이 감각적 자료들과 교섭하는 방식에 대해서는, APS §§26-31과 E&J §16를 보라.

27. 레비나스의 『실존과 실존자들』 pg. 18ff와 70ff를 보라.

28. Cf.: "... 통합integration 혹은 일반적 통합general coordination의 직접적이고 전반적인 기능은 성기적 지대에 보통 부여되어 있다"(LS 200).

29. E&J 77; cf. 150.

30. 논리학에서 배제적 이접은 두 진술을 분리시킨다. 이 이접은 'A이거나 B이지 둘 다는 아니다'라는 것을 말한다. 그러나 포괄적 이접은 두 진술을 분리시키지만 둘 다의 가능성을 유지한다. 즉, 'A이거나 B이거나 둘 다이다'. 그러므로, 들뢰즈의 경우 포괄적 이접은 문제 혹은 적극적 미규정성의 형태를 취한다. 그것은 A인가 또는 B인가 또는 둘 다인가? 그것은 윌리엄인가 또는 리차드인가 또는 릴키엄인가? 그것은 결정을 요구한다.

31. 칸트의 '3중 종합'에 관한 두 탁월한 설명을 읽으려면, 롱그네스, 제2장과 막크렐, 제1장을 보라.

32. 이 점에 대해서는 이미지들의 발달에 관한 LS 218을 참조하라.

33. LS 180을 보라. "... 존재는 모든 사건들이 서로 간에 소통하는 유일무이한 사건이다 ...."

34. 이는 우리에게 들뢰즈와 메를로-퐁티 간의 중요한 차이를 명료하게 진술할 기회를 제공한다. 분명 그 차이는, 푸코가 「철학 극장Theatrum Philosophicum」에서 언급한 바와 같이, 메를로-퐁티는 신체로 시작하고 들뢰즈는 환영으로 시작한다는 것이 아니다. 실로 들뢰즈는 신체로 시작하며, 의미와 동의어인 환영 — 들뢰즈는 의미가 물질적 토대들의 비물질적인 분신임을 암시하기 위해 이 단어를 사용한다 — 은 이 신체의 효과로 생산된다. (푸코의 그릇된 독해는 그가 LS에 나오는 단어 '환영'을 DR에 나오는 그것과

286

동일한 의미를 가지는 것으로 이해했다는 사실에서 기인한다. 본서 전체를 통해 점점 분명해지겠지만, 들뢰즈의 술어들은 거의 언제나 책들마다 의미가 다르다.) 들뢰즈와 메를로-퐁티 간의 차이는, 그리고 실로, 들뢰즈와 그의 많은 동료들 간의 차이는 들뢰즈의 경우 초월론적 장이 생산된다는 점이다. 메를로-퐁티의 경우, 신체는 주어진 비인격적인 초월론적 장이다. 레비나스의 경우, 실존 즉 들뢰즈의 물체적 심층에 상응하는 것은 주체가 이로부터 구현되는 익명적인 초월론적 장으로 기능한다. 메를로-퐁티와 레비나스에 따르면, 초월론적 장은 주어져 있다. 그러나 들뢰즈에 따르면, 이 비인격적 장은 **생산되며** 신체the body의 해체, 레비나스의 '실존existence'의 해체 둘 모두를 의미한다. 블랑쇼가 비인격성에 대한 이러한 이해를 들뢰즈와 나누어 가지는 유일한 사람이다.

35. 들뢰즈는 LS 165에서 두 생성들 간의 이 차이를 이끌어낸다.

36. 반-현실화를 윤리적 원리로 더 상세하게 기술하는 것을 읽으려면, 르세르클의 『들뢰즈와 언어』 pg. 116ff. 그리고 이언 부캐넌Ian Buchanan의 『들뢰즈주의Deleuzism』의 「초월론적 경험론의 윤리학Transcendental Empiricist Ethics」이란 제명의 장, 콘스탄틴 분다스Constantin Boundas의 『들뢰즈와 철학Deleuze and Philosophy』 서론 pg. 17에 담긴 간략한 논의, 그리고 『들뢰즈와 정치적인 것Deleuze and the Political』에서 이 개념 및 다른 들뢰즈의 개념들을 실천적으로 해석하고자 하는 폴 패튼의 시도를 보라.

37. 구조주의에 관한 논문에서 의미의 역동성을 기술할 때 들뢰즈는 이 논문을 직접 언급한다 (cf. DI 187).

38. 『도래할 책』과 『문학의 공간』 전체를 통하여, 블랑쇼는 작품의 공간 및 작품의 '본질적 언어' 혹은 '사유의 언어'를, 그가 '세계의 언어'라 부르는 것을 가리키는 명제의 이 세 가지 차원들에 주기적으로 대립시킨다. 특히 『문학의 공간』 pg. 41을 보라. 여기서 그는 사유의 언어에서 단어들은 '무언가를 지시하거나[즉 지칭하거나] 혹은 누군가에게 말로 나타내는[즉 현시하는] 역할을 할 수밖에 없도록 되어 있지 않다'고 주장한다. 그리고 작품의 공간은, 결코 함의작용의 공간을 나타내는 것이 아니라, '함의작용 그 자체를 생산하는 것이고 표현하는 것이다'(41). 들뢰즈의 의미 혹은 잠재적인 것의 개념과 꼭 마찬가지로, 블랑쇼의 문학적 공간은 일상 언어가 규정되고 생산되는 비인격적인 초월론적 장을 나타낸다.

39. 특히 『문학의 공간』 pg. 38ff.에 있는 블랑쇼의 논문 「말라르메의 경험Mallarmé's Experience」을 보라.

40. Ricoeur, An Analysis 107ff. 1954년에 간행된 이 논문은 들뢰즈 사상에, 특히, 우리가 아래에서 보겠지만, 타자의 문제와 관한 들뢰즈의 사상에 중대한 영향을 미쳤다.

41. 또한 DR 153-165를 보라.

42. 들뢰즈는 우발점을 LS 107과 108에서 의미의 '주체', '초인'으로 언급한다.

43. 들뢰즈는 캐롤을 인용한다. "샐로우 판사는 그 사람이 윌리엄 또는 리차드라는 것은 확신했지만, 둘 중 어느 사람인지는 결정할 수 없었다. 그래서 아마도 그는 둘 중의 한 이름을 다른 이름을 말하기 전에 말할 수 없었을 것이다. 죽느니 차라리 그가 '릴키엄!'

하고 헐떡대며 말하리라는 것은 의심해볼 수 있다"(LS 46).

44. 『안티-오이디푸스』와 『차이와 반복』에서 동적 발생의 세 가지 종합들은 수동적 종합들이다. 이 관점에 보면, 우리는 후설에서처럼 들뢰즈에서도 '나타나는 것의 지평'은 수동성 안에서 생산되며, 동적 발생은 수동적 발생이라고 말할 수 있을 것이다.

45. Cf. LS 95, 126.

46. Cf. LS 186.

47. 들뢰즈는 전통적인 철학적 인격 개념을 암시하고 있는데, 칸트는 이 인격 개념을 '상이한 시간들 속에서 그 자신의 수적 동일성을 의식하는' 것으로 기술한다(CPR A 361). 또한 데카르트의 『철학의 원리들Principles of Philosophy』 제1부와 라이프니츠의 『인간 지성에 관한 새로운 에세이들New Essays Concerning Human Understanding』 pg. 230-237을 보라.

48. 우리는, 이 책의 간행이 정신분석학에 관한 들뢰즈의 많은 중요한 저술들에 선행하는 반면, 들뢰즈와 정신분석학 간 만남의 가장 중요한 측면들은 이미 『니체와 철학』(1962)에서 확립되었다는 점을 주목해야 한다.

49. 베르그손이 정신분석학과 맺는 관계에 대한 들뢰즈의 논평들은 들뢰즈 자신에게도 똑같이 타당한 것으로 보인다. 『베르그손주의』에서 들뢰즈는 잠재적인 것에 관한 베르그손의 이론은 "심리학 외의 범위가 그 자체로 강조되지 않는다면 그 모든 의미를 상실하게 될 것이다"라고 적고 있다(BG 55). 들뢰즈는 "프로이트 이래 '무의식'이란 단어는 특히 효과적이고 능동적인 심리학적 실존과 분리될 수 없게 되었다 …"고 설명한다. 베르그손은 무의식이란 단어를 의식 바깥의 심리학적 실재를 지칭하기 위해서가 아니라 비심리학적 실재— 즉자적으로 있는 바의 존재— 를 지칭하기 위해서 사용한다(BG 55-56). 또한 1980년 4월 29일에 송출된 라이프니츠에 관한 강의들을 보라.

50. DR 108; cf. 194를 보라. "무의식은 본성상 미분적이고 반복적이다. 또 무의식은 계열적이고 문제설정적이며 물음을 제기하는 것이다." 또 DI 181을 보라. "구조의 무의식은 미분적 무의식이다."

51. FC, 50-51, 82, 108-109를 보라.

52. 기호론semiology 혹은 언어적 체계들과, 기호학semiotics 혹은 '언어 일반과 무관한 이미지들과 기호들의 체계'를 구별 지을 때, 들뢰즈는 영화에 관한 저서들에서 그러한 야생적 경험이 존재한다고 명시적으로 주장한다(C2 29; cf. C2 31, 33; C1 iv와 12). 이 비언어적 체계 전체는 C1에서 전개된 것인데, 여기서 운동-이미지들 혹은 '비-언어-물질(C2 29)'은 '물질적 주체성'에 의해 다양한 유형의 다른 비언어적 이미지들로 변형된다.

제3장

1. 『안티-오이디푸스 문건』 pg. 404를 보라. 1972년에 간행된 한 일지 메모 혹은 노트에서

과타리는 "내 서체, 내 문체를 지키자. 하지만 나는 정말이지 『안티-오이디푸스』에서 내 자신을 인지할 수 없구나".

2. Cf. DR 56ff.

3. pg. 26을 보라. Cf. 296: "욕망의 질서는 **생산의** 질서이다 …"(원문 강조).

4. KA pg. 7과 프레데릭 제임슨Frederic Jameson의 『정치적 무의식*The Political Unconsciousness*』 서론 pg. 22를 보라.

5. 욕망이 외부와 맺는 본질적 관계에 대해서는 356-357을 보라. 특히 "… 욕망은 외부와 단절되어서는 살아남지 않는다"(357). 이 '외부'는 들뢰즈가 말하는 의미의 초월론적 장과 상응하는 블랑쇼의 '외부'가 결코 아니라는 점이 아래에서 분명해질 것이다. 오히려 이 외부는 심층의 자아가 물체적 파편들의 상호 관통 속에서 해체되는 방식을 가리킨다.

6. 이 대문에서 후설은 자신의 구체적인 초월론적인 것이란 개념을 칸트의 형식적인 초월론적 인 것이란 개념에 명시적으로 대립시킨다(APS 171). '초월론적'이란 단어에 대한 후설의 가장 발전된 설명에 대해서는, CES를 참조하라. 또한 CTM의 제1성찰을 참조하라. 두 곳 모두에서 이 단어는 결국 세계를 구성하는 의식이라는 이 '특수한 의미'를 가리킨다. 들뢰즈와 후설 둘 모두에 따르면, 발생은 스콜라철학의 의미에서 '초월론적'이라고 말할 수 있다. 발생은 모든 범주들을 포괄한다. 발생은 초월-범주론적trans-categorical이다.

7. 헤겔에 관한 강의들에서 한 하이데거의 논평을 참조하라. 여기서 하이데거는 '현상학은 적절하게 이해된 경험주의와 실증주의를 나타낸다는, 후설이 오랫동안 주장해 오고 또 종종 언급한 확신'에 대해서 이야기한다(Heidegger, Hegel 20). 영어로 쓰인 후설의 사상을 둘러싼 최근의 비판적 논쟁들과 관련하여 볼 때, 이는 매우 논란거리가 될 수 있는 주장이기는 하다. 그러나 프랑스에서 후설의 발생적 현상학을 철저하게 경험론적인 것으로 생각하게 된 것은 줄기차게 작성된 리쾨르의 주해들이 주어진 덕분이라고 해도 과언이 아닐 것이다. 특히, Ricoeur, *An Analysis* pg. 10-12, 202ff를 보라. "그렇지만 점점 더 실존적인 것으로 되어 갈 때, 후기 후설의 현상학은 지성의 전체 질서를 위하여 점점 더 경험적인 것으로 되어 갔다. […] 그 이후로 지각의 바로 그 수준에서 개시되는 수동적 종합으로부터 진행해 간다"(205).

8. "[프로이트의 경우] 오이디푸스는 관념론적 전환점이다"(55; cf. 111, 265). 이와 달리, 들뢰즈와 과타리의 '초월론적 무의식'의 요소들은 '자율적이고 표현적인 심적 구조를 결코 형성하지 않는다'(98; cf. 265).

9. AO 52, 97, 111, 173, 186ff., 306을 보라.

10. 구조 발생의 관점에서 구조주의를 다시 사유하려는 이러한 시도는 DI 170ff에 있는 들뢰즈의 논문 「우리는 구조주의를 어떻게 인식하는가?」에서 이루어졌다. 여기서 펴는 들뢰즈의 주장들은 『의미의 논리』, 『차이와 반복』 두 책 모두에서도 되풀이된다. LS에 대해서 이 논문이 가지는 중요성에 대해서는, 들뢰즈에 관한 르세르클의 저서를 보라 (99ff). 본서 제3부에서 펴는 내 주장, 즉 『차이와 반복』은 일부 주석자들이 언급해왔듯이,

이 구조주의적 모델과 결별하지 않는다는 주장을 보라.

11. 그럼에도 불구하고, 그들은 이와 거의 동일한 방식으로 기술될 수 있는 알튀세르의 기획과 조심스럽게 거리를 두고 있다. 이 점에 대해서는 본서 앞에 나오는 몇 페이지에서 다루고 있는데, 특히 '상대적 자율성(4)'과 '구조적 표현(6)' 개념들에 대한 비판을 보라.

12. NP에서 니체에 관한 들뢰즈의 주장을 따라가며, 댄 스미스는 그의 학위논문에서 『차이와 반복』은 『순수이성비판』을 재작성하려는 들뢰즈의 시도를 나타낸다고 설득력 있게 주장하고 있다. 「들뢰즈, 칸트, 그리고 내재적 이념들의 이론」이라는 논문에서 그는 AO는 들뢰즈의 『실천이성비판』이라는 점을 시사하고 있다.

13. 그들의 주장은 『보이는 것과 보이지 않는 것』 제1장에 나오는 메를로-퐁티의 주장과 많은 것을 공유하는데, 그들은 들뢰즈와 과타리를 메를로-퐁티의 비인격적 초월론적 장 개념 — 이 자체는 『물질과 기억』 제1장에 나오는, 외부를 향해 개방되어 있는 순수한 비인격적 지각이라는 베르그손의 유사한 개념에 뿌리를 두고 있다 — 과 매우 유사한 입장으로 인도한다.

14. 다음을 참조하라. "'심리적 실재'라 불릴 수 있는 특정한 형태의 실존은 없다"(27). 또, "사회적 장은 욕망에 의해 직접적으로 투여되어 있고 역사적으로 규정된 욕망의 산물이기에, 생산적 힘들 및 생산의 관계들을 퍼지게 하고 투여하기 위하여 리비도가 중재나 승화, 심리적 작동, 변형을 할 필요가 전혀 없다"(29).

15. 다음을 참조하라. "참으로, 이런 의미에서 우리는 무의식은 항상 고아였다고 말하지 않으면 안 된다. 즉, 무의식은 자연과 인간의 일체성, 세계와 인간의 일체성 속에서 스스로를 생겨나게 했다"(108).

16. 레비나스는 주체와 대상의 분리에 앞서는 실재의 이러한 발견을 후설 사상의 가장 매혹적이고 흥미로운 측면들 중의 하나라고 여기며, 그의 후설 연구 전체를 통해서 끊임없이 이 발견으로 되돌아간다. "후설은, 실체주의적인 실존 개념을 극복함으로써, 주체가 최초에 실존하고 그런 다음 대상들과 관계를 맺는 어떤 것이 아니라는 점을 증명할 수 있었다. 주체들과 대상들의 관계가 일차적인 현상을 구성하며, 우리는 이 현상 속에서 주체와 대상이라 불리는 것을 발견할 수 있다"(TI 42; cf. 25, 35, 51). 데리다 역시 그의 학위논문 전체를 통해서 후설 사상의 이러한 측면을 강조하곤 한다. 또한 Heidegger, HTC 96, 111, 120을 보라.

17. "욕망은 실재를 생산한다. 혹은 다르게 표현하면, 욕망적 생산은 사회적 생산과 동일한 것이다"(30).

제4장

1. 우리는 들뢰즈 저서들에 나오는 술어들의 일관성을 믿을 수 없기 때문에 이렇게 주장하는

일이 필요하다.

2. 여기서 들뢰즈가 이 용어를 사용하는 방식은 후설이 CTM(cf. §8)에서 사용하는 방식과 매우 유사하다. 반면에 DR에서 이 용어를 사용하는 방식은 FTL(제3장)에 나오는 범주적 다양체들을 사용하는 방식과 매우 유사하다. 수잔 바슐라르Suzanne Bachelard는 이 점을 잘 파악하고 있다(43ff.). 또한 『생산 극장The Theatre of Production』 pg. 165ff에 있는 알베르토 토스카노Alberto Toscano의 간략한 논의를 보라. 그러나 토스카노는 후설과 들뢰즈 사이의 거리를 약간 과장하고 있다.

3. 『논리와 실존』 제2장에 있는 헤겔의 감성에 대한 이뽈리뜨의 독해를 보라.

4. '비인격적인' 혹은 '순수한 지각' — 이 지각에서 지각하는 주체는 '외부성 그 자체'이다 — 에 관한 베르그손의 이론에 대해서는, MM 34를 보라. 베르그손이 이 외부성을 '분자적인 것'으로 보는 기술에 대해서는, MM 22ff를 보라.

5. 그러므로 들뢰즈가 ES에서 '주어진 것'이라고 부르는 것은 그가 DR에서 '주어진 것'이라고 부르는 것과 완전히 다르다(cf. DR 222). DR에서 주어진 것은 '경험적 감성'에서 이미 구성된 것으로 나타나는 것이다. 그러나 ES에서 주어진 것은 '초월론적 감성'에 주어진 것이다. DR 144를 보라.

6. 이 점에 관해서는 또한 PI에 있는 (AO와 같은 해에 간행된) 흄에 관한 들뢰즈의 1972년 논문 pg. 35-41을 보라.

7. 라이프니츠의 「자연과 은총의 원리들Principles of Nature and Grace」 §13을 보라. 들뢰즈는 『주름』에서 이 예들 및 — 개에게 매질하는 일을 포함하는 — 다른 예들로 돌아간다. 특히 86-87을 보라.

8. Cf. TF 92. "… 미세하고 어두운 지각들의 현기증과 어지럼증"

9. Cf. DR. "부분대상들은 작은 지각들의 요소들이다. 무의식은 미분적이고 작은 지각들을 포함하며, 따라서 의식과 종류가 다르다. 무의식은 의식에서 느껴지는 큰 대립물들 혹은 전반적인 효과들로 결코 환원될 수 없는 문제들과 물음들에 관련된다(우리는 라이프니츠의 이론이 이미 이 길을 가리켰다는 점을 보게 될 것이다"(DR 108; cf. DR 245; DI 181, 그리고 1980년 4월 29일에 있었던 들뢰즈의 라이프니츠에 관한 강의.).

10. 세 번째 종합은 잔여 주체를 생산하지만, 이것은 오직 '외관상의 주체'일 뿐이다. 과정으로서의 무의식이 '진정한 주체real subject'이다(324).

11. AO 54, 300; 328 이후의 인용자 강조.

12. 이 외에 AG 326-27을 보라.

13. 들뢰즈와 과타리가 기관 없는 신체를 '생겨나지 않은 것unengendered'으로, 엄마 아빠가 없는 것으로 종종 기술한다는 것은 사실이지만, 이 개념 그 자체는 내가 위에서 개요를 서술한 두 번째 유형의 것이다. 즉, 기관 없는 신체는 우리가 이 신체를 고려하는 발생의 순간에 따라서 그 정의가 바뀐다. 기관 없는 신체가 그 자신을 생겨나지 않은 것으로 제시하는 것은 기적 기계로서의 오직 두 번째 종합에서일 뿐이다.

14. "따라서 부분적 대상–흐름이라는 연접적 종합 내에서 일어나는 결합coupling은 또한 생산물/생산함이라는 또 다른 형식을 가진다(AO 6).

15. 이 인용문에서 '욕망 기계'는 부분대상들을 가리킨다.

16. 첫 번째 종합은 자연적 기호들의 생산을 가져온다는 『차이와 반복』에 나오는 들뢰즈의 유사한 주장(DR 77)을 참조하라.

17. 그러므로 그것은 투사 대신에 『의미의 논리』에서 주로 거론되었던 발생의 메커니즘을 취한다. 이것은 『안티–오이디푸스』에 나오는 좋은 대상의 부재를 설명한다.

18. 특히 『논리와 실존』에서 헤겔의 상상력을 발생의 관점에서 본 이뽈리뜨의 해석을 보라. 특히 감성적인 것의 부정과 초월에 관한 해석을 보라(LE 28–31). 감성적인 것의 들뢰즈식 초월과 헤겔식 초월의 주요한 차이는, 변증법적 논리가 이미 구성된 의미들과 관련하여 헤겔의 상상력을 규정하는 데 반해, 『안티–오이디푸스』는 기관 없는 신체의 생산을 재현들의 유희에 연루되기 전에 (관계를 결여하는) 절대적인 것으로 보여준다는 점에 있다. 이 점에서, 특히 들뢰즈와 과타리가 감성적인 것을 특이성들의 다양체로 정의하는 것 또한 헤겔에 뿌리를 두고 있는 것 같다는 앞의 내 제안과 관련하여, 헤겔한테서 받은 영감을 부인하기는 어렵다. 이 점은, 『프루스트와 기호들』에서, 또 특히 영화에 관한 저서들에서 제시된 들뢰즈의 체계에 대한 신플라톤주의적 버전들이, 일단 의미가 발견되기만 하면 그것은 항상 당초부터 이미 거기에 존재해왔던 것으로 발견된다고 반복해서 강조한다는 사실(운동 이미지들 —감성적 특이성들— 을 절대적인 것 혹은 시간에 참여하는 절반을 항상 가지는 것으로 정식화하는 작업을 초래하는 동향) 외에도, 특히 이뽈리뜨의 발생적이고 비인격적인 헤겔과 관련하여 더 탐구할 필요가 있는 극히 강력한 헤겔의 영향을 시사할 때에 더욱 확인된다. 아마도 마침내 우리는 푸코의 두 번째 주장, 그리고 "『안티–오이디푸스』는 현란한 헤겔이다" 라는, 들뢰즈의 비판에 대한 가장 진부한 해석 중의 하나를 전복시켜야 할 것이다. (들뢰즈와 헤겔의 주요한 차이는 들뢰즈에게 역사는 우발성의 역사였다는 점이다. 즉, 들뢰즈의 진화에 는, 우리가 보게 되겠지만, 비록 그것이 승화 혹은 '이중 인과성'의 변증법적 논리에 따라 여전히 진보할지라도, 목적론이 존재하지 않는다.)

19. DR 76.

20. 핑크는 「지향적 분석과 사변적 사유의 문제L'analyse intentionelle et le problème de la pensée speculative」라는 논문에서 다음의 비판들을 이미 언급한 바 있다. 들뢰즈는 LS에서 동적 발생의 관점에서가 아니라 정적 발생의 관점에서이기는 하지만, 핑크의 비판을 곧바로 수용한다(97–98).

제5장

1. 예를 들어, 데리다 역 후설의 『기하학의 기원』을 보라. 이 두 표현들에 관한 상세한

논의에 대해서는, 1958년에 나온 앙드레 드 무로Andre de Muralt의 『현상학의 이념』 pg. 123-124를 보라.

2. FTL §57-58, 특히 E&J §63을 보라.

3. 예를 들어, 후설의 『기하학의 기원』을 보라. 후설은 이 책에서 문학작품을 이념적 대상성에 포함시킨다(Derrida, *Origin* 160).

4. DR 159, LS 54, 57(여기서 'objectité'는 'objective'로 번역되어 있다), DI 182를 보라. 이 점에서 들뢰즈와 후설을 비교하는 것은 매우 흥미로운 일일 것이다. 들뢰즈의 경우 이념적 대상성들 혹은 초월론적 이념들은, 내가 다음 장에서 상세하게 주장하는 바와 같이, 이전에 오고 수용성의 대상성들을 생산한다. 후설의 경우는 이와 반대다. 완전한 대상이 상상적 변경을 받고 이로부터 이념적 대상성이 추출된다.

5. 여기서, '체계적 현상학'은 대상들의 생산 과정을 의미하는 것이 아니다. 오히려 현상학은, 본서 앞에서 본 바와 같이, 그들이 설명의 학문으로서가 아니라 기술의 학문으로서 부여한 의미를 보유한다(cf. 10).

6. 후에 전개되는 재현의 영토적 체계의 관점에서 보면, (1)은 욕망 혹은 배아적 임플렉스implex의 대리물이고, (2)는 억압 표상 혹은 결연, 그리고 확장된 혈연이고, (3)은 연장 혹은 '육체적 콤플렉스somatic complex' 속에서 그 자신 바깥으로 전치되어 재현된 욕망이다.

7. 선별과 코드화의 이러한 과정 속에서 결연과 혈연이 하는 역할은 pg. 152에 아주 상세하게 기술되어 있다.

8. 한 지점에서 그들은, 결연은 공간적 종합인 데 반해 혈연은 단지 시간적 종합이라는 점을 언급함으로써, 이 종합들의 의미를 순수하게 공간적이고 시간적인 형식들로 넓혀놓는다(201).

9. 들뢰즈와 과타리는 아시아적 생산을 전제군주적 국가의 가장 '순수한' 현출로 간주한다(198).

10. 전제주의에서 볼 수 있는 판단과 지식의 발생에 대해서는 294를, 재현의 발생에 대해서는 310을, 함의작용의 발생에 대해서는 206ff를, 법의 발생에 대해서는 212를, 목적론의 도입에 대해서는 288을 보라. 흥미롭게도, 이 단계는 또한 은유와 환유의, 발생과 상호작용을 이론화한다(212). 이는 언어의 발생 전체는 이 두 장치들의 상호작용으로부터 증명될 수 있다는 야콥슨의 이론을 암시하는 것으로 보인다. 이 관점에서 보면, 들뢰즈와 과타리는 심지어 자연언어 전체를 위한 현상학적 토대를 언급하고 있는 것으로 보일지도 모른다.

11. 예를 들어, 프레데릭 제임슨의 『정치적 무의식』 pg. 22와 58, 그리고 브루스 보Bruce Baugh의 논문 「들뢰즈는 어떻게 우리가 문학작품을 창조하도록 도울 수 있는가How Deleuze Can Help Us Make Literature Work?」 pg. 35ff를 보라.

12. 여기서 '탈영토화한다'는 것은 영토성으로부터 물러난다는 것을 의미할 뿐이지, 경계들의 해체를 의미하는 것은 아니다. 이 경우, 전제군주 기계가 수행하는 탈영토화는 절편들을 벽돌들로 바꿈으로써 경계들을 견고하게 한다.

13. 이 관점에서 보면, 들뢰즈와 과타리는 발생을 수동성과 능동성의 연속선을 따라가며 전진하는 것으로 기술함으로써 후설과 함께 하는 것으로 보인다. 이 대문에서 영토적 재현은 수동성과, 들뢰즈의 자발성의 형식 사이에 놓이는 중심축으로 나타난다. 그리고 이 연속선을 우리의 축으로 간주한다면, 또한 '탈영토화'라는 표현은 두 방향을 가진다고 지적할 만하다. 들뢰즈에 관한 현재의 문헌에서 탈영토화란 표현은 오로지 영토성에서 분자적인 것으로 되돌아가는back 이동의 의미로만 사용된다. 그러나 이 인용문에서, 그리고 이 용어가 대부분 사용되는 AO에서, 탈영토화란 표현은 영토적 재현에서 전제군주적 재현으로 앞으로 가는forward 이동을 기술한다. '탈영토화'는, 영토성 해체의 방향에서든, 아니면 더 나아간 정식적 표현의 방향에서든, 영토적 재현에서 물러나는 이동일 뿐이다.

14. 몰적 기능주의의 문제점에 관해서는 또한 AO 178을 보라. 의미와 사용의 관계, 의미와 사용이 요구하는 상이한 실행들, 해석, 분열분석 사이의 관계에 관해 더 많은 것을 읽으려면, AO 67, 77, 109, 133, 179-181, 204-208, 213-214, 288, 322ff를 보라.

15. 하지만 아마도 '전제군주적 국가'와 같은 표현들이 회의적으로 취급되어야 하는 것은 또한 이 지점에서일 것이다. 들뢰즈와 과타리가 정치적 조직을 기술하고 있는 것 같지는 않다. 만약 우리가 그들의 언급을 따라가며 의미의 순수한 부재에 놓여 있는 분자적 상태로 옮겨가는 이동을 주창한다면, 이는 엄청난 문제들을 낳게 될 것이다.

16. 물론 들뢰즈는 우리를 의미meaning를 넘어 분자적인 것의 무의미nonsense로 이동하게 하는 그런 종류의 글쓰기를 옹호한다. 소수문학(또는 회화, 영화, 조각 등등)은, 이 문학이 의미를 만들기를 거부하고, 따라서 문자 그대로 소수적이고, 작고, 분자적인 것으로 남아 있기 때문에, '소수적'이다.

17. 나는 이 마지막 두 논점들과 관련하여, 또 이 논점들이 칸트의 물음들과 맺는 관계와 관련하여, LS에 나오는 공통감에 대한 정의를 염두에 두고 있다. 즉, 양식은, "만약 그것이 다양한 것을 주체의 동일성의 형식, 또는 대상이나 세계의 영원성의 형식과 관계를 맺게 할 수 있는 심급을 향해 그 자신을 초월하지 않는다면, 어떠한 다양성도 분배할 수 없을 것이다"(LS 78; cf. 이 페이지 전체). 분명히, 이 들뢰즈의 대답은 칸트의 대답과는 완전히 다르다. 설사 문맥에서 떼어놓는다면 들뢰즈와 칸트의 대답이 거의 동일한 것처럼 보일지라도 말이다. 공통감과 양식은, 발생의 초기 단계들에, 설사 비활동적이라 할지라도, 현존하는 순수하게 형식적인 초월론적 주체나 대상과 아무 관계가 없다. 중요한 점은 이 두 형식들은 의미의 효과들로서 오직 이차적으로만 생산된다는 점이다.

18. 들뢰즈에게 보낸 과타리의 다음의 편지를 참조하라. "자네가 '원국가Urstaat'라는 용어를 고수했다니 내가 우쭐해지네. 자네는 우리의—미래—독자들이 스스로 칼데아(수메르)의 우르Ur가 들어 있는 이 동음이의인 말장난을 이해하리라고 생각하는가? … 아브라함의 출발지? [⋯] 모든 약속된 땅의 기원, 미래의 예루살렘들, 실재하는 하늘의 도시들! 아마도 우리는 이런 말장난, 이런 농담 속에서 미끄러져 넘어질 수도 있을 걸세…. 그것은 룰루Lulu의 경우와 같네…. 사람들은 그걸 이해하지 못할 것이네!"(안티-오이디푸스 문건

441; 원문 강조). 흥미로운 것은, 과타리의 논평이 이 장의 첫 번째 문장을 규정한 것으로 보인다는 점이다. (하지만 아브라함이 전제주의의 새로운 결연으로서 특정한 개념적인 인물을 떠맡지 않는다면, 그렇게 보이지는 않는다.) 즉, '우르Ur의 도시, 아브라함의 새로운 출발 지점 혹은 새로운 결연'(AO 217). 들뢰즈는 고의적이고 배타적인 모호한 말에 관심이 없었던 것 같다.

19. 탈코드화에 대해서는, AO 218을 보라. 주체-대상 갈등에 대해서는 258-260을 보라.

20. 캐서린 레이비오Catherine Labio의 『기원들과 계몽주의Origins and the Enlightenment』 pg. 98-101을 보라.

21. 과타리가 정신분석학으로부터 자신을 '구해주었다'는 들뢰즈의 주장을 참조하라.(NG 144)

22. 또한 『안티-오이디푸스 문건』에 붙인 편집자의 서문 pg. 16을 보라.

제3부의 서론

1. 구체적으로 말해, 미구엘 드 바이스테구이의 『진리와 발생』, 알베르토 토스카노의 『생산 극장』, 제이 램퍼트Jay Lampert의 『들뢰즈와 과타리의 역사철학Deleuze and Guattari's Philosophy of History』, 피터 홀워드Peter Hallward의 『이 세계 바깥에서Out of this World』, 필립 투레츠키의 『시간』, 제임스 윌리엄스의 『『차이와 반복』의 비판적 안내서』이다. 윌리엄스의 책을 제외한다면, 이 모든 책들은 발생의 관점을 강조하긴 해도, 발생을 오직 잠재적인 것에서 현실적인 것으로 옮겨가는 이동으로 생각할 뿐이다. 오직 램퍼트와 윌리엄스의 책만이 잠재적인 것이 시간적 종합들과 맺는 관계를 고려할 따름이지만, 내가 여기서 제시한 방식으로 그렇게 하는 것은 아니다. 내가 아는 한, 동적 발생을 진지하게 고려하는 유일한 비평가는, 비록 『차이와 반복』의 문맥에서는 아닐지라도, 『들뢰즈와 언어』의 J. J. 르세르클이다.

제6장

1. 들뢰즈의 이념들 이론에 관한 탁월한 설명을 읽으려면, 댄 스미스의 논문 「들뢰즈, 칸트, 그리고 내재적 이념들의 이론」을 보라. 들뢰즈가 사용하는 수학적 예들에 관한 설명을 읽으려면, 댄 스미스의 『형식화의 두 양식으로서의 공리적인 것과 문제적인 것: 들뢰즈의 수학 인식론』을 보라.

2. 위의 논문 pg. 35를 보라.

3. 들뢰즈는 분명 이 규정의 과정을 수용성과 지성 사이에서 일어나는 것으로 생각하고

있다는 점에 주목할 만한 가치가 있다. 이와 대등한 사안에 대한 칸트의 견해에 대한 논급은, 잠재적인 것이 한편으로는 수용성 — 또는 세 가지 종합들 —, 다른 한편으로는 유의미한 재현들 사이에 개입한다는 아래의 내 주장과 강력하게 공명한다. 들뢰즈는 이념적 요소들에 대한 이러한 정의를 다른 두 곳에서 반복한다. 『차이와 반복』('형상이나 기능이 없는 요소들' DR 278), 그리고 특히 들뢰즈의 논문 「우리는 어떻게 구조주의를 인식할 수 있는가?」를 보라. 이 저서와 논문에서 상징적 '구조들'의 요소들은 '이 요소들이 지시하거나 지칭할 선재하는 실재들에 의해서도, 이 요소들이 함축하고 이 요소들에 함의작용을 부여할 상상적이거나 개념적인 내용들에 의해서도 정의될 수 없다. 한 구조의 요소들은 외적인 지시작용도, 내적인 함의작용도 가지지 않는다'(DI 173).

4. 특이성들에 대한 기본적인 정의, 그리고 특이성들이 보통점들을 가로질러 그 자신을 확장함으로써 대상의 형식을 정의하는 방식에 대해서는 1980년 4월 19일에서 5월 6일까지 진행된 라이프니츠에 관한 세미나를 보라. 또한 이념들에 관한 들뢰즈의 설명에서 작동하고 있는 모든 수학적 개념들에 관한, 논문 「형식화의 두 양식으로서의 공리적인 것과 문제적인 것」에 나오는 댄 스미스의 매우 명료한 설명을 보라.

5. 이념들의 발생이 『안티-오이디푸스』에는 부재하는 반면, 『의미의 논리』에서는 매우 간략하지만 나타나고 있다(LS 121).

6. 군 이론에 관한 더 상세한 기술을 읽으려면, 댄 스미스의 논문 「형식화의 두 양식으로서의 공리적인 것과 문제적인 것」과, 뉴먼Newman의 논문 모음집 『수학의 세계*The World of Mathematics*』 제9부를 보라. 마누엘 데란다 또한 이 점을 특히 잘 밝혀놓았다. *Intensive Science*, 특히 16ff와 182ff를 보라.

7. DR 220을 보라.

8. E&J 339ff는 이 점에 대해 매우 명료하다. 리오타르의 『현상학』 38ff, 수잔 바슐라르의 『후설의 형식논리학과 초월론적 논리학에 관한 연구』 pg. 173ff를 참조하라.

9. 후설이 이 이념에 대해 말하는 것은 들뢰즈에게도 유효하다. "이 일반적 본질은 에이도스, 플라톤적 의미에서 이데아이지만, 순수성 속에서 파악되고 모든 형이상학적 해석들로부터 자유로우며, 그러므로 이 방식으로 생겨나는 이념을 통찰할 때 우리에게 직접적으로 또 직관적으로 주어진 그대로 취해진다"(E&J 341; 인용자 강조).

10. 수잔 바슐라르, pg. 177-179를 보라.

11. 그러므로 우리는 후설이 마음에 품고 있는 다양체를, 분별적이고 연장적인 다양체로서가 아니라 연속적이고 잠재적인 다양체로서 기술할 수 있을 것이다(E&J 343). 후설은 종종 ITC 전체를 통해 시간적 다양체를 연속적 다양체로 기술한다. 들뢰즈는 항상 후설을 베르그손과 더불어 다양체의 철학자로 꼽아왔다.

12. 잠재적인 것은 실제로 과거 일반의 요소를 가리킨다는 것은 들뢰즈의 비판에서 — 제이 램퍼르트(Lampert 55)는 예외인데 — 흔히 볼 수 있다. 나는 이것이 (즉, 과거로서의 잠재적인 것은 이념들의 자유로운 규정을 정초하는 내용에서 충분할 만큼 벗어나지

않는다는 것이) 왜 맞지 않는 말인지를 다음 장 말미에서 설명하겠다.

13. Cf. NP 25-34, DR 283-285.

14. 들뢰즈 그 자신이 오이겐 핑크의 저서, 『세계의 상징으로서의 유희*Le jeu comme symbole du monde*』와 코스타스 악셀로스Kostas Axelos의 『행성의 사유를 향하여*Vers la pensée planétaire*』를 인용하고 있다.(DR 332n5) 이 저작들 중 어느 것도 번역되지 않았지만, 악셀로스의 책의 부분들이 Yale French Studies에서, 동일한 주제에 관한 핑크의 초기 논문 「행복의 오아시스: 유희의 존재론을 향하여」가 번역되었을 때 '행성의 막간Planetary Interlude'이란 제명으로 번역되었다. 악셀로스의 저서에 대한 1970년 리뷰, 「아낙사고라스의 균열과 헤라클레이토스의 국지적 불들The Fissure of Anaxagoras and the Local Fires of Heraclitus」에서 『차이와 반복』의 주석을 정교하게 서술한 중요한 내용을 발견할 수 있다. 이 두 책에다 『내적 거리*Interior Distance*』에 실려 있는, 말라르메에 관한 풀레의 논문, 그리고 『도래할 책』이라는 제명의 책에 실려 있는 말라르메에 관한 블랑쇼의 논문 「도래할 책」을 추가할 만하다.

15. '미래의 체계는 […] 신적 게임으로 불리지 않으면 안 된다 …'(DR 116).

16. 또한 NP 25ff., DR 116, 198, 282를 보라.

17. 들뢰즈는 스피노자에 관한 그의 두 책에서 이 두 용어에 대한 전통적인 정의를 부여한다. 그러나 아마도 가장 분명하고 가장 기능적인 정의는 『안티-오이디푸스』 끝 무렵의 각주(AO 309n2)에 나오는 것이리라.

18. 이 행을 주석하면서 블랑쇼는 "모든 작품 및 작품의 매 순간은 모든 것을 처음부터 다시 물음 속에 넣는다…"라고 말한다(Blanchot 87).

19. 『도래할 책』에 실려 있는 블랑쇼의 논문, 「잘 마무리되는 물음은 있을 수 없을 것이다There could be no question of ending well」는 이 모든 논점들을 다룬다.

20. 메를로-퐁티는 『지각의 현상학』 전체를 통하여 적극적 미규정성 개념을 전개하고 있다. PP pg. 7, 14, 33-36, 196, 519를 보라.

21. Cf. DI: "사실, 항들의 다양성 및 미분적 관계들의 변이가 각 경우에 결정되는 것은 [우발점]과 관련해서이다"(DI 184).

22. 이 점에서, 『프란시스 베이컨』 US 판에 실려 있는 댄 스미스의 서론, 그리고 『들뢰즈와 철학*Deleuze and Philosophy*』에 실려 있는 그의 논문 「들뢰즈, 칸트, 그리고 내재적 이념들의 이론」을 보라.

23. 『차이와 반복』에서 이 두 '종합들', 곧 '**종별화**spécification'와 '**질화**qualification'는 '종의 규정determination of species'과 '양의 규정determination of qualities'으로 번역되어 있다.

24. 들뢰즈는 이 암시적 언급을 DR pg. 223에서 명료하게 드러낸다. 만약 그가 일차적 성질을 '외연extension'이 아니라 '연장extensity'으로 기술한다면, 이는 외연이 그것에 거주하는 대상들에 선재하는 것이 아니라 각 개체적 대상에 특유한 특징으로 생산되기 때문이다. 마이몬에 대한 들뢰즈의 논평을 보라(DR 174).

25. DI 86ff에 있는 시몽동에 대한 들뢰즈의 리뷰는 물론이고 또한 DR 179, 181, 240-241, 243을 보라. 제임스 윌리엄스와 마크 한센Mark Hansen은 특히 이 점을 잘 지적하고 있다.

26. Cf. 동일한 텍스트의 앞부분. "… 의미는 심리(학)적으로 지각된 소리들 속에서, 그리고 이 소리들과 심리(학)적으로 연합된 이미지들 속에서 현실화된다"(BG 57). 우리는 이 이중성 — 소리와 이미지 — 속에서 의미가 『의미의 논리』의 정적 발생에서 현실화되는 두 방식들 — (소리, 즉 지칭하거나, 함의하거나, 현시하는 기호와 상응하는) 논리학적 발생과 (이미지, 즉 현실적으로 지칭되고, 함의되고, 현시되는 것에 상응하는) 존재론적 발생 — 을 인지해야 한다.

27. DR 209와 247에서 이 물음을 직접 다루긴 하지만, 그는 칸트에 관한 논의의 맥락 내에서 그렇게 한다. 그래서 이 표현들이 들뢰즈 자신의 사유에서 동일한 의미를 갖는지는 즉각적으로 분명하지 않다.

28. DR 191; cf. 197과 156ff. LS에서 들뢰즈는 앎knowledge(=지식)과 연장extensity의 상관관계를 끌어내고 있다. "… 알려진 것the known은 한 부분에서 다른 한 부분으로 — partes extra partes(=부분 바깥의 부분) — 진행되는 점진적 운동의 법칙을 받는다"(LS 48).

29. 특히 "재현과 지식은 해解의 경우들을 지시하는 의식의 명제들을 전적으로 본뜨고 있다"를 보라(192). 또, DR 197에서 '의식의 명제들'과 '지식의 재현들'을 동등시하는 것을 보라. 후설에서 우리는 이와 유사하게 지식, 재현, 명제 또는 진술을 동등시하는 것을 발견한다. 예를 들어, E&J의 서론 pg. 21-22, 28, 38, 62를 보라.

30. 들뢰즈에 관한 미구엘 드 바이스테구이의 독해 중 가장 중요한 것 중의 하나는 그가 현실적인 것과 현상 간의 이러한 관계를 주장한다는 점이다. 『진리와 발생』 pg. 247과 292를 보라.

31. E&J 서론을 보라. Cf. Levinas, TI pg. 15-16.

32. 들뢰즈에게 (또 후설에게) 호모이오시스homoiosis는 일치하게 되어 있는 이 두 항들의 생산에 언제나 부차적인 법이다. 이것은 이미 들뢰즈의 첫 번째 저서에도 해당하는 것이었다. "진리가 주체성과 맺는 관계는 참인 판단이 동어반복이 아니라는 확증 속에서 현출한다"(ES 98). 또한 DR 56, 196ff., LS 121ff를 보라.

33. 미구엘 드 바이스테구이는 『진리와 발생』에서 알베르토 토스카노가 『생산 극장』에서 하듯이 개체화에 대해 매우 훌륭하고 내가 여기서 앞으로 설명하는 것보다 훨씬 더 상세한 설명을 하고 있다. 내 주요한 관심사는 이 모든 개념들 간의 관계를 드러내는 것이며, 특히 시간적 특징들을 강조하는 것이다.

34. "… 현실화하다, 분화시키다, 통합하다, 해결하다, 이 네 용어는 동의어이다"(DR 211).

35. 들뢰즈는 "개체화는 대상 혹은 사물의 두 상이한 절반, 곧 잠재적 절반과 현실적 절반의 포매embedding를 보장한다"고 적고 있다(DR 280).

36. 예를 들어 『쾌락원칙을 넘어서』 pg. 5를 보라. Cf. Klossowski, 20ff, 47ff.

37. 라캉은 리쾨르가 『프로이트와 철학』 pg. 69ff에서 그러하듯 그의 세미나들 — 특히 book

Ⅱ—에서 이 점을 밝히고 있다.

38. 들뢰즈는 영원회귀에서 행하는 주체의 역할을 — 클로소프스키의 해석과 관련하여 — 가장 높은 것과 가장 낮은 것의 긍정으로 종종 기술한다.

39. "개체화는 언제나 현실화를 제어한다. 유기적 부분들은 강도적 환경의 변화도를 기초로 하여 유도된다…"(251). "이러이러한 독특점들distinctive points(전개체적 장들)이 현실화되는 것은, 달리 말해서 다른 선들과 관련하여 분화되는 선들을 따라 **직관 내에서 조직되는** 것은 바로 개체화의 장의 행위 때문이다"(247; 인용자 강조).

40. MM 150를 보라. cf. 179.

41. 강도들은 미분적 관계들 및 이 관계들의 특이성들에 집중하여 이를 표현하는 데 반해, 이념들은 '개체적인 것을 알아차리지 못한다'(DR 246; cf. 254).

42. 이러한 추론은 이미 『경험주론과 주체성』의 문제이기도 했는데, 이 책의 마지막 장에서 (이념들에 상응하는) 연합 원리들과 정념(강도) 원리들 간의 관계의 문제가 제기되고 해결된다. 흥미롭게도 분다스는 그의 책 서론에서 이러한 추론을 넌지시 언급할 뿐, 안타깝게도 이를 전개시키지 않고 있다. 이 동일한 문제는 또한 『주름』의 후반부에 동기를 부여하고 있다. ES에서는 '합목적성purposiveness'이 두 차원을 연결하고, TF에서는 괄선括線; vinculum이 그렇게 한다.

43. Cf. DR 245. "기초적인 시-공간적 역동체들에서 즉각적으로 표현되고, 그 자신을 구별된 질과 구분된 연장 속에서 육화하기 위하여 '구별되지 않는' 미분적 관계들을 이념 안에서 규정하는 것은 바로 강도이다."

44. CPR A141/B180−181.

45. 경험적 감성에 관한 들뢰즈의 논의에 대해서는, DR 144와 231을 보라.

제7장

1. 들뢰즈 그 자신이 (영어판에는 없는) 이 장의 형식적 분절들에서 이 구분을 행한다.
2. 이 장 전체를 통하여 어떤 개념들(살아 있는 현재, 파지, 재생)을 채택할 때는 물론이고 수동적 종합과 능동적 종합을 이렇게 구분할 때, 들뢰즈는 후설에 빚을 지고 있음이 매우 분명하다. 그러나 들뢰즈의 종합들은 또한 후설의 종합들과 매우 다르다. 후설은 오직 시간과 연합이라는 두 가지 수동적 종합들만을 말했다는 점을 상기하라. 이 설명에서, 들뢰즈의 **세 가지** 수동적 종합들 모두가 시간의 생산에 할애되는 반면, 연합은 분명 능동성 혹은 재현의 영역에 속한다(cf. DR 80). 이 점은, 후설은 이미 연합적 종합에서 동일성의 형식을 설정했으며, 따라서 우리가 들뢰즈에서 발견하는, 더 철저하게 사용된 환원을 위반했다는 내 이전 주장에 반항하는 것이다. 들뢰즈가 연합적 종합을 능동적 종합으로 간주하는 것은 아마도 이러한 이유 때문일 것이다. 또한 후설의 시간적 종합은

순수하게 형식적이라는 점도 상기하라. 이 때문에, 우리가 첫 번째 장에서 본 바와 같이, 후설은 인상의 내용이 어떻게 연결되는지 설명하기 위해 수동적인 연합적 종합으로 향했다. 이는 들뢰즈한테는 해당되는 이야기가 아니다. 보게 되겠지만, 들뢰즈에게서는 분자적인 경험적 내용이 시간의 형식 앞에 오며, 시간은 원초적인 휠레의 종합의 효과로서 생산된다.

3. "무의식을 구성하는 것으로 이해되어야 하는 것은 바로 이 세 가지 종합들이다"(DR 114).

4. 이 점에 관하여 cf. DR 83, 101, 109, 114.

5. DR 292–293를 보라. 이러한 이유 때문에 특히 제임스 윌리엄스는 종합들의 순서를 세 번째 종합에서 두 번째 종합으로, 두 번째 종합에서 첫 번째 종합으로 이동하는 것으로 해석한다. 하지만 우리는 『의미의 논리』와 『안티-오이디푸스』에서처럼(그리고 당연히 칸트를 추가할 수 있겠지만) 세 번째 종합은 정확히 첫 번째 종합과 두 번째 종합의 종합이라는 점을 기억해야 한다. 세 번째 종합이 이 다른 두 종합들에 '차이를 분배하는' 것은 바로 이 관점에서이다.

6. 나는 이것이 또한 『의미의 논리』에도 해당된다고 언급한 바 있는데, 이 책에서 들뢰즈는 좋은 대상 및 자아의 능동적 통합에 의해 투사된 재현에 의지했다.

7. 『차이와 반복』, pg. 84–86에 대한 그의 비판적 지침을 보라.

8. 여기서 "이 벌거벗은 물질적 모델은, 적절하게 말하면, 사유될 수 없는 것이다. (의식은 오직 단일한 현존을 가질 뿐인데 어떻게 그 자신에게 무의식을 나타낼 수 있을까?)"(DR 286). 여기서 '무의식'이란 단어는 '소외된 물질'을 가리킨다.

9. 특히 『시간과 자유의지』, 『창조적 진화』, 『지속과 동시성』을 보라. 하지만 또한 메를로-퐁티 의 『지각의 현상학』(477)과 칸트(CPR A 95ff.)를 보라. Cf. 하이데거의 『칸트와 형이상학의 문제』(122)를 참조하라.

10. 들뢰즈는 이 주장들을 『시네마 1』의 앞 장들에서 요약하고 있다.

11. 들뢰즈는 응시하는 영혼을 '변양modification — 이 용어는 덜어내어진 차이를 가리킨다' — 으로 기술한다(DR 79; cf. 286). 들뢰즈의 세 가지 종합들은 칸트의 세 가지 종합들과 매우 밀접하게 일치하며, 그가 이 지점에서 '변양'이란 단어를 채택한 것은 칸트의 포착의 종합을 의미심장하게 암시하고 있다.(CPR A 97–98)

12. 그러나 마누엘 데란다가 이것은 실제로 시간이 주관적이라는 점을 의미하는 것은 아니다라고 말하는 것은 옳다(DeLanda, Intensive Science 110). 이것은 심리(학)적 주체가 아니다. 이것은 수동적이고 초월론적 주체이며, 들뢰즈가 설사 이것을 자아라고 부르고자 할지라도 이것은 의식에 보통 귀속되는 능동성이나 의지를 전혀 공유하지 않는다. 베르그손과 마찬가지로 이것은 비인격적이다. 시간이 시작될 때 주체는 물체적이고 수동적인 주체이다. 실로, 들뢰즈는 신체를 응시하는 영혼들의 집합체로 정의한다(DR 74–76).

13. DR 286.

14. 이 종합들에 대해 정신분석학적 설명을 행할 때 들뢰즈는 응시하는 영혼이 '흥분들을 묶는다'고 말한다.

15. 『의미의 논리』에서 기관 없는 신체는 — '액체 원리'로서 이 신체가 가지는 능력 속에서 — 또한 부분대상들의 '융합'으로 정의된다(LS 89-90).

16. 들뢰즈는 투르니에(Cf. LS 310)와 베르그손(MM 39, 50, 64, 66)을 암시하고 있다. C1 60과 DR 220에 나오는 지향성에 관한 들뢰즈의 논평들을 보라.

17. 레비나스는 이미 『직관의 이론』에서 지향성을 이런 방식으로 기술한 바 있다(TI 44-45). Cf. 리쾨르. "지향성이란 오직 의식이 애당초 그 자신 바깥에 있다는 것을 의미할 따름이다"(*An Analysis* 8).

18. Cf. DR 220. "의식은 무언가에 대한 의식이라고 말하는 것으로는 충분하지 않다. 즉, 의식은 이 무언가의 분신이다 …".

19. 이뽈리뜨의 『발생과 구조』의 영역에서 프랑스어 '*singularitié*'는 'specificity'로 번역되어 있다.

20. 이뽈리뜨는 헤겔을 따라(§§ 105-106) 감각-확실성의 수준에 있는 주관과 대상의 동일화를 '지향성' 혹은 '겨냥함aiming at'으로 기술한다(Cf. 87, 90, 94).

21. 이뽈리뜨의 기술은 시네마에 관한 책들에 나오는 내재면에 관한, 혹은 『의미의 논리』에 나오는 분열적이고 물질적인 혼합체들에 관한 들뢰즈의 기술과 강하게 공명하는 방식으로 계속된다. "감각적 영혼은 그 자신을 대상과 구분하지 않는다. 감각적 영혼은 자신 안에서 자신이 반영하는 전 우주를 경험하지, 우주를 알아차리지는 않는다 …"(Hyppolite, *Genesis* 84).

22. 감각-의식의 이 특이성들은 초월론적 이념의 특이성들이 아니라는 점을 반복해서 진술할 가치가 있다.

23. 또한 『탈피에 관하여』의 제1절을 보라.

24. 이는 또한 정확히 하이데거가 칸트의 첫 번째 종합 — 포착의 종합 — 의 초월론적 형식을 기술하는 방식이다. "첫 번째 종합은 경험적 현재가 아니라, 현재 일반을 생산한다"(Heidegger, *Kant* 126).

25. 또, 하이데거는 칸트의 두 번째 종합의 순수 형식과 관련하여 똑같은 것을 말한다. 즉, "이 종합은 순수 '재생'이라고 불릴 수 있으니, 왜냐하면 이 종합은 사라진 존재자에 주의하거나, 사라진 존재자를 이전에 경험했던 무언가로 주의하는 것이 아니기 때문이다. 오히려, 이 종합은 가능한 주의함attending-to의 지평, 즉 기재having-been-ness를 일반적으로 열어주는 한에서 [순수 '모방imitation'이라 불릴 수 있다]…"(Heidegger, *Kant* 128).

26. 그러므로 들뢰즈가 이 현상들에 대한 레비나스의 기술을 활용할지라도, 그는 레비나스의 노력과 피로의 변증법을 완전히 뒤집어놓는다. 레비나스의 경우, 피곤한 자아는 실존existence에 뒤처지지만, 노력에 의해 실존으로 되당겨진다. 이것이 현재를 생산한다. 들뢰즈의 경우, 자아는 노력 곧 종합으로 시작한다. 이것이 현재를 생산한다. 하지만 자아는

곧 자신이 탕진되었음을 발견한다. 실존을 거부하면서, 자아는 두 번째 종합에 전념한다. 이것이 과거를 생산한다.

27. 또, '부분대상'이란 표현은 『의미의 논리』나 『안티-오이디푸스』와는 완전히 다른 의미를 지닌다. 이것은 들뢰즈가 여러 책들을 오가며 (우리가 변치 않고 남아 있기를 기대하는 것이지만) 의미, 기능, 그리고 술어의 문맥을 완전히 변경하는 많은 예들 중의 하나일 따름이다.

28. "상징 [혹은 팔루스]은 결코 현존한 적이 없는 과거를 나타내는, 언제나 전치된 파편이다 …"(DR 103). Cf. DR 109. 여기서 들뢰즈는 '잠재적 대상'을 '두 번째 종합의 원리'로 기술한다.

29. 만약 우리가 곧이곧대로의 프로이트주의를 고수한다면, 이는 무생명의 물질로 되돌아가는 죽음충동이 주요한 것으로 간주되는 『쾌락원칙을 넘어서』의 맥락 내에서는 일리가 있을지 모르겠다. 하지만 이것은 들뢰즈가 비판하는 모델이자(DR 111-113), 그러고 나서 에로스 '로부터 이끌어내는' 죽음본능을 전개함으로써 수정하는, '그의 유고에 구축되어 있는' 바로 그 모델이다(113).

30. 이 물리학적 은유는 또한 『의미의 논리』(239-240)의 동적 발생에서 되풀이된다.

31. 철학적 설명에서도 또한 들뢰즈는 세 번째 종합은 '절대적으로 다른 것' 혹은 '차이 그 자체'의 사유이자 생산이라고 말한다(DR 94).

32. 칸트의 강도 개념에 관한 더 발전되고 매우 강력한 설명에 대해서는, 베아트리체 롱그네스 Béatrice Longuenesse의 『칸트와 판단 능력Kant and the Capacity to Judge』 pg. 298ff를 보라.

33. DR에 나오는 이 '행위=x' 혹은 행위 일반을, 상황이 이 행위의 '고립'을 허용하는 한에서 모든 경험적 행위로 기술하는 것은, 또 행위=x가 자신의 이미지가 시간에 걸쳐 전체적으로 확장되는 그러한 순간 속에 충분히 내장되어 있다고 기술하는 것은, 결코 '특정한 [즉, 경험적] 행위가 아니라 그 자신을 표면에 펼쳐내며 또 거기에 머물 수 있는 모든 행위인', LS에 나오는 '행위 일반'에 관한 기술과 분명 매우 밀접하게 일치한다(LS 207).

34. 이 동일한 과정이 나타나는 특히 기묘한 하나의 장소가, 아인슈타인의 시간의 상대성이론 을 넘어서기 위한 베르그손의 주장에 대한 들뢰즈의 기술에 존재한다. BG 80-84를 보라. 들뢰즈가 DR에서 자아의 체험lived experience으로 기술하는 것은 BG에서 추상적 추리의 방식이 된다.

35. 『의미의 논리』에서도 또한 이 두 이미지들이 자신들의 특유한 기능들을 혼동하는 종합에서 결합된다. 즉, 어머니는 조직화되기를 요청받지만 거세된 것으로 (팔루스 없는 것으로) 발견되며, 따라서 조직화하는 원리를 결여한다. 아버지(혹은 과거 일반의 요소로서의 팔루스)는 현존하게 되기를 요청받는다(LS 203-206).

36. 여기에 들뢰즈의 세 번째 종합과 칸트/하이데거의 세 번째 종합 간의 가장 큰 차이가 존재한다. 실로 들뢰즈의 세 번째 종합은 순수 사유의 능력에 속하며, 유산된 코기토를 수반하는데, 이 코기토는 하이데거/칸트의 비실체적 '나'와 매우 유사해 보이는'이념적

자아ego Ideal' — 즉, 행위의 이미지와 동등하게 되는 자아 — 라는 형태의 능동적 나이다 (**시간 속에 나타나는** 수용적인 현상적 주체에 관해서는 Cf. DR 86). 그뿐만 아니라, 세 번째 종합 전체는 또한 첫 번째 종합이 두 번째 종합과 유사한 것으로 인식되는 '재인'의 종합을 반영하는 것으로 보일 것이다. 하지만 이 유사성들에도 불구하고, 들뢰즈의 경우 재인은 실패한다. 미래가 두 다른 종합들을 조정할 수 있는 요소로서 역할을 행하기보다는 그것은 새로운 종합 전체를 규정할 수 있는 요소, 즉 이념 안에서 행하는 차이의 이념적 종합이다.

37. 이 점에 관해서는 『들뢰즈 연구*Deleuze Studies*』에 실린 댄 스미스의 최근 논문, 「새로운 것의 조건들The Conditions of the New」을 보라. 또한 베르그손의 『물질과 기억』의 권두를 보라. 이로부터 들뢰즈는 내재면이나 물체적 심층이나 물질적 반복에 관한 그의 기술을, 그리고 새로운 것의 문제에 관한 그의 정식적 표현을 취해낸다. 들뢰즈가 영원회귀를 '새로운 것'이라고 부를 때, 그는 베르그손과 마찬가지로 새로운 것을 정감affect으로 경험한다는 것, 그리고 새로운 것이 물체적 심층(LS)/내재면(C1)/물질적 반복(DR)/선적 이항 계열(AO)의 결정에 좌우되지 않는다는 점을 의미한다.

38. "영원회귀는, 비의적秘儀的 진리 안에서, 계열의 세 번째 시간과 관련되고 또 관련될 수 있을 뿐이다."(90; cf. 91)

39. 두 가지 생성에 대해서는, LS 165를 보라.

40. 후설을 '초월론적 경험주의자'로 기술하는 저 동일한 논문에 나오는 리쾨르의 주석을 보라: *An Analysis* 90-105; Cf. CTM §19-22, 28.

41. Cf. Ricoeur, *An Analysis* 97.

42. Cf. Ricoeur, *An Analysis* 100.

결론

1. 내재면은 또한 책들마다 서로 다른 개념을 지시하는 그런 표현들 중의 하나이다. 예를 들어 시네마에 관한 책들에서 이 표현은 물질적 장 혹은 첫 번째 층위, 아니면 예술의 '조성면plane of composition'을 나타낸다(Cf. C1 58-59). 『철학이란 무엇인가?』에서 이 표현은 잠재적 혹은 이차적 조직체를 나타낸다. 분명 이것은 내재성에 관한 들뢰즈의 사유 방식에 보이는 진화의 결과가 아닌데, 왜냐하면 첫 번째 층위와 두 번째 조직체는 두 책 모두에 나타나기 때문이다. 그는 단지 이 단어를 한 영역에서 다른 영역으로 옮겨 놓고 있을 따름이다.

2. 그러므로 많은 비평가들이 주장해왔듯이, '우발점' 개념이 들뢰즈 사유에서 (분명 발생적 원리인데도) 모호한 구조주의적 원리로 잠시 나타날 따름이라는 것은 전혀 사실이 아니다. 들뢰즈에게 '구조주의적' 시기와 같은 그러한 것은 없다. 우발점은 매우 이른 시기부터

최후의 저서에 이르기까지 내내 있었던 들뢰즈 사유의 영원한 장비이며, 이것이 없다면 잠재적인 것이란 개념은 의미를 완전히 잃고 만다.

옮긴이 후기

내가 들뢰즈를 더 깊이 공부하게 된 것은 들뢰즈의 저서에서 신라 스님 파초혜청芭蕉慧淸을 만난 덕분이 아닐까 싶다. 들뢰즈는『의미의 논리』에서 당나라로 유학을 가 선불교 위앙종의 위대한 선사가 된 파초혜청의 화두 "그대에게 주장자가 있다면 그대에게 주장자를 주겠노라. 그대에게 주장자가 없다면 그대에게서 주장자를 빼앗겠노라."(『무문관無門關』 44칙 파초주장芭蕉拄杖)를 말라르메, 크뤼시포스와 함께 다루고 있다. 이 화두를 발견하고 난 후, 사물x가 결핍이 되는 동시에 단어x가 과잉이 된다는, 파초주장에 대한 들뢰즈의 견해가 선사들의 모든 화두들에 대해 기본적인 해석의 틀을 제시할 수 있다는 믿음을 갖고서, 2017년 한국프랑스철학회에서『무문관』의 화두들을 분석하는 논문을 발표했다. 이 학회 회원들의 호응과 격려에 힘을 얻은 후, 나는 어떻게 하면 선사들의 화두를 들뢰즈 철학에 입각해서 더 깊이 해독할 수 있을까 궁구해왔다. 들뢰즈의 여러 저서를 읽고 선사들의 화두를 수록한 공안집을 읽으며 화두를 새롭게 해석할 수 있는 길을 모색해왔다.

나는 들뢰즈의 '차이의 철학'이 선불교를 비롯한 중국불교를 현대적으로 새롭게 해석하기에 매우 적합한 철학이라고 생각하고 있다. 고따마

305

싯다르타 붓다 당대부터 불교는 '차이의 철학'이었지만 — 초기불교의 경전을 아직 안 읽어본 분들도 '제법무아', '제행무상'이란 말은 들어보았을 것이다 —, '차이의 철학'으로서의 불교는 중관, 유식, 인명 등 인도의 대승불교에서, 그리고 특히 천태, 화엄, 선 등 중국의 대승불교에서 더 잘 전개되어왔다고 할 수 있다. 중국불교에서든, 인도불교에서든 대승불교의 논사들이 고따마 싯다르타 붓다를 섬기면서, 동일성을 전제하며 정세한 체계를 수립한 상키야, 와이쉐쉬까, 미망사 등 다른 인도철학과 결별할 수밖에 없었던 이유는 들뢰즈가 스피노자, 니체, 베르그손의 철학 등을 수용하면서 데카르트, 칸트, 헤겔의 철학 등 다른 서양철학을 배우며 비판하며 다른 길을 가지 않을 수 없었던 이유와 유사하다. 이런 점에서 들뢰즈는 우리 시대에 서양에서 마음의 현상을 예술, 정치, 사회, 경제 현상으로까지 적용하고 확장해서 불교를 새롭게 발견한 철학자라고 할 수 있겠다. (물론 다른 문화적 전통에 있었기 때문인지 들뢰즈의 철학에도 사마타 수행과 번뇌장에 관한 언급은 아쉽게도 존재하지 않지만.)

이 책의 저자 조 휴즈는 『차이와 반복』의 해설서를 쓴 학자이기도 하다. 이 해설서의 이름은 *Deleuze's Difference and Repetition — A Reader's Guide*(2009)이다. (『들뢰즈의 차이와 반복 입문』이란 이름으로 국역되어 있다.) 저자는 이 책 외에도 『들뢰즈와 재현의 발생』 후편으로 『들뢰즈 이후의 철학*Philosophy after Deleuze*(2013)』을 출간한 바 있다. 저자의 『차이와 반복』 해설서는 『차이와 반복』의 방대한 내용을 어떻게 읽어내야 할지 머뭇거리고 있는 나에게 이 책을 해독할 수 있는 길을 열어주었다.

조 휴즈는 『경험과 판단』 등 후설의 발생적 현상학을 치밀하게 공부한 분이기에 후설의 발생 이론을 들뢰즈의 거의 모든 저서에 적용하며 들뢰즈의 발생 이론을 명쾌하게 설명하는 큰 학적 성과를 이루어낼 수 있었다. 무엇보다 조 휴즈는 이 『들뢰즈와 재현의 발생』에서 들뢰즈가 과타리와 함께 쓴 『안티-오이디푸스』도 『차이와 반복』, 『의미의 논리』와 마찬가지로 다음의 여덟 단계를 통과하는 구조를 지닌다는 것을 잘 밝혀놓았다.

1. 개체화되지 않은 물질성
2. 첫 번째 수동적 종합
3. 두 번째 수동적 종합
4. 세 번째 수동적 종합
5. 초월론적 장
6. 양식
7. 공통감
8. 재현

『의미의 논리』와 『차이와 반복』에서 말하는 이 여덟 가지 단계의 의미를 알게 되면서, 방대한 『안티-오이디푸스』의 내용이 나에게 점점 정리되어 들어오기 시작했다. 아마 조 휴즈의 이 『들뢰즈와 재현의 발생』을 읽는 독자 여러분들도 나와 같은 경험을 하게 되리라 믿는다.

용어 번역에 대해 말해둘 게 있다. 첫째, 'subjectivity'. 보통 주관성으로 번역되는 'subjectivity'가 이 번역서에서는 대부분 '주체성'으로 번역되어 있는 걸 보게 될 것이다. '주체성主體性'으로 번역할 때 '주관성主觀性'으로 번역할 때보다 신체의 문제를 원활하게 이야기할 수 있는 이점이 있다. 'subjective'는 모두 '주관적'으로 번역되어 있다. '주체적'은 일상 언어의 의미를 많이 담고 있어 'subjective'의 번역어로 채택하기에는 불편한 점이 있다. '주관적'으로 번역되어 있다 하더라도 '주체적'이란 의미를 담고 있다는 점에 유의해야 할 것이다. 둘째, 'objectity'. 이 용어는 '대상성'으로 번역되는 'objectivity'와 구별되어야 한다. 후설은 대상성을 수용성의 대상성과 지성의 대상성으로 나눈다. 들뢰즈와 과타리는 『안티-오이디푸스』에서 이 중 수용성의 대상성을 나타내고자 할 때 'objectity'를 사용하는

데, 나는 이 용어를 'objectivity'와 구별하기 위해 '대상체'로 번역했다. 셋째, 'signification'. 명제의 세 가지 차원은 'designation', 'manifestation', 'signification'이다. 앞의 두 용어는 들뢰즈 저작 국역자들을 따라 '지시작용', '현시작용'으로 번역했지만, 세 번째 용어는 의미작용이나 기호작용 또는 기표작용으로 번역하지 않고 '함의작용'으로 번역했다. 'signification'은 들뢰즈에 있어서 무엇보다 명제의 논리적 포섭 관계를 가리키는 용어이다. 철학계에서 사용하는 '함의'에 마침 이런 뜻이 담겨 있어 이 용어의 번역어로 채택했다. 궁색한 면이 있지만, 이 명제의 세 가지 차원에 선행하여 이들을 발생하게 하는 '의미sense'와 구별하기 위해서 고심 끝에 선택한 말이다. 'sense', 'meaning', 'signification'는 각각 '의미sense', '의미meaning', '함의signification'로 번역하는 것을 원칙으로 했다. '의미meaning'는 대체로 '함의signification'를 가리키지만 '의미sense'를 가리킬 때도 있으므로 이 단어는 유념해서 읽어야 한다.

조주, 운문 등 선사들은 들뢰즈가 『의미의 논리』 등에서 시사하는 무의미와 의미의 공성을 엄격하고 혹독한 수행의 결과로 제시한 분들이다. 들뢰즈가 언급하는 예술가들에게 예술이 있다면, 선사들에게는 수행이 있다. 예술가들의 예술 활동과 선사들의 수행 간에는 분명 차이가 있다. 하지만 예술과 수행이 각각 궁극에 가서 무의미와 의미의 공성을 마주칠 때 예술가의 눈과 선사의 눈은 서로를 반갑게 맞이하게 될 것이다. 선사들이 수행을 하면서도 시를 짓고, 붓글씨를 쓰고, 그림을 그리고, 이렇듯 예술 활동을 하는 점을 생각할 때 들뢰즈가 말하는 예술가들도 언젠가는 선사들처럼 수행을 하는 때가 오지 않을까? 하기야 예술 활동 자체가 훌륭한 수행 방식이 될 수 있다고 생각될 때도 있다. 박서보, 이우환 등 노화가들의 마음에는 늘 회화와 조각이 흐르지 않을까, 임현정, 손열음, 조성진 등 젊은 피아노 연주가들의 마음에는 늘 피아노 음악이 흐르고 있지 않을까 하고. 그렇다면 선사들의 법거량도 훌륭한 예술이 될 수 있을 것이다. 그들의 마음에는 늘 음악 같고 회화 같은 화두가 흐르고 있으니까.

조주趙州(778-897)가 수유茱萸를 찾아가서 법당으로 올라가자마자 수유가 말했다.

"화살을 보라!"

조주 선사가 말했다.

"화살을 보라!"

그러자 수유가 말했다.

"지나갔다!"

"맞았다!"

(趙州訪茱萸, 才上法堂, 萸云, "看箭!" 師亦云, "看箭!" 萸云, "過也." 師云, "中也.")

──『선문염송설화禪門拈頌說話』, 419 간전(看箭).

우리나라 100여 군데 선원에서 불교 수행자들은 이 화두를 비롯해 1,700 공안을 들며 간화선看話禪 수행을 하고 있다. 모든 이들이 수행을 하며 마음의 행복을 찾아가는 후천시대로 가는 도정에서 나 역시 들뢰즈와 함께 화두 공부를 하며 마음의 평안을 얻기 위해 노력하고 있다. 1,700 공안이 우리 모두가 마음의 진정한 평안을 찾아가는 깨달음의 계기가 되었으면 좋겠다.

좋은 책을 내기 위해 늘 애써주시는 도서출판 b의 조기조 대표님, 이 책을 곱게 편집해주신 신동완 선생님께 감사의 말씀을 전한다.

2020년 8월 15일
수조산 박 인 성

찾아보기

• 조 휴즈 Joh Hughes

영국 에딘버러대학교 영문학과에서 박사학위를 받았다. 현재 호주 멜버른대학교 영문학과 부교수이다. 저서로『들뢰즈의 차이와 반복(*Deleuze's Difference and Repetition*)』,『들뢰즈 이후의 철학(*Philosophy After Deleuze*)』등이 있고, 공역서로『들뢰즈의 페리클레스와 베르디(*Deleuze's Pericles and Verdi*)』가 있다.

• 박인성 In-sung Park

동국대학교 불교대학 명예교수이다. 저서로『법상종 논사들의 유식사분의(唯識四分義) 해석』등이 있고, 역서로『현상학과 해석학』,『생명 속의 마음: 생물학·현상학·심리과학』,『현상학적 마음: 심리철학과 인지과학 입문』,『불교인식론 연구: 다르마끼르띠의 쁘라마나바룻띠까 현량론』,『현상학이란 무엇인가: 후설의 후기사상을 중심으로』등이 있으며, 최근에 쓴 논문으로『벽암록 제63칙 남전참묘(南泉斬猫)와 제64칙 조주재혜(趙州載鞋)의 분석』,『벽암록 지도무난(至道無難) 공안의 분석』등이 있다.

마음학 총서 ⑦

들뢰즈와 재현의 발생

초판 1쇄 발행 | 2021년 07월 30일

지은이 조 휴즈 | 옮긴이 박인성 | 펴낸이 조기조
펴낸곳 도서출판 b | 등록 2003년 2월 24일 제2006-000054호
주 소 08772 서울특별시 관악구 난곡로 288 남진빌딩 302호
전 화 02-6293-7070(대) | 팩시밀리 02-6293-8080
이메일 bbooks@naver.com | 홈페이지 b-book.co.kr

ISBN 979-11-89898-56-4 93160
값 24,000원